21世纪高等继续教育精品教材·会计系列

审计学

（第三版）

主　编　安亚人
副主编　宋英慧　王继红

中国人民大学出版社
·北京·

总 序

21世纪，科学技术发展日新月异，发明创造层出不穷，知识更新日趋频繁，全民学习、终身学习已经成为适应经济与社会发展的基本途径。近年来，我国高等教育取得了跨越式的发展，毛入学率由1998年的8%迅速增长到2008年的23.3%，已经进入到大众化的发展阶段，这其中高等继续教育发挥了重要的作用。同时，高等继续教育作为“传统学校教育向终身教育发展的一种新型教育制度”，对实现“形成全民学习、终身学习的学习型社会”、“构建终身教育体系”的宏伟目标，发挥着其他教育形式不可替代的作用。

目前，我国高等继续教育的发展规模已占全国高等教育的一半左右，随着我国产业结构的调整、传统产业部门的改造以及新兴产业部门的建立，各种岗位上数以千万计的劳动者，需要通过边工作边学习来调整自己的知识结构、提高自己的知识水平，以适应现代经济与社会发展的要求。可见，我国高等继续教育的发展，既肩负着重大的历史使命，又面临着难得的发展机遇。

我国的高等继续教育要抓住机遇发展，完成自己的历史使命，从根本上说就是要全面提高教育教学质量，这涉及多方面的工作，但抓好教材建设是提高教学质量的基础和中心环节。众所周知，高等继续教育的培养对象主要是已经走上各种生产或工作岗位的从业人员，这就决定了高等继续教育的目标是培养能适应新世纪社会发展要求的动手能力强、具有创新能力的应用型人才。因此，高等继续教育教材的编写“要本着学用结合的原则，重视从业人员的知识更新，提高广大从业人员的思想文化素质和职业技能”，体现出高等继续教育的针对性、实用性和职业性特色。

为适应我国高等继续教育发展的新形势、培养应用型人才、满足广大学员的学习需要，中国人民大学出版社邀请了国内知名专家学者对我国高等继续教育的教学改革与教材建设进行专题研讨，成立了教材编审委员会，联合中国人民大学、中国政法大学、东北财经大学、武汉大学、山西财经大学、东北师范大学、华中科技大学、黑龙江大学等30多所高校，共同编撰了“21世纪高等继续教育精品教材”，计划在两三年内陆续推出百种高等继续教育精品系列教材。教材编审委员会对该系列教材的作者进行了严格的遴选，编写教材的专家、教授都有着丰富的继续教育教学经验和较高的专业学术水平。教材的编写严格依据教育部颁布的“全国成人高等教育公共课和经济学、法学、工学主要课程的教学基本要求”；教材内容的选择克服了追求“大而全”的现象，做到了少而精，有针对性，突出了能力的训练和培养；教材体例的安排突出了学习使用的弹性和灵活性，体现“以学为主”的教育理念；教材充分利用现代化的教育手段，形成文字教材和多媒体教材相结合的立体化教材，加强了教师对学生学习过程的指导和帮助，形象生动、灵活方便，易于保存，可反复学习，更能适应学员在职、业余自学，或配合教师讲授时使用，会起到很好的教学效果。

这套“21世纪高等继续教育精品教材”在策划、编写和出版过程中，得到教育部高教司、中国成人教育协会、北京高校成人高教研究会的大力支持和帮助，谨表深切谢意。我们相信，随着我国高等继续教育的发展和教学改革的不断深入，特别是随着教育部“高等学校教学质量和教学改革工程”的实施，这套高等继续教育精品教材必将为促进我国高校教学质量的提高作出贡献。

杨干忠

修订说明

本教材此次修订保留了第二版的基本格局，同时结合新修订的企业会计准则、中国注册会计师执业准则以及其他相关会计、审计规范，对部分内容进行了调整。主要是：其一，对中国注册会计师执业准则的基本框架和内容进行了介绍和解释；其二，依照修订的企业会计准则，对审计实务方面的相关内容进行了适当修改。

由于作者能力所限，加之时间仓促，涉及内容多而复杂，本教材仍难免有错误和疏漏，敬请读者批评、指正，以使本书能更符合读者的希望和要求。

编者

2012年5月

目 录

第一章　绪　论

【本章要点】

◇ 审计的产生与发展

◇ 国家审计、民间审计、内部审计三个分支及各自发展的过程

◇ 审计的性质、职能

◇ 审计的分类

【本章引言】

审计作为一种经济监督活动，是伴随社会经济的发展而产生，又伴随社会经济的发展而发展的。就其产生而言，是人类社会经济活动发展到一定阶段的产物；就其发展而言，是为适应经济活动发展变化对审计的要求而不断变革与完善自身的过程。只有深刻地了解审计产生和发展的过程，才能深刻地认识审计本质及审计所具有的经济监督、经济鉴证和经济评价等社会功能，以及审计在其发展过程中形成的不同类别。

第一节　审计的产生与发展

一、审计的产生

（一）审计产生的前提条件

审计是应经济监督的需要而产生的，这种经济监督的需要又源于经济责任关系的形成。经济责任关系是财产所有者将其拥有财产的管理权授予他人，使财产的所有权与管理权发生分离而形成的一种授受财产管理权的关系。财产管理者接受授权，在行使财产管理权的同时，即要承担保证所管财产安全、完整的责任。

在人类社会发展初期，生产力水平极为低下，人们必须结成群体，集体劳动，共同生活，才能求得生存。在当时以血缘关系为纽带的氏族社会组织中，凡是有劳动能力的人都必须参加劳动。采集、狩猎、畜牧以及其他农业活动，均采用协作的方式共同进行。为了进行共同劳动和共同生活，生产资料和生活资料，如渔网、牲畜、房屋、猎物、采集收获物等都归全体氏族成员所共有。

到了原始社会末期，社会生产力有了一定程度的发展，个体家庭逐渐成为独立的生产、生活单位。原来狩猎、采集等需要由许多人共同完成以获取生活资料的生产活动，现在家庭也可以单独完成了。生产力的发展已经给个体劳动和个体经营提供了客观可能性，在这种历史条件下，原来以氏族为单位的集体劳动，就逐步过渡到以家庭为单位的个体劳动。当个体劳动成为可能并日益盛行以后，生产资料也就相应地由氏族公有逐渐转为个体家庭所有。同时，劳动产品也由公有财产逐步演变为个体家庭的私有财产，私有制出现了。社会生产力的发展，进一步提高了劳动生产率，畜牧业、农业和手工业的分工日益扩大，劳动产品开始出现剩余，这使得交换产生并日益频繁。

个体家庭私有制和商品交换的发展，引起了财产占有的不平等，那些在氏族公社中担任首长、军事首领等公职的人，利用职权之便侵吞公共财产，霸占在战争中掠获的财物和战俘，对其他氏族成员的财产亦巧取豪夺。这部分人逐渐富裕起来，成为氏族中的贵族。在氏族的一般成员中，由于各个家庭占有生产资料和生活资料的多少不同，劳动力强弱不同，也产生了贫富两极分化。

在经济上占据统治地位的贵族，为了巩固与扩大既得利益，就要取得相应的政治权力，获得凌驾于氏族组织机构之上的政治统治地位，从而将部落的管理机关变成自己统治与专政的工具，国家由此产生了。这时，占有大量社会财富的贵族阶级，既是国家的统治者，又是大量财产的所有者。统治者所拥有的财产数量巨大，形成的空间广泛，耗费频繁，必须委派专门的官员和管理人员来实施管理，以保证其安全、完整，保证其合理、有效地加以使用。财产的管理权脱离其所有权由管理者行使，从而形成财产所有权与管理权的分离，这是经济责任关系产生的客观经济条件，即财产所有者与管理者之间形成了授受财产管理权的经济责任关系，并由此孕育了审计这种经济监督形式。

（二）审计产生的过程

财产所有权与管理权分离以后，管理者在行使财产管理权的过程中，既要掌管各种财产的收支和结存等，又要承担保证所管财产安全、完整的责任；既有将所管财产依照所有者的意愿支配、使用的责任，又有向财产所有者报告所管财产状况及结果的责任。财产管理权是从财产所有权中分离出来的，其行使、运用实质上是所有权的行使与运用，体现着所有者的经济利益。如果财产管理者借职务之便滥用管理权，以满足自身利益，那么所有者的利益必将受到损害。因此，为了维护自身的经济利益，财产所有者必然要对管理者的财产管理活动加以控制，而控制的重要手段就是监督。掌握着国家统治权力的财产所有者，委派专职或兼职的官员，对管理者的财产管理情况、经济责任的履行情况进行检查，并将检查结果向所有者报告。这种监督检查活动即是最初的审计行为。

审计产生的最初形式是国家审计，我国和世界上其他审计产生较早的国家都是如此。在我国，关于审计产生年代的观点不一，尚无定论。持有或赞同审计产生于西周这一观点的人居多。在西周时期，周王之下设有天、地、春、夏、秋、冬六官，分掌政务。其中天官（相当于宰相）为长，统领百官，掌管国家财政大权。在天官之下，设有宰夫一职负责实施审计监督。宰夫依据国家法规，考核各级官吏的政绩，并根据政绩得失报请赏罚。于“岁终，则令群吏正岁会；月终，则令正月要；旬终，则令正日成”，“凡失财用物辟名者，以官刑诏冢宰而诛之，其足用长财善物者，赏之”。即宰夫在岁尾、月末对各级官吏所掌管财物的收支情况等进行考核，有违法乱纪的依据国家法令报请朝廷予以惩罚，对于政绩突出者则报请奖赏。就宰夫所担负的职责来看，既有审计又有监察，审计监督还只是其全部职责的一部分，因此还不能说宰夫是严格意义上的审计官员。但其所从事的工作却具有审计的性质，可以视为我国审计工作的滥觞。在4 000多年前的古埃及，国家统治者亦设置了对各级官吏的政绩、国家财政收支事项的记录进行监督检查的官员。在古罗马国家机构中，设立了监督官，负责当时的审计工作以及监察工作。

二、审计的发展

审计既是应经济监督的需要而产生，又是应经济监督的需要而不断发展完善的。这种发展概括起来表现为横向和纵向两个方面。横向发展表现为在审计发展的历史长河中逐渐形成了国家审计、内部审计和民间审计三大分支；纵向发展表现为各种审计形式的自身发展过程。

（一）国家审计

国家审计从其产生至今，经历了漫长的历史发展过程，这一过程大体上可以划分为从属国家监察职能阶段、专门审计职能阶段和独立审计职能阶段。

1. 从属国家监察职能阶段

在审计产生后的相当长的历史时期内，国家审计都处于从属国家监察职能的地位，或者说是两者合二为一。在这个阶段，国家审计包含在国家的政治、经济监察制度之中，尚未独立，审计监督的职能也是由从事政治、经济监察的机构或官员来实施的。

我国秦朝在中央政府中专门设置御史大夫一职，掌管全国的最高监察权，一方面对政府各个行政部门的官员及其活动实行政治监察，另一方面对各部门的经济活动及其结果实施审计监督。在各级地方政府也设置了监察史，从而基本上形成了一个从中央到地方的全国性监察体系，为巩固与加强秦王朝的统治发挥了不可取代的重要作用。

在古埃及和古罗马的国家机构中，都设有监督官的职位，同时行使行政监察和审计监督两个职能。

2. 专门审计职能阶段

在专门审计职能阶段，国家审计从监察机构中独立出来，形成了专门的审计监督机构，设有专司审计职责的官员。这主要是由于统治者在建立与完善国家管理制度的过程中，逐渐认识了审计在国家财政经济活动中的重要作用。同时经济活动的日益丰富、复杂，客观上也需要有一个专门的机构来实施监督、检查，以更为有力地防止、杜绝经济活动中错弊的发生。

我国的两晋及南北朝时期，在国家的政权机构中开始出现了专职国家审计机构——比部。比部专门或主要从事审计监督，并与监察机构脱离。这标志着我国的国家审计进入到一个新的发展阶段。

进入中世纪以后，欧洲各国的国家审计得到了进一步的发展，也相继设立了专门的审计机构。11 世纪到 12 世纪期间，英国在财政部内设立了审计监督部门，负责审查王室的财务收支和公共资金管理，在 14 世纪初期，英国任命了一位主要负责审计的主计长，在同一时期的法国和意大利也出现了专职审计人员和专门的审计机构。

3. 独立审计职能阶段

在专门审计职能阶段，虽然设立了专司审计的国家审计机构，但是审计机构或隶属于财政部门，或隶属于政府其他行政部门，缺乏应有的独立性，影响审计职能的充分发挥。到 19 世纪，欧洲的许多经济发达国家纷纷建立了三权分立的国家政体，国家审计机构也相应发生了变革，开始从国家行政部门或财政部门中独立出来，脱离行政序列而进入立法或司法序列。前者使审计机构隶属于国家最高权力机关，后者使审计带有司法性质，都加强了审计机构的独立性和权威性，标志着现代国家审计制度的确立。

我国的国家审计自西周产生以来，历经数千年，对加强对国家财政经济活动的控制、管理，巩固国家政权，促进经济发展发挥了十分重要的作用。中华人民共和国成立以后的 30 多年内没有设立专门的国家审计机关，以财政监督代替审计监督。为适应国家经济形势发展的需要，1982 年全国人民代表大会五届五次会议通过的《中华人民共和国宪法》(以下简称《宪法》）规定在我国设立国家审计机关。1983 年 9 月国家审计署成立，负责组织领导全国的审计工作，各级地方政府相继设立审计局。1988 年国务院颁布《中华人民共和国审计条例》。1994 年 8 月，八届人大常委会九次会议通过《中华人民共和国审计法》(以下简称《审计法》)。从此，我国的国家审计工作有了一部基本法作为总的规范与指导。

（二）内部审计

内部审计的产生有其久远的历史渊源，其萌芽可以追溯到古代奴隶社会奴隶主庄园的管家和监工，他们的活动带有经济监督的成分。到了中世纪，内部审计主要有寺院审计、城市审计、行会审计和庄园审计等形式。19 世纪末 20 世纪初，随着企业这种社会基本经济单位的经营规模、跨度的不断扩大，内部管理层次及相对独立的经营单位的增多，企业最高管理决策层逐渐变直接管理为间接管理。这在客观上要求建立监督检查机制，以保证间接管理的有效性。由此，企业内部审计便随之产生并迅速发展起来。审计的内容范围从财务领域逐步扩展到了企业经营管理的各个方面，使内部审计实际成为企业管理的一个重要的组成部分。

（三）民间审计

民间审计在审计的三个分支中历史最短，但是民间审计的产生却标志着审计进入了一个崭新的发展阶段。民间审计源于意大利，形成于英国，发展、完善于美国。

1. 民间审计产生的前提条件

民间审计的产生亦以经济责任关系的确立为前提条件，但这种经济责任关系是在财产的所有权与经营权分离基础上形成的一种委托代理财产经营权的关系。

当企业采取股份公司这种组织形式以后，企业财产的所有权与经营权分离，企业的生产经营活动被委托于专业经理人员负责管理，因而生产经营的成败得失即由经营者承担责任，从而使所有者与经营者之间形成了委托与接受委托行使财产经营权的责任关系。经营者对所运用的财产负有保值增值的责任；如实向所有者报告经营状况和经营结果的责任。

在这种情况下，所有者的经济利益则系于他人的行为及其结果。因此，他们非常需要了解掌握企业生产经营情况、财务状况。尽管这些情况可以由企业经营者提供，但在利益驱动下，经营者为了自身利益，会利用所有者与经营者之间的信息不对称而有意舞弊、造假，侵占所有者的利益，从而使所有者蒙受损失。为了维护自己的利益，保证取得真实可靠的经营情况、财务状况的资料，企业所有者便委托与企业无经济利害关系的第三者对企业经营者所提供的记录与反映企业经济活动的会计资料进行审查，并就审查结果提出客观、公正的报告。这里所说的第三者当然是精通会计业务、熟知会计核算规则与制度的专业人员，他们所受托从事的会计资料审查活动即为民间审计。

2. 民间审计产生的历史

民间审计的萌芽可追溯到中世纪。当时经济比较发达的地中海沿岸地区的主要城市已经成为东西方贸易的中心。当时，商品到岸后，进口商要对账单、货物进行核对。这种核对有一定的技术性，且工作量比较大，进口商本身难以胜任，于是他们便聘请精于核算的业务人员代为审核。久而久之，形成了专门从事核对账单、账目的职业。这被视为民间审计的萌芽。民间审计的发展过程可划分为以英国为中心的错弊审计阶段和以美国为中心的财务审计阶段。

(1) 以英国为中心的错弊审计阶段。

民间审计真正的形成与发展，始于18世纪产业革命后的英国。英国的产业革命带来了社会经济的迅速发展，其发展的显著标志之一是企业规模不断扩大。而企业规模扩大的前提是要拥有大量的资本投入，独资和合伙企业的组织形式难以适应这种要求，其主导地位就为股份公司这种新的企业组织形式所取代。股份公司企业组织形式的基本特征是财产的所有权与经营权分离，所有权属于股东，经营权由经理人员行使。在这种企业组织形式下，企业财产从整体上讲属于全体股东而不是哪一个股东个人，任何单个股东都无权单独经营、运用，只能由全体股东共同委托的经营者来管理、经营。在股份公司最初的发展过程中，曾经出现过公司经营管理人员舞弊或经营管理不善给股东造成巨大财产损失的情况。严峻的现实使人们认识到要建立必要的监督、控制机制，制约企业的经营行为，保护投资者的利益不受侵害。

1720年，英国发生了南海公司破产事件，在英国社会的政治经济生活中引起了不小的震动。当时的英国议会聘请了一位名叫查尔斯·斯内尔的会计实务专家，对南海公司的会计账目进行了检查，并就检查结果向议会的特别委员会提出了审查报告。斯内尔因此而成为第一位受聘对股份公司的会计记录进行审查的会计师。在此后的近百年中，审计工作尚不属于日常工作，并没有诸如审查内容、审查人员资格等方面的明确规定。

1845年的英国《公司法》规定，任命一个或一个以上的股东担任公司监事，对资产负债表进行审查。1856年的《公司法》废除了审计人员必须是股东的条款，规定公司可以聘请外部审计人员。这是最初设有关于民间审计条款的法案，为职业会计师审计的发展和建立独立的民间审计制度奠定了良好的基础。从此，会计师审计逐渐形成一个行业，吸引了大批人才加入这一职业队伍。与此同时也使一些缺乏经验、专业技术水平较低的人混入其中，影响了会计师的声誉。这种情况推动了会计师职业组织的建立。1853年，在苏格兰创立了爱丁堡会计师协会，这是世界上第一个民间审计职业团体。1854年，协会取得了皇家执照，协会成员成为特许会计师。特许会计师可以说是现今注册会计师的前身。

民间审计在英国发展的过程中，审计的基本目标是确认企业的会计资料有无差错或舞弊。审计人员大约要将 3/4 的时间用于烦琐地复核资产负债表项目中所列的数字，对会计资料进行全面详细的审查、核对。因此，这个阶段的审计也被称为详细审计或英国式审计。

(2) 以美国为中心的财务审计阶段。

财务审计源于美国。与错弊审计不同，财务审计的基本目标已经不是或者主要不是查错防弊，而是证实财务报表是否真实、公正地反映了被审计单位的财务状况，以便于企业投资者或债权人据以作出正确的经营决策。

20 世纪以前，美国民间审计一直照搬英国模式。进入 20 世纪以后，美国经济得到了迅速地发展，企业规模不断扩大，传统的详细审计方法已经不能适应经济形势发展的需要。美国审计界认识到，英国式审计对会计账目及会计处理过程的详细检查费时、费力，委托人要支付大量的费用。况且，在对大企业的审计过程中，想要审核其所有的经济业务和所有的会计资料几乎是不可能的。为了使审计能跟上迅速发展的社会经济形势，人们探索出了新的审计方式，从而使民间审计进入财务审计阶段。这一阶段又可再细分为以下三个阶段：

1) 资产负债表审计阶段。20 世纪初，美国企业主要的筹资渠道是依靠银行贷款而非采用股票集资。为了减少投资收不回来的风险，银行方面需要了解、掌握借款企业的财务状况，特别是其偿债能力，要求其报送经注册会计师审核的资产负债表，使得资产负债表审计迅速发展起来。资产负债表审计不是对全部经济业务进行检查以验证每一个资产、负债项目的数字，而是通过对少数重要的会计账目进行比较彻底的审查来实施的。这样做，审计人员可以节省大量的时间，委托人也可以减少审计费用的支出，并可同样达到验证资产负债表的目的。

2) 财务报表审计阶段。由于以借贷方式所筹集资金的使用要受到借款期限的限制，贷款到期时，企业必须筹集还款资金，加之借款期限一般都较短，不利于企业从长计议，稳定经营。因此在 20 世纪 30 年代前后，美国企业开始转向通过证券市场发行股票筹集资金，以获得长期稳定的资金来源。而对股票投资者来说，企业偿债能力的强弱就不那么重要了，他们更重视企业的获利能力，要求企业提供这方面的会计信息，即提供经注册会计师审核后的财务报表，特别是损益表。为适应这种变化，民间审计的重点亦从以保护债权人利益为宗旨的资产负债表审计，转变为以保护投资者利益为目的、以损益表为重点的财务报表审计。1933 年美国《证券交易法》规定，每个企业在发行有价证券之前，应向联邦贸易委员会进行证券发行登记，同时报送已由独立的注册会计师审核证明的财务报表，而且每年均须提供同样的经注册会计师审核的财务报表。由此，财务报表审计成为一种法定审计。

3) 管理审计阶段。早在 20 世纪 30 年代就有人提出过管理审计，但它被重视和实际应用却是在 60—70 年代。管理审计产生的背景是自动化和技术的高速发展，使得企业的业务越来越复杂，政府规章越来越多，市场要求也不断地迅速变化，而在这一时期出现很多新的管理方法和技术，以适应迅速变化的情况。管理审计则不仅审查过去，而且要观察未来。管理审计的重点是企业的管理效能和经营策略，管理审计的对象不仅包括公司的经营目标、经营策略，而且包括公司的组织机构和各项制度。审计人员所要调查研究的范围

要有审计授权人或委托人。财产管理状况的监督权实质上是从财产所有权中分离出来的，只有拥有财产所有权的人才拥有相应的监督权力。如前所述，这种权力可以由财产所有者亲自行使，也可以授予他人或委托他人代行。没有财产所有者的授权或委托，审计人便没有对其财产实施审计的权力，审计授权人或委托人即是财产的所有者。所以，审计活动是由审计授权人或委托人、审计人和被审计人三方参与构成的。

在审计实施过程中，上述三个方面的关系人形成了下列关系：

(1) 审计授权人或委托人与审计人之间是授受审计监督权的关系，同时，审计人要向审计授权人或委托人如实报告审查结果。

(2) 审计授权人或委托人与被审计人之间是授受财产管理权的关系。被审计人作为财产管理、运用者，要担负保证财产安全、完整；保证财产有效运用；及时报告管理、运用结果的责任。所以两者之间是一种委托代理关系。

(3) 审计人与被审计人之间是审查与接受审查的关系。审计人只是监督被审计人的经济活动，并不参与或管理被审计人的经济活动。即审计人与被审计人不存在任何财产利益上的利害关系。

(三) 审计具有独立性

上述审计关系说明，审计人的审计监督权是审计授权人或委托人所赋予的，与被审计人在经济上没有任何联系；另外，审计人不参与被审计人的财产管理活动，与被审计人的财产管理活动没有任何关系。因此，在审计行为发生的过程中，审计人相对于被审计人而言，始终处于独立的地位。审计的独立性是审计的基本性质，是审计区别于其他经济监督形式的基本特点。在民间审计的审计行为中，审计人无论在经济利害关系上，还是在组织隶属关系上，与审计委托人以及被审计人都无任何联系，处于独立的第三者地位。所以，民间审计的独立性最为充分。

综上所述，审计的性质可以表述为：具有独立性的、由三方关系人参与的经济监督活动。

三、审计的职能

审计的职能是指审计作为社会经济活动控制手段所具有的功能。审计的职能是审计本质的体现，是审计本身所固有的。人们在审计实践中只能发现、认识审计的职能，而不能创造、赋予审计职能。那么，审计有哪些职能不是由人们主观意愿决定，而是由社会经济发展的客观需要和审计的相应发展与完善决定的？我国审计学界较为普遍的看法是审计有经济监督、经济鉴证和经济评价三个方面的职能。

(一) 经济监督

经济监督是审计基本的、首要的职能。经济监督是依据国家的经济法规、会计准则、制度，审查被审计单位的经济活动以及记录、反映这些经济活动的会计资料是否真实，是否与有关法规、制度一致。如果不真实、不一致，要确认是属于差错还是舞弊，并根据错弊的情况、程度依据国家有关法规给予处理，以保护公有财产的安全、完整，维护经济法规、会计准则与制度的严肃性，保证社会经济生活的正常有序进行。

(二) 经济鉴证

经济鉴证是依据会计准则、制度以及有关经济法规，审查、衡量被审计单位的会计资料，就其是否真实、合法作出鉴定和证明，以使被审计单位的会计资料能取信于社会，维护投资者和其他利益相关者的合法权益，促进市场经济的健康发展。

(三) 经济评价

经济评价是遵循有关依据，审核、评价被审计单位经济计划、决策的可行性，经济活动的效果优劣，管理水平的高低，内部控制的强弱，以总结经验，提出改进和完善的建议、措施，促使被审计单位提高决策、经营管理水平，进而提高经济效益。

第三节　审计分类

一、审计分类的意义

对事物进行适当的分类是认识事物的重要方法，了解审计分类亦是认识审计的重要方法。所谓审计分类，是依照不同的标准将审计划分为若干不同类别。审计同其他任何事物一样，具有各种各样的特征，因而就有各种各样的分类标准。审计既有基本特征又有一般特征，因此，分类标准也有基本标准和一般标准。以前者为标准进行的分类可称为审计的基本分类，以后者为标准进行的分类可称为一般分类。对审计进行分类的主要目的，在于通过各种不同的类别从不同的侧面去了解审计、认识审计。

审计分类是审计理论研究的一项重要内容。通过对审计分类的研究，可以进一步分析各类审计的特征，探索各类审计的规律，以便更有效地指导审计实践。同时，研究各类审计的特点，将各种不同类型的审计有机地结合起来，有利于形成完整的审计种类体系。

对审计进行分类亦是审计实践的需要。对审计进行适当、明确的分类，有助于审计人员在审计实务中根据不同的审计类型，选择恰当的审计方式、方法，使审计工作的效率得到提高。

二、审计的基本分类

审计的基本分类一般包括下述几种。

(一) 按审计主体分类

审计主体是指执行审计的一方。以审计主体为标准进行分类，审计可分为国家审计、民间审计和内部审计。

国家审计是指由国家审计机关实施的审计。《审计法》第 2 条第 2 款和第 3 款规定："国务院各部门和地方各级人民政府及其各部门的财政收支，国有的金融机构和企业事业组织的财务收支，以及其他依照本法规定应当接受审计的财政收支、财务收支，依照本法规定接受审计监督。审计机关对前款所列财政收支或者财务收支的真实、合法和效益，依法进行监督。”可见，国家审计是国家审计机关代表国家对政府机构、国有企业事业单位的财政、财务收支实施的审计。

民间审计是指由民间审计组织即会计师事务所实施的审计。

内部审计是由部门或者单位内部所设审计机构对本单位、本部门实施的审计。内部审计可以进一步划分为部门内部审计和单位内部审计两类。

（二）按审计内容分类

以审计内容为标准进行分类，审计可分为财务审计、经济效益审计和社会责任审计。

财务审计是对被审计单位的财务会计资料及其所反映的财政、财务收支活动实施审查，以证实其真实性、正确性、合规性。财务审计要审查的直接对象是财务会计资料。通过审查，确认会计资料是否真实、完整；确认会计资料所记录和反映的财政、财务收支活动是否合规、合法。在审查过程中还要评价被审计单位内部控制制度的建立、健全情况，促使被审计单位加强内部管理与控制。

经济效益审计是对被审计单位的业务经营活动、管理活动实施审查，以证实其效益性、效果性。经济效益审计要审查的是记录和反映被审计单位业务经营活动、管理活动的会计资料及有关资料。通过审查，确认被审计单位经济活动管理水平、经济效益的高低，确认影响经济效益的各种因素，并有的放矢地提出改进的建议、措施，促使被审计单位提高经营管理水平，以取得更好的经济效益。

社会责任审计是指对被审计单位履行社会责任的情况进行的审计。社会责任审计要对被审计单位诸如就业水平、环境保护、资源利用、职工培训、社会福利等社会责任事项进行监督检查。这种审计的审查范围相当广泛，涉及的内容非常丰富，不同于以财务收支活动为主要审计对象的财务审计，也不同于以效果性、效率性、经济性（节约）为主要审计对象的经济效益审计，它是一种特殊的审计形式。

（三）按审计方式分类

以审计方式为标准进行分类，审计可分为就地审计和报送审计。

就地审计是指审计机构指派审计人员到被审计单位实施审计。采用这种审计方式，审计人员要进入被审计单位的工作现场，收集证据、了解情况。就地审计可以减少审计风险。

报送审计是指审计机构对被审计单位依照审计机构要求报送的记录、反映被审计行为的各种资料实施的审计。采用这种审计方式，审计人员一般可在自己的办公地点对被审计单位报来的资料实施审查，以节省时间、节约费用，但审计风险较大。

三、审计的一般分类

审计的一般分类包括的内容较多，这里仅就其中主要的类别加以说明。

（一）按审查的范围分类

以审查的范围为标准进行分类，审计可以分为全面审计和专项审计。

全面审计是指对被审计单位一定时期的经济活动进行全面监督检查。

专项审计是指对被审计单位经济活动的某一个项目或某一个方面进行监督检查。

（二）按审计实施的时间分类

以审计实施的时间为标准（即审计实施在时间上与被审计行为的联系）进行分类，审计可以分为事前审计、事中审计和事后审计。

事前审计是指在经济活动发生之前实施的审计。事前审计多见于经济效益审计，主要是对被审计单位的经济决策、投资方案或计划、预算等进行的审计。

事中审计是指在经济活动进行过程中所实施的审计。事中审计主要是检查被审计单位的决策、计划、预算的执行状况，以便一方面及时纠正执行中出现的偏差；另一方面及时调整计划、预算、决策本身的欠缺与不足。

事后审计是指对已经发生的经济活动进行的审计。

（三）按审计主体与审计客体的关系分类

以审计主体与审计客体的关系为标准进行分类，审计可以分为外部审计和内部审计。

外部审计是指来自被审计单位外部的审计机构实施的审计。如国家审计、民间审计均属于外部审计。

内部审计是指由部门、单位内部所设的审计机构或审计人员实施的审计。

（四）按审计是否预先通知被审计单位分类

以审计实施是否预先通知被审计单位为标准进行分类，审计可分为预告审计和突击审计。

预告审计是指审计机构在实施审计之前事先通知被审计单位的一种审计方式。预告审计由于在实施审计之前，要告知被审计单位就审计的要求、时间、内容等做好接受审计的准备，因此有利于审计工作的开展。

突击审计是指审计机构预先不通知被审计单位的一种审计方式。对可能存在违法违纪行为的被审计单位往往采用这种方式。

（五）按审计实施的依据分类

以审计实施的依据为标准进行分类，审计可以分为强制审计和委托审计。

强制审计又称为法定审计，一般是指审计机关依据法律规定对被审计单位实施的审计。国家审计机关实施的定期、不定期的财务审计均是强制审计。

委托审计一般是指民间审计组织接受委托，依据委托人的要求对被审计单位实施的审计。委托审计以委托人委托、民间审计组织接受委托为前提，审计的范围、内容等依委托人的要求而定，而且委托与受托双方要签订业务委托文件，规定双方的权利和义务。

（六）按审计所依据的基础分类

以审计所依据的基础为标准进行分类，审计可分为账项基础审计、制度基础审计、风险导向审计。

账项基础审计是指围绕会计账簿、财务报表等资料及其编制过程来进行的审计。

制度基础审计是指以被审计单位内部控制制度健全和运行有效为基础进行的审计。当内部控制健全且有效时，仅对财务报表项目的相关记录抽取少量的样本进行详细测试。当内部控制不健全或有效性差时，即内部控制系统不可信赖时，再扩大详细测试范围。

风险导向审计是指要求审计人员首先考虑与审计相关的各种风险，包括在企业环境风险、经营风险的基础上判断和分析被审计单位财务报表及报表项目可能存在错报风险的审计。

本章小结

本章从理论上分析了审计产生的前提、审计从产生的最初形式到最终形成国家审计、内部审计和民间审计三个分支的实践过程；分析了审计三方面关系人；介绍了审计的三个职能和审计的主要分类。

复习题

1. 如何理解受托经济责任关系的形成是审计产生的前提?
2. 审计的三个分支是怎样形成的?
3. 如何理解审计的独立性?
4. 审计的三个职能及相互关系是什么?
5. 审计的基本分类有哪几种?

第二章 审计组织机构与审计准则

【本章要点】

◇ 国家审计机构

◇ 民间审计组织

◇ 内部审计部门

◇ 审计准则

【本章引言】

审计职能的发挥，审计目标的实现，要依靠审计组织及其人员。担负不同审计任务的审计组织之间结成相互联系、互为补充的一个系统，我们称其为审计组织体系。我国的审计组织体系由国家审计、内部审计和民间审计共同构成。审计机构执行审计业务须遵循审计准则。

第一节 国家审计机构

一、审计组织体系

审计组织体系是指审计工作的执行组织及其相互间的关系，是实现审计职能的组织系统。世界各国都根据本国国情制定适合本国的审计制度，确定不同的审计组织体系。我国自1983年9月按照《宪法》规定重新建立审计制度以来，经过二十多年的实践，已经形成了一个包括国家审计、内部审计和民间审计在内的审计组织体系。

在审计组织体系中，国家审计、内部审计和民间审计，既相互联系，又各自独立，各自在不同的领域发挥作用。其相互关系表现在：

(1) 组织关系上相互独立。国家审计机关作为政府的一个部门，服务于国家宏观经济管理；内部审计机构是企事业单位内部经营管理机制的重要组成部分，它为强化单位内部的管理与控制服务；民间审计组织是依法设立并承办注册会计师审计业务的机构。三者在组织关系上是相互独立的。

(2) 业务上相互分工。国家审计的基本任务是审查与国有资产管理、使用有关的经济活动的合法性、合理性与有效性，维护国家财经法纪和国家利益。国家审计的审计对象以财政、税务、银行等宏观经济管理的职能部门和重点建设项目、重点企业为主，其性质一般属于事后的强制性监督。民间审计是会计师事务所接受委托，对与社会公众利益密切关联的股份有限公司、有限责任公司及外商投资企业的财务报告进行审查验证，并在法律规定的范围内提供咨询服务，其性质一般属于事后的委托性鉴证。内部审计则主要根据部门、单位强化内部控制的要求，开展事前或事后的经济效益审计，为加强内部管理，提高生产经营的效率与效益服务。

(3) 工作上相互配合。为了协调一致地开展审计工作，国家审计机关可将其审计范围内的审计事项委托给内部审计机构或民间审计组织予以办理。内部审计业务的开展，亦可为国家审计和民间审计业务的开展奠定基础。

二、国家审计的模式

从历史发展来看，国家审计是最早的审计形式。目前，世界上建立国家审计机关的国家有 160 个左右。各国国家审计按国家审计机关领导关系的不同，大致上可划分为四种类型：立法型、司法型、行政型和独立型。

(一) 立法型国家审计

立法型国家审计的审计机关隶属于立法部门，这是现代国家审计中最为普遍的一种形式。

英国是最早实行立法型国家审计的国家，美国是立法型审计制度比较完善和成熟的国家。此外，加拿大、澳大利亚、奥地利、以色列、挪威等国也向立法型模式靠拢，并从审计理论、审计组织、审计准则等方面，为这一审计模式的进一步完善作出尝试和努力。

立法型审计机关的显著特点是由议会领导，能够对政府行政部门独立实施审计监督，而不受行政当局的控制和干预。但是，它必须有强有力的立法机构体系和完善的立法程序作后盾，才能保证其发挥职能作用。

(二) 司法型国家审计

司法型国家审计的审计机关属于司法序列，拥有一定的司法权，而且审计官员也享有司法地位。司法型国家审计也是现代国家审计的主要类型之一。司法型国家审计最初创立于法国。西欧、南美和非洲一些法语国家尽管各有不同的文化、经济和政治背景，但先后都按照这种类型建立起国家审计制度。

(三) 行政型国家审计

行政型国家审计是国家审计的另一种类型。其特点是国家审计机关是国家行政部门的一部分，隶属于政府或财政部门。苏联是行政型国家审计的先行者。第二次世界大战以后，东欧一些国家依照苏联体制也建立起了行政型国家审计机关。

(四) 独立型国家审计

独立型国家审计的特点是：国家审计机关独立于立法权、司法权和行政权之外。这种模式可以确保国家审计不带政治偏见地、公正地行使审计监督权。德国通过建立联邦审计法院成为独立型审计制度的最早实践者。日本借鉴了德国国家审计模式，将其会计检察院作为一个独立于国会、内阁和司法部门的经济监督机构。

从上述四种国家审计模式可以得到这样的启示：各国在实现国家审计现代化过程中，必须根据自身特点创建适合本国国情的模式，而不是照搬他国模式。

三、最高审计机关国际组织

最高审计机关国际组织是由联合国成员国的国家最高审计机关组成的国际性组织。

最高审计机关国际组织的宗旨是促进各国最高审计机关之间在国家审计领域内的思想和技术交流，并就共同感兴趣的专业和技术问题进行探讨，提出建议。

最高审计机关国际组织于1968年在日本东京举行成立大会，通过了《东京宣言》，正式宣告了最高审计机关国际组织的成立。最高审计机关国际组织经过近40年的历程，现已发展成为拥有160多个成员国参加的国际审计组织。1982年在菲律宾马尼拉召开的第十一届代表大会上，我国被正式批准成为该组织的成员国。

四、我国国家审计机关及其人员

我国国家审计机关的设置是以《宪法》为法律依据的。1982年12月4日公布的《中华人民共和国宪法》第91条、109条明确规定："国务院设立审计机关，对国务院各部门和地方各级政府的财政收支，对国家的财政金融机构和企业事业组织的财务收支，进行审计监督。审计机关在国务院总理领导下，依照法律规定独立行使审计监督权，不受其他行政机关、社会团体和个人的干涉。""县级以上的地方各级人民政府设立审计机关。地方各级审计机关依照法律规定独立行使审计监督权，对本级人民政府和上一级审计机关负责。"1983年9月15日，中华人民共和国审计署宣布正式成立。

1994年8月31日，第八届全国人民代表大会常务委员会第九次会议通过了《中华人民共和国审计法》，并于1995年1月1日起施行。2006年2月28日，第十届全国人民代表大会常务委员会第二十次会议对《审计法》进行了修订。《审计法》对我国国家审计机关的职责和权限做出了明确规定。国务院设立审计署，在国务院总理领导下，主管全国的审计工作。审计长是审计署的行政首长。省、自治区、直辖市、设区的市、自治州、县、自治县、不设区的市、市辖区的人民政府的审计机关，分别在省长、自治区主席、市长、州长、县长、区长和上一级审计机关的领导下，负责本行政区域内的审计工作。地方审计机关实行双重领导体制，审计工作以上级审计机关领导为主。

为了加强对中央单位的审计监督，经国务院批准，从1984年开始，审计署在国务院下属各部门和重点地区先后设立了派驻机构。驻国务院各部门和各重点地区的审计派出机构，根据审计机关的授权，开展审计监督工作，直接对审计署负责并报告工作。

国家审计机关的审计人员包括领导人员和专业人员。审计机关负责人依照法定程序任免。审计机关负责人没有违法失职或者其他不符合任职条件的情况的，不得随意撤换。地方各级审计机关负责人的任免，应当事先征求上一级审计机关的意见。国家审计署的审计长由国务院总理提名、全国人民代表大会决定、国家主席任免；副审计长由国务院任免。

县级以上地方级审计厅、局长是本级人民政府的成员，由本级人民代表大会常务委员会决定任免；副厅、局长由本级人民政府任免。审计工作人员应当具备与其从事的审计工作相适应的专业知识和业务能力。

第二节　内部审计机构

一、内部审计机构的组织形式

从领导关系看，比较常见的企业内部审计机构的组织形式有如下几种：

（1）由本企业董事会或其所属审计委员会领导；

（2）由本企业总裁或总经理领导；

（3）由企业主管财务的副总裁或总会计师领导。

二、国际内部审计师协会

1941 年春，美国爱迪森电力协会和美国煤气协会联合成立了内部审计师协会。该协会于 1944 年 4 月在加拿大多伦多和 1948 年 2 月在英国伦敦建立分会标志着内部审计师协会已经超越国界而成为国际性组织。内部审计师协会经过半个多世纪的发展，现已成为拥有 200 多个分会、50 000 多名会员的庞大内部审计师专业国际组织。从 1974 年开始，内部审计师协会正式办理注册业务。目前，全世界已有 16 000 多名内部审计师获得了注册内部审计师的资格，它表明内部审计的职业地位已经达到了一个新的高度。

我国于 1987 年以“中国内部审计学会”的名义加入了国际内部审计师协会，成为其国家分会之一，并自该年起我国派内部审计学会代表团出席其年会。

三、我国内部审计机构及内部审计人员

1985 年 8 月，国务院发布了《关于审计工作的暂行规定》，要求政府部门和大中型企业、事业单位实行内部审计监督制度。2006 年修订的《审计法》第 29 条规定：依法属于审计机关审计监督对象的单位，应当按照国家有关规定建立健全内部审计制度；其内部审计工作应当接受审计机关的业务指导和监督。从而为我国建立内部审计制度提供了法律依据。为了使内部审计工作更加规范化，中国内部审计协会已建立了一系列与国际内部审计准则相衔接的中国内部审计准则。准则体系由内部审计基本准则、内部审计具体准则、内部审计实务指南三个层次组成。

我国的内部审计机构包括部门内部审计机构和单位内部审计机构两种。部门内部审计机构是国务院和县级以上各级政府部门，根据审计业务需要，在部门负责人领导下的专职审计机构。它负责所属单位和本行业的财务收支及其经济效益的审计，审计业务受同级国家审计机关的指导。单位内部审计机构是在本单位主要负责人领导下，对本单位的财务收支和经济效益进行内部审计监督的专职审计机构。其审计业务受上一级部门审计机构指

导，向本单位负责人和上一级部门内部审计机构报告工作。根据《审计法》、审计署颁布的《审计署关于内部审计工作的规定》和中国内部审计准则的规定，国家机关、金融机构、企业事业组织、社会团体以及其他单位，应按照国家有关规定建立健全内部审计制度，设立内部审计机构对本部门或本单位的经济活动进行内部审计监督。

内部审计机构和审计人员按照本单位负责人或者权力机构的要求，履行下列职责：

（1）对本单位及所属单位（含占控股地位或者主导地位的单位，下同）的财政收支、财务收支及有关的经济活动进行审计；

（2）对本单位及所属单位预算内、预算外资金的管理和使用情况进行审计；

（3）对本单位内设机构及所属单位领导人员的任期经济责任进行审计；

（4）对本单位及所属单位固定资产投资项目进行审计；

（5）对本单位及所属单位内部控制制度的健全性和有效性及风险管理进行评审；

（6）对本单位及所属单位经济管理和效益情况进行审计；

（7）法律、法规规定和本单位主要负责人或者权力机构要求办理的其他审计事项。

内部审计机构每年向本单位主要负责人或者权力机构提出内部审计工作报告。

第三节　民间审计组织

在西方国家，注册会计师的工作机构有独资制、普通合伙制、有限公司制和有限责任合伙制四种主要形式。在我国，会计师事务所是注册会计师的工作机构，注册会计师必须加入会计师事务所才能接受委托，办理审计、会计咨询等业务。会计师事务所不隶属于任何机构，自收自支、独立核算、自负盈亏、依法纳税，因此，在业务上具有较强的独立性、客观公正性。

一、我国会计师事务所的设立

根据《中华人民共和国注册会计师法》（以下简称《注册会计师法》）的规定，我国只准设立有限责任会计师事务所和合伙制会计师事务所。

（一）有限责任会计师事务所的设立

有限责任会计师事务所是指由注册会计师出资发起设立、承办注册会计师业务并负有限责任的社会中介机构。有限责任会计师事务所以其全部资产对其债务承担责任，会计师事务所的出资人以其出资额为限承担责任。

设立有限责任会计师事务所必须符合以下条件：

（1）不少于人民币 30 万元的注册资本；

（2）拥有 10 名以上在国家规定的职龄以内的专业从业人员，其中至少有 5 名注册会计师；

（3）有 5 名以上符合规定条件的发起人；

（4）有固定的办公场所；

（5）审批机关规定的其他条件。

（二）合伙制会计师事务所的设立

会计师事务所可以由注册会计师合伙设立。合伙设立的会计师事务所的债务由合伙人按出资比例或者协议的约定，以各自的财产承担责任，合伙人对会计师事务所的债务承担连带责任。设立合伙会计师事务所须具备下列条件：

（1）有2名以上符合规定的注册会计师为合伙人，由合伙人聘用一定数量符合规定条件的注册会计师和其他专业人员参加会计师事务所工作；

（2）有固定的办公场所和必要的设施；

（3）有能够满足执业和其他业务工作所需要的资金。

申请成为会计师事务所合伙人的注册会计师必须符合如下条件：必须是中华人民共和国公民；持有中华人民共和国注册会计师有效证书，有5年以上在会计师事务所从事独立审计业务的经验和良好的道德记录；不在其他单位从事谋取工资收入的工作；至申请日止在申请注册地持续工作1年以上。

二、我国注册会计师的业务范围

我国注册会计师的业务范围十分广泛，根据《注册会计师法》的规定，注册会计师依法承办审计业务和会计咨询、会计服务。此外，注册会计师还根据委托人的委托，从事审阅业务、其他鉴证业务和相关服务。

（一）审计业务

根据《注册会计师法》的规定，审计业务包括：审查企业财务报表，出具审计报告；验证企业资本，出具验资报告；办理企业合并、分立、清算事宜中的审计业务，出具有关报告和办理法律、行政法规规定的其他审计业务，出具相应的审计报告。

（二）审阅业务

审阅业务是指注册会计师在实施审阅程序基础上，说明是否注意到某些事项，使其相信财务报表没有按照适用的会计准则规定编制，未能在所有重大方面公允反映被审阅单位的财务状况、经营成果、现金流量。审阅业务相较审计业务，程序有限，提供的保证程度也低。

（三）其他鉴证业务

其他鉴证业务可以增强相关信息使用者的信任程度。如预测性财务信息审核、系统鉴证、盈利预测审核等。

（四）相关服务

相关服务包括对财务信息执行商定程序、代编财务信息、税务服务以及管理咨询等。

三、我国注册会计师的管理体制

我国注册会计师制度经过20余年的发展，已经形成了较为完善的管理体制，它主要包括下述内容。

（一）法律规范

《注册会计师法》是规范注册会计师执业行为、保障市场经济有序运转的重要法律。《注册会计师法》共分七章四十六条，主要内容包括：注册会计师、会计师事务所、注册会计师协会的基本性质及和财政部门的关系；注册会计师资格的取得；注册会计师的业务范围；注册会计师执业规则；会计师事务所的设立和责任；注册会计师协会；法律责任等。

（二）政府监督

第一，财政部门。国务院财政部门和省、自治区、直辖市人民政府财政部门，依法对注册会计师、会计师事务所和注册会计师协会进行监督、指导。具体包括：业务监督；违纪处理；制定收费标准。

第二，工商、税务部门。工商行政管理部门对会计师事务所的管理主要有两项：一是工商登记；二是业务范围监督。

第三，中国证券监督管理委员会。中国证券监督管理委员会对从事证券业务的会计师事务所和注册会计师的执业资格进行审核确认，并对取得资格的会计师事务所和注册会计师执行证券业务的情况进行监督。

（三）行业自律

注册会计师协会是由注册会计师组成的社会团体。中国注册会计师协会是注册会计师的全国组织，省、自治区、直辖市注册会计师协会是注册会计师的地方组织。中国注册会计师协会作为行业自律组织，在财政部的领导下，全面推进注册会计师行业管理的规范化建设。从 1993 年底到 2012 年，它先后发布了一系列行业管理规范，建立了注册管理制度、业务监督制度、考试制度、培训制度、涉外管理制度和财务管理制度，制定了《中国注册会计师执业准则》及其他职业规范，为行业自律打下了坚实的基础。

中国注册会计师协会的宗旨是：服务、监督、管理、协调，为注册会计师、会计师事务所服务；为社会主义市场经济服务；监督注册会计师和会计师事务所执业质量、职业道德；依法管理注册会计师行业；协调行业内外关系，维护注册会计师和会计师事务所的合法权益。

四、我国注册会计师的职业资格

根据《注册会计师法》的规定，具有高等专科以上学校毕业的学历，或者具有会计或者相关专业中级以上技术职称的中国公民，可以申请参加注册会计师全国统一考试；具有会计或者相关专业高级技术职称的人员，可以免除部分科目的考试。参加注册会计师全国统一考试成绩合格，并从事审计业务工作两年以上者，可以向省、自治区、直辖市注册会计师协会申请注册。准予注册的申请人，由注册会计师协会发给国务院财政部统一印制的注册会计师证书，方可执行注册会计师业务。

五、注册会计师的法律责任

在讨论注册会计师的法律责任之前，有必要明确以下两点：

第一，注册会计师的审计责任和被审单位的会计责任是两个不同意义的概念，在审计业务中，注册会计师和被审计单位分别承担审计责任和会计责任，两者不能相互替代、减轻或免除。

第二，注册会计师审计的目的在于通过其审计，合理保证被审计单位会计报表的可靠程度，以供会计报表的使用人作出合理的判断和决策。那种认为注册会计师审计就是对被审计单位会计报表正确性、合法性、完整性的保证，是对被审计单位未来发展和经营效益与效率的保证的看法是完全错误的。

（一）注册会计师法律责任的成因

纵观历史，自现代民间审计诞生以来，审计失败次数相对于审计总数而言，是微不足道的。但是，自20世纪60年代中期以来，世界各国控告审计人员的诉讼案件急剧增加，有人称之为注册会计师的“诉讼爆炸”时代。

注册会计师被控告，其原因可能是多方面的：有的是被审计单位的责任；有的是审计人员的责任；有的是双方的责任；还有的是使用者的误解。其中，被审计单位的责任和注册会计师的责任是最重要的。

1. 被审计单位方面的责任

（1）错误、舞弊。被审计单位的会计部门或其他管理部门发生某些严重错误和舞弊而注册会计师未能查出，这往往会给他人造成损失，注册会计师可能会遭到委托人及有关方面的控告。当然，由于审计的固有限制，不能苛求注册会计师发现和揭露会计报表中所有错误和舞弊情况。因此，不能要求注册会计师对所有未查出的会计报表中的错误和舞弊情况负责。但这也不意味着注册会计师对未能查出的会计报表中的重大错误与舞弊不承担任何责任，关键看未能查出的原因是否源自注册会计师本身的过错。

（2）经营失败。被审计单位在经营失败时，也可能会牵连到注册会计师。在有些情况下，会计师事务所被指控，并不是由于其自身的审计失败，而可能是由于被审计单位的经营失败所引起的。很多会计和法律专业人士认为，会计报表使用者控告会计师事务所的主要原因之一，是不理解经营失败和审计失败之间的区别。在发生经营失败而不是审计失败时，报表使用者往往指责为审计失败。因此，公共会计职业团体，有责任向报表使用者说明注册会计师的作用以及经营失败与审计失败的区别。

2. 注册会计师方面的责任

注册会计师可能由于违约、过失和欺诈等行为而被控告。违约，指合同的一方或几方未能达到合同条款的要求。当违约给他人造成损害时，审计人员要承担违约责任。过失，指在一定条件下，缺少应有的合理的谨慎。过失按其程度不同可分为普通过失和重大过失两种。普通过失，通常是指没有保持职业上应有的合理谨慎，即没有完全遵循专业准则的要求执行审计。重大过失是指没有保持起码的职业谨慎，即根本没有遵循专业准则或没有按专业准则的主要要求执行审计。欺诈是以欺骗或坑害他人为目的的一种故意的行为。即为了达到欺骗他人的目的，明知委托单位的会计报表有重大错报，却以虚假陈述进行掩盖，并出具无保留意见的审计报告。

（二）注册会计师法律责任的种类

注册会计师因违约、过失或欺诈给被审计单位或其他利害关系人造成损失的，按照有关法律和规定，可能被判负行政责任、民事责任或刑事责任。行政处罚对注册会计师个人来说，包括警告、暂停执业、吊销注册会计师证书；对会计师事务所而言，包括警告、没收违法所得、罚款、暂停执业、撤销等。民事责任主要是指赔偿受害人损失。刑事责任主要是指按有关法律程序判处徒刑。一般来说，违约和过失可能使注册会计师负行政责任和民事责任，欺诈可能会使注册会计师负民事责任和刑事责任。

（三）中国注册会计师的法律责任

随着社会主义市场经济体制在我国的建立和完善，注册会计师在社会经济生活中发挥的作用越来越大。注册会计师如果工作失误或犯有欺诈行为，将会给委托人或使用会计报表的利益相关者造成损失，严重的甚至会导致经济秩序的混乱。因此，制定和完善相关法律以强化注册会计师的法律责任意识，保证其遵守职业道德和提高执业质量，其意义就显得愈加重大。近年来我国颁布的一些重要经济法律、法规中，都有专门规定会计师事务所、注册会计师法律责任的条款。其中，比较重要的有：《中华人民共和国注册会计师法》；《中华人民共和国公司法》、《中华人民共和国证券法》及《中华人民共和国刑法》等。

（四）注册会计师如何避免法律诉讼

面对注册会计师法律责任的扩展和被控诉案件的急剧增加，整个注册会计师职业界都在积极研究如何避免法律诉讼。注册会计师避免法律诉讼的具体措施可以概括为以下几点：

（1）严格遵循职业道德和专业标准的要求；

（2）建立、健全会计师事务所质量控制制度；

（3）与委托人签订业务约定书；

（4）审慎选择被审计单位；

（5）深入了解被审计单位的业务；

（6）聘请熟悉注册会计师法律责任的律师。

第四节　审计准则

一、审计准则的含义

审计准则是审计人员进行审计工作时必须遵循的行为规范，是对审计工作质量进行评价的客观标准。

在审计准则中，一般要规定审计人员应具备的条件和审计人员执行审计业务、编写审计报告应遵循的程序与规范，旨在保证审计工作质量。

二、审计准则的产生和发展

审计准则最早产生于美国的民间审计领域。1938 年，美国发生了麦克逊·罗宾斯公司事件。麦克逊·罗宾斯公司是在纽约证券交易所上市的公司，公司经理同他的兄弟共谋，通过虚构交易，夸大资产数额（虚构资产达 2 100 万美元），进而贪污巨额款项。1938 年 12 月，证券交易委员会检察官揭发了该公司长年的违法经营活动。根据调查结果，该公司实际财务状况早已“资不抵债”，最终该公司宣告破产。该公司十余年间一直是由著名的普莱斯·沃特豪斯会计师事务所担任其财务审计，该事务所对公司的财务状况一直发表结论为“正确、适当”的审计意见，从而使股东、债权人蒙受损失。这一破产案例的披露，给社会和民间审计职业界带来了很大的震动，并给当时和后来的审计领域留下一个值得讨论的重要课题。这一课题就是如何使审计人员具备起码的专业素质，并在实施工作中有明确的指南可供遵循，以保证审计工作的质量。于是，审计准则的制定便成了民间审计职业界的迫切任务。

在总结这一事件教训的基础上，1938 年美国会计师协会发表了一个文件，名为“审计手续的扩展”。这个文件是针对当时审计实务的弱点，旨在加强审计手续而制定的。在这方面，美国证券交易委员会有着更为深刻的认识。他们认为，解决类似问题仅从手续、技术方面考虑是不能奏效的，最重要的是要加强审计人员的权威性，使之成为有能力、有经验的专家。他们还认为，除了“一般公认审计手续”之外，应该制定“一般公认审计标准”。1947 年，美国会计师协会审计程序委员会发表了“审计标准试行方案”，审计程序委员会在确认审计程序和审计准则存在本质不同的基础上，将审计准则分为审计人员准则和审计行为与报告准则两部分，并且提出了 9 项公认审计准则（GAAS）。1954 年，对该方案进行了部分修订，发表了《公认审计准则——其意义和范围》，其中最重要的修订是增设了第 10 条审计标准。其后，这一准则的内容又陆续修改补充，一直沿用至今。

审计准则在民间审计领域的积极作用，促进了国家审计准则和内部审计准则的形成及发展。有些国家的国家审计机关，直接应用民间审计的审计准则，大多数国家的国家审计机关在民间审计准则的基础上，制定自己的审计准则。美国审计总署 1977 年颁布的《政府的机构、计划项目、活动及职责的审计准则》，无论是从审计范围还是从审计规定看，都比民间审计准则更为具体、丰富。美国国家审计准则，有着深远的国际影响。20 世纪 70 年代以后，世界各国结合本国的实际情况相继制定了符合本国国情的国家审计准则。

三、审计准则的作用

审计准则的作用表现在以下几个方面：

第一，审计准则有利于保证审计工作质量，有利于使审计人员取得社会各界的信任。审计准则对审计人员的素质、审计工作的进行、审计报告的编制都有统一的规范。只要审计人员按照审计准则的要求去执行审计，就可以保证审计工作的质量，不致发生重大的失误。同时，由于有了审计准则，就有了评价审计工作的统一、公认的标准，外界就可以通过审计准则来判断审计工作是否合理，这有利于社会各界对审计工作的了解和增加对审计人员的信任。

第二，审计准则维护了公众利益和审计人员的正当权益。审计准则揭示了普遍认可的审计职业规范，使审计人员在审计工作中能更好地履行自己的职责。当审计委托人与审计人员对审计工作的看法相悖而发生争议时，也可以有一个客观的裁判标准。当社会公众对审计工作寄予过高的期望时，审计人员也可以用审计准则向公众解释其工作的内容和职责范围。审计准则的制定既维护了公众利益，也保护了审计人员的正当权益，使审计人员免受过分的指责。

第三，审计准则有利于审计人员实行自我管理，避免政府直接干预。民间审计人员是自由职业者，但如果过于放任自由，会给社会带来危害，也会使审计职业界失去信誉，不能自立于社会。因此，审计职业团体需要制定审计准则，使审计职业团体成为真正的自我管理的组织。同时，审计准则的制定也是审计职业走向成熟的标志。

四、国际审计准则

（一）国际审计准则概况

第二次世界大战以后，国际经济进入了一个新的发展阶段，国际间商品、资本、知识、劳动力、信息的交流，达到了前所未有的规模。各国在经济上相互依存、相互促进的关系日益加强。随着投资范围的扩大和企业经营的国际化，任何一个国家的会计和审计方法及其所提供的信息，都不再是仅受本国公民的关注。在这种情况下，会计、审计的国际化发展便成为必然：一方面，国际投资者和关注跨国公司会计信息的各国用户，要求国家间会计准则、审计准则趋于一致，以使各国依据会计准则编制的财务报表和依据审计准则提出的审计报告，具有实际的可比性、可理解性和较高的可靠性。另一方面，为了保护本国投资者的利益，注册会计师也开始跨国界执业，注册会计师审计的业务范围不再以一国的疆界为限。

为了加强国际间的经济交流，创造良好的国际投资环境。1977 年 10 月，国际会计师联合会（IFAC）成立，该联合会的宗旨是，以协调一致的标准来发展和提高世界范围内会计职业的协作。国际会计师联合会下设国际审计与鉴证准则理事会，以及道德、教育、财务与管理会计、遵循、跨国审计师、公共部门等专门委员会。国际审计与鉴证准则理事会代表国际会计师联合会，制定和发布国际审计准则。到 2001 年 12 月止，该理事会已陆续颁布了 50 项国际审计准则和实务公告。这些准则的颁布，提高了世界各国审计实务一致性的程度，进一步促进了注册会计师审计事业的发展。

国际审计准则任何时候都可以应用于独立审计的全过程。这就是说，在对任何组织的会计资料进行独立检查时，不论这个组织是否以盈利为目的，不论其规模大小，也不论其法定组织形式如何，只要进行的独立检查是以发表审计意见为目的，均适合使用国际审计准则，在适当的情况下，国际审计准则也可应用于审计人员的其他业务活动。

（二）国际审计准则的内容

已发布的国际审计准则基本内容，可分为一般准则、外勤工作准则和报告准则三部分。

1. 一般准则

一般准则，即审计人员资格条件和执业行为的准则。主要包括以下几个方面：

（1）对审计人员应具备的技术条件的规定。包括：专业学识，即审计人员必须具备必要的学历和职业培训经历；实践经验，即要求有一定年限的工作经历并通过职业资格考试；工作能力，即审计人员应具备一定的分析、判断和表达能力。

（2）对审计人员应具备的身份条件的规定。主要是要求审计人员必须超然独立，在陈述与表示意见时应持公正的态度。

（3）对审计人员应具备的职业道德条件的规定。

2. 外勤工作准则

外勤工作准则，即审计人员在执行会计报表审计过程中应遵守的准则。主要包括以下几个方面：

（1）对计划审计工作的规定。包括：审计计划的可行性研究；审计工作的程序；审计人员及其工作分工等。

（2）对确立审计范围的规定。包括：审查会计报表；研究和评价内部控制；确定审计测试或采用其他审计方法的性质、时间和范围等。

（3）对获取审计证据的规定。包括：采用各种有效的方法以获取充分适当的证据；充分考虑审计对象的重要性、审计风险及其他影响因素，为审计会计报表和提出公正审计意见提供合理的依据等。

（4）对实施审计的规定。包括：执行审计的必要条件和程序；应执行的审计业务等。

在国际审计准则中，有关外勤工作准则的说明和解释，占有相当大的比例。由于外勤工作准则涉及面很广，且执行起来弹性较大，因此，往往需要根据不同情况加以判断。

3. 报告准则

审计报告是审计人员对会计报表表示审计意见的方式，也是审计人员正式承认对其审计意见承担责任的依据。因此，审计报告适当与否，对于保证审计质量和提高审计信誉至关重要。为了全面、清晰、准确地表达审计结果，尽可能缩小不同审计人员表述的差异，必须对审计报告的形式和内容提出具体要求。报告准则，即是审计人员编制审计报告、选择表达方式和记载必要事项的准则。主要包括以下几个方面：

（1）对审计报告应记载事项的规定；

（2）对发表审计意见的规定；

（3）对补充记载事项的规定；

（4）对审计报告报送对象及报送时间的规定。

五、中国注册会计师独立审计准则

根据《中华人民共和国注册会计师法》第 35 条的规定，注册会计师执业准则由中国注册会计师协会负责拟订，报国务院财政部门批准后施行。中国注册会计师协会于 1994 年 5 月成立独立审计准则组，负责独立审计准则的起草工作。独立审计准则组成员由注册会计师协会、会计师事务所、科研院校等方面的专家组成。同年 10 月组织起草小组正式开展工作。1995 年 1 月发布了第一批《独立审计准则》的征求意见稿。经财政部批准，1996 年 1 月 1 日，第一批《独立审计准则》开始实施。2006 年，为了规范注册会计师的执业行为，提高执业质量，维护公众利益，促进社会主义市场经济的健康发展，中国注册会计师协会拟订了《中国注册会计师鉴证业务基本准则》等22项准则，修订了《中国注册会计师审计准则第1142号——财务报表审计中对法律法规的考虑》等26项准则。2010年，中国注册会计师协会修订了《中国注册会计师审计准则第1101号——注册会计师的总体目标和审计工作的基本要求》等38项准则，自2012年1月1日起施行。同时废止财会〔2006〕4号文中《中国注册会计师审计准则第1101号——财务报表审计的目标和一般原则》等35项准则。

（一）注册会计师鉴证业务基本准则

为使我国注册会计师行业进一步按照与国际趋同的方向发展，中国注册会计师协会于2006年2月颁布了修订的中国注册会计师审计准则。对注册会计师鉴证业务有指导性的准则定名为《中国注册会计师鉴证业务基本准则》。

1. 鉴证业务基本准则（以下简称基本准则）制定的目的和内容

基本准则制定的目的是：规范注册会计师执行鉴证业务；明确鉴证业务的目标和要素；确定中国注册会计师审计准则、审阅准则和其他鉴证业务准则适用的鉴证业务类型。

基本准则的主要内容由鉴证业务的定义和目标、业务承接、鉴证业务的三方关系、鉴证对象、标准、证据、鉴证报告等构成。

2. 鉴证业务的定义和目标

鉴证业务是指注册会计师对鉴证对象信息提出结论，以增强除责任方之外的预期使用者对鉴证对象信息信任程度的业务。

鉴证对象信息主要是按照标准对鉴证对象进行评价和计量的结果，鉴证对象信息应当恰当反映既定标准运用于鉴证对象的情况，否则，鉴证对象信息可能存在错报，而且可能存在重大错报。

3. 基于责任方认定的业务和直接报告业务的划分

基于责任方认定的业务，即为注册会计师针对财务报表出具审计报告。在财务报表审计中，被审计单位管理层（责任方）对财务状况、经营成果和现金流量（鉴证对象）进行确认、计量和列报（评价或计量）而形成的财务报表（鉴证对象信息）即为责任方的认定，而这种业务属于基于责任方认定的业务。所谓直接报告业务，是指注册会计师对一些鉴证对象直接出具报告。比如在内部控制鉴证业务中，注册会计师可能无法从管理层（责任方）获取其对内部控制有效性的评价报告（责任方认定），或预期使用者无法获取该报告，这样注册会计师即可直接对内部控制的有效性（鉴证对象）进行评价并出具鉴证报告，这种业务就属于直接报告业务。

鉴证业务的保证程度可分为合理保证和有限保证，审计的目标也由此而形成区别。合理保证的鉴证业务的目标是注册会计师将鉴证业务风险降至该业务环境下可接受的低水平，以此作为以积极方式提出结论的基础。而有限保证的鉴证业务的目标是注册会计师将鉴证业务风险降至该业务环境下可接受的水平，以此作为以消极方式提出结论的基础。

4. 业务承接

在接受委托前，注册会计师应当初步了解业务环境。在此之后，只有认为符合独立性和专业胜任能力等相关职业道德规范的要求，并且对拟承接的业务具备承接条件之后，注册会计师才能将其作为鉴证业务予以承接。当对拟承接的业务不具备承接条件时，注册会计师不能将其作为鉴证业务，但可以提请委托人将其作为非鉴证业务（如商定程序、代编财务信息、管理咨询、税务服务等相关服务业务）。对已承接的鉴证业务，如果没有合理理由，注册会计师不应将该项业务变更为非鉴证业务，或将合理保证的鉴证业务变更为有限保证的鉴证业务。

5. 鉴证业务的三方关系

鉴证业务涉及的三方关系人包括注册会计师、责任方和预期使用者；其中的责任方与预期使用者可能是同一方，也可能不是同一方。

责任方可能是鉴证业务的委托人，也可能不是委托人，但应是在直接报告业务中对鉴证对象负责的组织或人员，或者是在基于责任方认定的业务中，对鉴证对象信息负责并可能同时对鉴证对象负责的组织或人员。

预期使用者是指预期使用鉴证报告的组织或人员。责任方可能是预期使用者，但不是唯一的预期使用者。在可行的情况下，鉴证报告的收件人应当明确为所有的预期使用者。

6. 鉴证对象

鉴证对象与鉴证对象信息具有多种形式，即当鉴证对象为财务业绩或状况时，鉴证对象信息是财务报表；当鉴证对象为非财务业绩或状况时，鉴证对象信息可能是反映效率或效果的各种指标；当鉴证对象为物理特征时，鉴证对象信息可能是有关鉴证对象物理特征的说明文件；当鉴证对象为某种系统和过程时，鉴证对象信息可能是关于其有效性的认定；当鉴证对象为一种行为时，鉴证对象信息可能是对法律法规遵守情况或执行效果的声明。

7. 标准

标准是指用于评价或计量鉴证对象的基准，当涉及列报时，还包括列报的基准，如编制财务报表所使用的会计准则和相关会计制度、单位内部制定的行为准则或确定的绩效水平等。适当的标准应当具备下列所有特征：

（1）相关性。相关的标准有助于得出结论，便于预期使用者作出决策。

（2）完整性。完整的标准不应忽略业务环境中可能影响得出结论的相关因素，当涉及列报时，还包括列报的基准。

（3）可靠性。可靠的标准能够使能力相近的注册会计师在相似的业务环境中，对鉴证对象作出合理一致的评价或计量。

（4）中立性。中立的标准有助于得出无偏向的结论。

（5）可理解性。可理解的标准有助于得出清晰、易于理解、不会产生重大歧义的结论。

8. 证据

注册会计师应当以职业怀疑态度计划和执行鉴证业务，获取有关鉴证对象信息是否不存在重大错报的充分、适当的证据。证据的充分性是对证据数量的衡量，主要与注册会计师确定的样本量有关。证据的适当性是对证据质量的衡量，即证据的相关性和可靠性。

合理保证的和有限保证的鉴证业务都需要运用鉴证技术和方法，收集充分、适当的证据。与合理保证的鉴证业务相比，有限保证的鉴证业务在证据收集程序的性质、时间、范围等方面是有意识加以限制的。

注册会计师应当记录重大事项，以提供证据支持鉴证报告，并证明其已按照鉴证业务准则的规定执行业务。注册会计师应当将鉴证过程中考虑的所有重大事项记录于工作底稿。

9. 鉴证报告

注册会计师应当出具含有鉴证结论的书面报告，该鉴证结论应当说明注册会计师就鉴证对象信息获取的保证。在合理保证的鉴证业务中，注册会计师应当以积极方式提出结论；在有限保证的鉴证业务中，注册会计师应当以消极方式提出结论。

当审计工作范围等受到重大限制，或者标准或鉴证对象不适当时，注册会计师应当对其影响程度作出判断；如果这些情况影响重大，注册会计师不能出具无保留结论的报告，而是要出具保留结论、无法作出结论或否定结论的报告。当注册会计师针对鉴证对象信息出具报告，或同意将其姓名与鉴证对象联系在一起时，则注册会计师与该鉴证对象发生了关联。

（二）注册会计师其他审计准则

除上述《中国注册会计师鉴证业务基本准则》之外，中国注册会计师协会还颁布了与注册会计师行业有关的其他几项基本准则，即《中国注册会计师职业道德基本准则》和《中国注册会计师职业后续教育基本准则》。

1.《中国注册会计师职业道德基本准则》

这个准则的一般原则部分主要从注册会计师应当恪守独立、客观、公正的原则角度，对会计师事务所和注册会计师在接受委托和执行业务中应具有的独立态度予以规范。

2.《中国注册会计师职业后续教育基本准则》

这个准则强调了对注册会计师进行后续教育的重要性，并从后续教育的内容及应采取的形式、后续教育的组织方式及实施方式，以及后续教育的检查和考核方面，对注册会计师保持和不断提高全行业的执业水准提出了规范要求。

（三）注册会计师具体审计准则

我国 2010 年注册会计师协会修订的 38 项准则，包括审计准则、审阅准则、其他鉴证业务准则、相关服务准则和质量控制准则 5 类。

1. 审计准则

我国颁布的审计准则包括：《中国注册会计师审计准则第 1101 号——注册会计师的总体目标和审计工作的基本要求》、《中国注册会计师审计准则第 1111 号——就审计业务约定条款达成一致意见》、《中国注册会计师审计准则第 1121 号——对财务报表审计实施的质量控制》、《中国注册会计师审计准则第 1131 号——审计工作底稿》、《中国注册会计师审计准则第 1141 号——财务报表审计中与舞弊相关的责任》、《中国注册会计师审计准则第 1142 号——财务报表审计中对法律法规的考虑》、《中国注册会计师审计准则第 1151 号——与治理层的沟通》、《中国注册会计师审计准则第 1152 号——向治理层和管理层通报内部控制缺陷》、《中国注册会计师审计准则第 1153 号——前任注册会计师和后任注册会计师的沟通》、《中国注册会计师审计准则第 1201 号——计划审计工作》、《中国注册会计师审计准则第 1211 号——通过了解被审计单位及其环境识别和评估重大错报风险》、《中国注册会计师审计准则第 1221 号——计划和执行审计工作时的重要性》、《中国注册会计计师审计准则第 1231 号——针对评估的重大错报风险采取的应对措施》、《中国注册会计师审计准则第 1241 号——对被审计单位使用服务机构的考虑》、《中国注册会计师审计准则第 1251 号——评价审计过程中识别出的错报》、《中国注册会计师审计准则第 1301 号——审计证据》、《中国注册会计师审计准则第 1311 号——对存货等特定项目获取审计证据的具体考虑》、《中国注册会计师审计准则第 1312 号——函证》、《中国注册会计师审计准则第 1313 号——分析程序》、《中国注册会计师审计准则第 1314 号——审计抽样》、《中国注册会计师审计准则第 1321 号——审计会计估计（包括公允价值会计估计）和相关披露》、《中国注册会计师审计准则第 1323 号——关联方》、《中国注册会计师审计准则第 1324 号——持续经营》、《中国注册会计师审计准则第 1331 号——首次审计业务涉及的期初余额》、《中国注册会计师审计准则第 1332 号——期后事项》、《中国注册会计师审计准则第 1341 号——书面声明》、《中国注册会计师审计准则第 1401 号——对集团财务报表审计的特殊考虑》、《中国注册会计师审计准则第 1411 号——利用内部审计人员的工作》、《中国注册会计师审计准则第 1421 号——利用专家的工作》、《中国注册会计师审计准则第 1501 号——对财务报表形成审计意见和出具审计报告》、《中国注册会计师审计准则第 1502 号——在审计报告中发表非无保留意见》、《中国注册会计师审计准则第 1503 号——在审计报告中增加强调事项段和其他事项段》、《中国注册会计师审计准则第 1511 号——比较信息：对应数据和比较财务报表》、《中国注册会计师审计准则第 1521 号——注册会计师对含有已审计财务报表的文件中的其他信息的责任》、《中国注册会计师审计准则第 1601 号——对按照特殊目的编制基础编制的财务报表审计的特殊考虑》、《中国注册会计师审计准则第 1602 号——验资》、《中国注册会计师审计准则第 1603 号——对单一财务报表和财务报表特定要素、账户或项目审计的特殊考虑》、《中国注册会计师审计准则第 1604 号——对简要财务报表出具报告的业务》、《中国注册会计师审计准则第 1611 号——商业银行财务报表审计》、《中国注册会计师审计准则第 1612 号——银行间函证程序》、《中国注册会计师审计准则第 1613 号——与银行监管机构的关系》、《中国注册会计师审计准则第 1631 号——财务报表审计中对环境事项的考虑》、《中国注册会计师审计准则第 1632 号——衍生金融工具的审计》、《中国注册会计师审计准则第 1633 号——电子商务对财务报表审计的影响》。

2. 审阅准则

审阅准则为《中国注册会计师审阅准则第 2101 号——财务报表审阅》。

3. 其他鉴证业务准则

其他鉴证业务准则包括《中国注册会计师其他鉴证业务准则第 3101 号——历史财务信息审计或审阅以外的鉴证业务》和《中国注册会计师其他鉴证业务准则第 3111 号——预测性财务信息的审核》。

4. 相关服务准则

相关服务准则包括《中国注册会计师相关服务准则第 4101 号——对财务信息执行商定程序》和《中国注册会计师相关服务准则第 4111 号——代编财务信息》。

5. 质量控制准则

质量控制准则为《质量控制准则第 5101 号——会计师事务所对执行财务报表审计和审阅、其他鉴证和相关服务业务实施的质量控制》。

本章小结

本章介绍了我国的审计组织体系的构成，国家审计的模式；介绍了审计准则的产生与发展，审计准则具有的重要作用；介绍了国际审计准则、中国注册会计师独立审计准则的内容。

复习题

1. 国家审计机构的模式及其特点是什么?
2. 我国注册会计师的业务范围是什么?
3. 注册会计师法律责任的成因包括哪些方面?
4. 内部审计机构的组织形式有哪些?
5. 什么是审计准则?审计准则的作用和意义是什么?
6. 简述中国注册会计师执业准则的构成。

第三章　审计目标

【本章要点】

◇ 审计目标的含义及特征

◇ 我国独立审计总目标

◇ 被审计单位管理当局的报表认定

◇ 交易与余额的具体审计目标

【本章引言】

审计目标是审计活动方向的导引。明确了审计目标，审计人员才能够围绕审计目标的实现实施具体的审计活动。

第一节　审计目标概述

一、对审计目标认识的演变过程

审计作为人类的一种经济监督活动有其特定的目标。人们对审计目标的认识，经历了一个不断发展、演变的过程。自审计产生及其后相当长的历史时期内，人们一直认为审计目标是查找错弊，所谓的“听账”（Audit）就是此意。18 世纪欧洲的产业革命带来了生产经营规模的扩大，股份有限公司企业组织形式的形成，导致了所有权与经营权分离，所有者关心投资的安全和资本增值。那时，审计目标是替股东们查找管理人员在会计及相关信息形成过程中的错弊行为。1905 年美国学者劳伦斯·迪克西教授在其所著的《审计学》一书中，把审计目标概括为“检查舞弊行为、检查技术错误和检查原理错误三方面，其中检查舞弊行为是审计责任中最重要的内容”。可以说，直到 20 世纪初，查错防弊一直被人们作为审计的主要目标。

1929 年至 1933 年发生的世界性经济危机，导致许多企业破产倒闭，使企业的投资者和相关利益集团蒙受了巨大的经济损失。会计报表信息在这次经济危机爆发过程中扮演了推波助澜的角色，促使人们重新审视会计信息的作用以及审计在保证会计信息真实性、公正性方面的作用。人们对审计目标的认识也开始发生变化，强调审计目标重点应放在确定财务报表的公允性上，而查错防弊则应放在第二位。1961 年 1 月，美国审计程序委员会认为任何重要的错弊都会影响财务报表的公允性，审计人员根据公认的审计准则审查财务报表时应考虑这种可能。这说明人们已经将财务报表陈述的公允性作为审计的目标。

二、审计目标的含义及特征

审计目标是在一定历史环境下，人们通过审计实践活动所期望达到的境地或最终结果。审计目标是审计监督体系运行的导向机制，发挥着引导审计活动方向的作用。

审计目标具有社会需要性、现实可能性、动态性和可分解性等基本特征。

第一，社会需要性。审计目标是由社会需要转化而来的，它反映了社会政治经济环境对审计的客观要求。

第二，现实可能性。审计目标源于社会需要，但只有符合审计内在特性和规律的社会需要才能转化为审计目标，从而使审计目标的实现具有现实可能性。

第三，动态性。审计目标的具体内容随着社会历史条件和政治经济环境的变化而变化。

第四，可分解性。任何系统都有其总目标，总目标又可分解为若干子目标。因此，审计目标也是由总目标及其子目标组成的。

第二节　财务报表审计的总目标与具体目标

一、财务报表审计的总目标

（一）对财务报表审计目标的不同认识

各国对审计总目标的认识略有不同。如美国注册会计师协会发布的《审计准则公告第 1 号》指出："独立审计人员对财务报表的例行审计目标，是对财务报表在所有重要方面是否遵守一般公认会计原则，公允地表达其财务状况、经营成果，以及现金流量表示意见。"英国 1985 年《公司法》规定，审计的目标就是在审计报告中对被审计单位的财务报表是否真实与公允和遵守了《公司法》表示意见。国际会计师联合会发布的《对财务报表的审计报告准则》认为，财务报表审计的目标是使审计人员能够对财务报表在所有重要方面是否按照确定的财务报告框架编制发表意见。

美国的审计目标强调合规性和公允性，英国的审计目标强调真实性、公允性和合法性，国际会计准则强调合规性。

（二）我国财务报表审计总目标

《中国注册会计师审计准则第 1101 号——注册会计师的总体目标和审计工作的基本要

求》规定的财务报表审计的总目标是，在执行财务报表审计工作时，注册会计师应：

（1）对财务报表整体是否不存在由于舞弊或错误导致的重大错报获取合理保证，使得注册会计师能够对财务报表是否在所有重大方面按照适用的财务报告编制基础编制发表审计意见；

（2）按照审计准则的规定，根据审计结果对财务报表出具审计报告，并与管理层和治理层沟通。

根据上述审计总目标，审计人员在取得充分适当的审计证据后，应当视审计是否受到限制，是否与被审计单位有不同意见，以及是否存在未确定事项等，并根据其对会计报表的影响程度分别出具无保留意见、保留意见、否定意见和无法表示意见的审计报告。

二、财务报表审计的具体目标

财务报表审计的具体目标是财务报表审计总目标的进一步具体化。一般来说，审计的具体目标根据被审计单位管理当局对会计报表的认定和审计总目标两方面来确定。

（一）被审计单位管理当局对会计报表的认定

被审计单位管理当局对会计报表的认定是指被审计单位管理当局对其会计报表所作的断言或声明。审计目标与被审计单位管理当局的认定密切相关，因为审计人员的基本职责就在于确定被审计单位管理当局对其会计报表的认定是否合理、合规。所以审计亦是对被审计单位管理当局报表认定的再认定。

被审计单位管理当局对会计报表的认定有些是明示性的，有些则是暗示性的。

例如：某公司资产负债表上列示货币资金 20 000 元，表明公司管理当局已做了这样的认定：资产负债表上的货币资金 20 000 元在资产负债表日是确实存在的，除非财务报表上另有说明，这一认定是明示性的。同时它还表明管理当局认定其资产负债表所列货币资金是没有被限制、可以正常使用的，这一认定则是暗示性的。对财务报表中每项资产、负债、所有者权益、收入和费用项目都存在类似的认定。

审计人员通过实质性测试获取审计证据时，应当考虑以下主要事项：

（1）资产、负债在某一特定时日是否存在；

（2）资产、负债在某一特定时日是否归属于被审计单位；

（3）经济业务的发生是否与被审计单位有关；

（4）是否有未入账的资产、负债或其他交易事项；

（5）资产、负债的计价是否恰当；

（6）收入与费用是否归属于当期，并相互配比；

（7）会计记录是否正确；

（8）会计报表项目的分类反映是否适当，并前后一致。

被审计单位管理当局对上述事项可归为以下五类认定：存在或发生；完整性；权利与义务；估价或分摊；表达与披露。

作为审计人员必须了解这些认定，审计人员了解了管理当局对会计报表的认定，就很容易确定每个项目的具体审计目标。按这些目标收集充分适当的证据并同既定标准相对比，就会得出适当的审计结论。

1. 关于“存在或发生”认定

“存在或发生”认定是指，资产负债表所列的各项资产、负债、权益在资产负债表日实际存在，包含在会计报表中的已记录的交易在会计期间内确实发生。

例如，A公司管理当局认定：在资产负债日，资产负债表所列的存货确实存在并可供使用，所列的应付账款存在且待偿还。再如，管理当局认定：损益表所列的销售收入反映了本期实际已经发生的商品或劳务的交易结果。审计人员如果查出有未曾发生的虚构的销售收入列入本期收入中，或者有其他期间的销售收入列入本期收入中，就说明管理当局“存在或发生”认定有问题。

这里须指出，“存在或发生”认定所要解决的问题是，管理当局是否把那些不应包括的项目列入了会计报表，并不涉及所报告的金额是否正确。报告金额的问题与“估价或分摊”认定有关。例如，将某种实际数量为100件的存货认定为120件，虚增了20件，由于数量的增加会造成其金额的增加，这种增加是“存在与发生”认定有问题。如果是单价为100元的存货记为120元，造成金额增加，则是“估价或分摊”认定有问题。

可见，“存在或发生”认定若有问题，主要与对会计报表组成要素的高估有关。

2. 关于“完整性”认定

“完整性”认定是指，在会计报表中应该列示的所有交易和项目都列入了。对列示在会计报表上的每个项目，管理当局都暗示性地认定：所有有关的交易和事项都已包括在内。

例如，管理当局认定：存货余额包括了所有存货交易的结果。再如，管理当局认定：损益表所列销售收入反映了本期实际已发生的商品或劳务交易。如果审计人员查出有些已发生的销售业务未登记入账，有些存货交易的结果被遗漏，那么就说明管理当局“完整性”认定有问题。

这里须说明，有关“完整性”的认定所要解决的问题是，管理当局是否把应包括的项目遗漏或省略了，并不涉及所报告的金额是否正确。

可见，“完整性”认定与“存在或发生”认定正好相反，其如果有问题，主要与对会计报表的组成要素的低估有关。

3. 关于“权利与义务”认定

“权利与义务”认定是指，在某一特定日期，各项资产确属公司的权利，各项负债确属公司的义务。

这项认定通常涉及所有权的法律问题。例如，管理当局认定资产负债表所列货币资金、存货、固定资产等各项资产归公司所有；所列各项负债均是公司的债务。

4. 关于“估价或分摊”认定

“估价或分摊”认定是指，各项资产、负债、所有者权益、收入和费用等要素均按适当的金额列入会计报表中。

有关金额在会计报表中列示是否适当，不仅取决于这一金额的确定是否遵守了一般公认会计原则，而且取决于在计算上或文字处理上有无错误。如某金额的确定遵守了一般公认会计原则，并且在计算上正确无误，就说明这一金额是适当的。

“估价或分摊”认定包括三个方面的内容：一是总值估价；二是净值估价；三是计算精确性。

5. 关于“表达与披露”认定

“表达与披露”的认定是指，会计报表的特定组成要素被适当地加以分类、说明和披露。在会计报表上，管理当局暗示性地认定所有内容都表达适当，且披露充分。

表 3—1 汇总列示了上述五类管理当局认定。

表 3—1　　管理当局会计报表认定种类及其性质

认定种类	性　质
存在或发生	各项资产、负债及业主权益在特定日期均存在，所有已进行会计记录的交易在特定期间均已发生
完整性	在会计报表中所有应列示的交易和事项均已列入
权利与义务	在特定日期，各项资产均属公司的权利，各项负债均是公司的义务
估价或分摊	各项资产、负债、业主收益、收入和费用等要素均已按适当的方法进行计价，列入会计报表的金额正确
表达与披露	会计报表上的特定组成要素已被适当地加以分类、说明和披露

（二）审计的具体目标

如前所述，根据审计的总目标，再考虑被审计单位管理当局的认定，审计人员就可推导出审计的具体目标。在审计实务中，审计的具体目标可以划分为与交易相关的具体审计目标和与账户余额相关的具体审计目标。

1. 与交易相关的具体审计目标

明确交易的具体审计目标，有助于审计人员据以收集不同交易类别充分、适当的审计证据。交易的具体审计目标包括适用于所有交易项目的一般审计目标和适用于特定交易项目的特定审计目标。

(1) 适用于所有交易项目的一般审计目标。一般审计目标适用于指导所有证据收集工作，主要有以下六个：

1) 发生，即审计已记录的交易是否发生；

2) 完整性，即审计实际发生的交易是否均已入账；

3) 准确，即审计已记录的交易金额是否正确；

4) 分类，即审计客户记账凭证上记录的交易分类是否恰当；

5) 及时性，即审计交易是否已及时记录在正确的日期；

6) 过账与汇总，即审计客户凭证上记录的交易过入账簿的正确性。

(2) 特定交易项目的审计目标。特定审计目标是根据一般审计目标结合特定项目制定的审计目标。在审计中必须将适用于所有交易项目的一般审计目标运用于特定的交易类别，如销售、收现、商品的取得，从而得出与特定交易项目的审计目标。

以销售交易为例，进一步分析与交易相关的具体审计目标（见表 3—2）。

表 3—2　　管理当局认定与交易审计目标的关系及举例

管理当局认定	交易的具体审计目标	以销售交易为例
存在或发生	发生	已记录的销售确实发给了非虚构的客户

续前表

管理当局认定	交易的具体审计目标	以销售交易为例
完整性	完整性	实际发生的销售交易均已记录
	准确	已记录销售与实发商品的金额相符，且开单和记录正确
估价或分摊	分类	销售交易分类适当
	及时性	销售交易记录的日期正确
	过账与汇总	销售交易从记账凭证正确过转至相关账簿
权利和义务	不适用	不适用

2. 与账户余额相关的具体审计目标

明确有关账户余额的审计目标，有助于审计人员收集不同账户余额的充分、适当的证据。我们可以根据管理当局认定推证出余额的具体审计目标。余额的具体审计目标也包括一般审计目标和特定审计目标。一般来说，根据余额的一般审计目标就可以比较容易地确定某账户余额的特定审计目标。

账户余额审计目标与交易审计目标的区别表现在两个方面：一是适用对象不同。前者适用于审计账户余额，比如应收账款、应付账款等；后者适用于审计某类交易，比如销售交易。二是账户余额比交易的审计目标多。

账户余额的一般审计目标包括以下几个方面：

（1）总体合理性。一般审计目标可分为两类：总体合理性目标；其他具体目标。总体合理性目标是指审计人员须先根据他所掌握的有关被审计单位的全部信息，评价某账户余额的合理性。总体合理性测试的目的在于帮助审计人员评价账户余额是否存在重要错报的可能。

（2）真实性，即所列余额真实。这一目标由管理当局关于“存在或发生”的认定推论得出。

（3）完整性，即发生的金额均已包括。这一目标由管理当局关于“完整性”的认定推论得出。

（4）所有权，即所列金额确属公司所有。这一目标由管理当局关于“权利与义务”的认定推论得出。

（5）估价，即所列金额均经正确估价和计量。

（6）截止，即接近资产负债表日的交易已记入适当的期间。

（7）机械准确性。机械准确性目标所关心的是有关账表资料、数字、计算、加总及勾稽关系的正确性。

（8）分类，即所列金额的分类恰当。

（9）披露，即会计报表中恰当地反映了账户余额和相应的披露要求。

上述（5）、（6）、（7）三项具体审计目标是由管理当局关于“估价或分摊”的认定推论而得出的。上述（8）、（9）两项具体审计目标由管理当局关于“表达与披露”的认定推论得出。

下面，以存货为例，进一步说明存货账户余额具体审计目标（见表3—3）。

表 3—3　　认定与账户余额审计目标的关系及举例

管理当局认定	账户余额的具体审计目标	以存货为例
存在或发生	真实性	所有已记录存货在资产负债表日均实际存在
完整性	完整性	所有存在的存货均加总并计入存货总额
估价或分摊	估价	存货账面数量与实存数量相符 估价存货价格无错误 单价乘以数量的乘积正确 可变现价值减少时，已对存货作了冲销
	截止	年末采购截止适当 年末销售截止适当
	机械准确性	存货项目的总计与总账相符
权利和义务	所有权	公司对所有列示的存货项目拥有权利 存货未用作抵押
表达与披露	分类	存货项目已适当分类为原材料、在产品和产成品
	披露	披露存货的主要种类及计价基础 披露存货抵押及转让

表 3—3 显示，由每一类认定推论出来的审计目标项数可能不相同。但审计人员必须牢记，具体审计目标总是针对被审计单位的具体情况而定的。审计人员在确定审计目标时，应充分考虑以下基本因素：被审计单位的经营状况；被审计单位经济活动的性质；被审计单位所属行业的特殊会计实务。

在审计过程中，审计人员应紧紧围绕具体审计目标收集证据。把这些证据累积起来，审计人员就可以对管理当局的有关认定是否正确作出结论。然后，再把对每个认定的结论综合起来，审计人员就可以对整个财务报表的合法性和公允性发表审计意见了。

三、审计过程与审计目标的实现

确定审计目标后，注册会计师就可以开始收集审计证据，以实现审计总目标和各项具体审计目标。而审计证据的收集是在审计过程中实现的，因此，审计目标的实现与审计过程密切相关。审计过程包括计划阶段、实施阶段和完成阶段。

（一）计划阶段

计划阶段是整个审计过程的起点。对于任何一项审计工作，为了如期实现审计目标，注册会计师必须在具体执行审计程序之前，制订科学、合理的计划。计划阶段的主要工作包括：调查了解被审计单位的基本情况；与被审计单位签订业务约定书；初步评价被审计单位的内部控制；确定重要性水平；分析审计风险；编制审计计划。

（二）实施阶段

实施阶段是根据计划阶段确定的范围、重点、步骤和方法，进行取证，以形成审计结论的基础，它是审计全过程的中心环节。

（三）完成阶段

审计完成阶段是实质性审计工作的结束。在这一阶段，审计人员综合所收集到的各种证据，依据审计准则形成适当的审计意见，出具审计报告。

本章小结

本章分析了审计目标的基本特征；介绍了审计目标的划分；阐述了审计目标与被审计单位管理当局认定之间的关系和审计过程的三个阶段。

复习题

1. 审计目标的含义及特征是什么?
2. 我国财务报表审计总目标是什么?
3. 被审计单位管理当局对会计报表的认定包括哪些内容?
4. 简述与交易相关的具体审计目标及其与认定的关系。
5. 简述与账户余额相关的具体审计目标及其与认定的关系。
6. 审计过程包括哪三个阶段?

第四章　审计方法

【本章要点】

◇ 审计方法的含义及特点

◇ 审计查账方式的内容及应用

◇ 审计取证方法的内容及应用

【本章引言】

审计活动的目的是对被审计单位的会计及相关资料发表意见，作出审计结论，这种意见、结论必须有相应的证据支持，而要取得审计证据，又必须应用各种不同的审计方法，特别是审计取证的技术方法。本章主要说明在财务审计实务中常用的审计方法。

第一节　审计方法概述

一、审计方法的含义

审计方法是为取得证明被审计行为各种证据资料所运用的手段。审计对象的复杂性决定了审计证据的获取并非轻而易举，必须采用特定的方式、方法收集各种审计证据，为对被审计行为作出正确的审计结论提供有力的事实支持。审计方法包括顺查、逆查、详查、抽查等查账方式和获取审计证据的各种技术方法。

二、审计方法的特点

（一）审计方法形成的广泛性

审计方法是实现审计目标的手段。在长期的审计实践中，为满足审计实务的需要，审计人员不断吸收其他有关学科的方法为其所用。特别是随着审计对象在时间上的延伸、在空间上的拓展，经济效益审计日益成为审计的重要业务内容。因此，审计除了应用传统审计方法以外，还吸收了大量的经济活动分析、数学分析和经济技术分析等方法，使审计方法呈现出广泛性特点。审计方法的广泛性，增强了审计本身的适应性，能够不断满足社会经济发展对审计的更高要求。可以说，为了完成审计任务，实现审计目标，审计需要吸收利用不同学科的各种方法。

（二）审计方法运用的灵活性

审计方法的灵活性主要体现于审计方法运用上的平行性和交叉性。审计方法的选择与运用取决于审计的内容、被审计单位的业务规模及内部控制状况等多种因素。由于企业的业务经营活动是复杂的，记录和反映这些活动的会计、经济资料亦是复杂的，在审计实务中要运用多种审计取证方法，方能查清被审计事项，这些方法往往要平行和交叉运用。如顺查方式通常与逆查方式结合运用，审阅的同时进行核对，对比的同时进行分析等。

了解审计方法的特点有助于审计人员在审计实务中，正确地选用审计方法，从而提高审计工作效率。

第二节　审计查账方式

审计查账方式是把审计取证的技术方法与被审查的会计资料联系起来的特定形式。在审计实务中，运用审计取证方法审查会计及有关资料，首先要确定查账方式，然后运用审阅、核对、复核等审计取证的技术方法，取得证明被审计事项的证据材料。查账方式按照其把审计取证的技术方法与被审查的会计资料联系起来的特定形式不同可以分为两类：一是将审计取证方法与会计资料形成顺序联系起来的顺查法和逆查法；二是将审计取证方法与会计资料的数量或范围联系起来的详查法和抽查法。

一、顺查与逆查

查账方式按照审计的取证方法与会计资料形成顺序之间的联系分为顺查与逆查两种。会计资料形成的基本顺序是会计凭证——→账簿——→会计报表。在审计实务中，审计人员可以运用取证的技术方法从原始凭证开始查至会计报表；也可以从会计报表项目开始追查至原始凭证。

（一）顺查

顺查是按照会计资料形成的先后顺序依次审查的方式，即从原始凭证开始查至会计报表。采用顺查方式的做法是：对被审查事项先从其原始凭证审查入手，以审核无误的原始凭证为根据核对检查相应的记账凭证，然后以记账凭证核对检查明细账、总账，最后根据有关的账簿记录核对检查会计报表项目。

此查账方式有以下特点：

（1）对所查的内容能够做到审查细致，审查结果比较准确；

（2）按照会计凭证、账簿、报表形成的顺序机械核对，易于掌握；

（3）对所查会计资料，一般从原始凭证的审查开始，没有重点和选择，因而也比较费时、费力。

在确定查账方式时，要考虑到顺查的上述特点，根据被审计事项的具体情况适当选用。一般来说，当怀疑被审计事项可能有错弊，必须详细查证时，采用此方式。

（二）逆查

逆查是倒逆着会计资料形成的先后顺序进行审查的方式，从会计报表项目开始追查至会计凭证，或者从账簿记录查至会计凭证。采用逆查方式的做法是：先从财务报表的项目审查入手，运用比较、分析方法，从中寻找疑点、发现问题，然后就有疑问的项目进一步核对检查相应的总账、明细账，再根据总账和明细账的记录核对检查会计凭证，包括记账凭证和原始凭证。

逆查方式有以下几个特点：

（1）由于逆查方式从会计报表项目的审查入手，能够在总括了解被审计单位经济活动状况的前提下，选择那些有疑问或可能有问题的项目进行重点检查、分析，因而目标明确、精力集中，有利于尽快查清问题，提高审计工作效率。

（2）由于审查的重点明确、针对性强，可以节约时间、人力和物力。

（3）由于这种方式以会计报表项目的审查、分析为先导，要求审计人员首先就报表项目进行审阅、分析，借以发现问题，选定进一步审查的目标。如果审计人员不掌握一定的会计报表分析方法和技术，就难以有效地运用此方式。

（4）由于这种方式以发现的问题、疑问为重点进行检查，不能做到全面、细致，可能导致错弊的遗漏。

在确定查账方式时，要充分考虑逆查方式的上述特点，正确加以选用。在一般情况下，对于业务经营规模较大、经营管理水平比较高、内部控制制度比较完善且执行状况好的被审计单位可以采用此方式。

二、详查与抽查

查账方式按照其与被审查资料数量范围的联系可以划分为详查与抽查两种。

（一）详查

详查是对记录被审计事项的全部会计资料及有关经济资料进行全面审查的方式。其做法是对一定时期记录和反映被审计事项的会计资料、经济资料，从原始凭证到账簿记录再到报表数据等逐一进行全面的审查。详查往往与顺查结合起来运用。

详查方式具有以下特点：

（1）采用此种方式进行审查，全面、无遗漏，能保证审计质量；

（2）工作量比较大，需投入较多的人力和时间；

（3）事无巨细，全部审查，不利于集中精力，抓住重点。

此种方式审查全面，但需要的人力、时间比较多，一般适用于经营规模较小或者有严重错弊的被审计单位。

（二）抽查

抽查是从记录被审计事项的全部会计资料及有关经济资料中，抽取一部分进行审查的方式。在这种方式下，运用的是抽样方法，被审查事项的全部资料在统计上称为总体，从中抽出来的部分称为样本。其做法包括以下几个步骤：首先，确定样本数量。即从全部资料中抽出多少来进行审查，可以凭经验来判断估计，也可以运用统计方法计算应抽取的样本数量。其次，抽取样本。抽取样本可运用任意抽样、判断抽样或统计抽样等抽样方法。其具体内容在本书“抽样审计方法”一章中说明。最后，将抽出的样本运用审计取证的技术方法加以审查，根据样本审查的结果判断评价总体，进而对被审计事项得出结论。需要说明的是，抽样审计方法的应用只解决如何从总体中将样本抽取出来的问题，抽出的样本还是要运用审计取证的技术方法进行审查。

抽查方式具有如下特点：

（1）此种方式以样本的审查代替总体的审查，可以大大减少时间和人力的投入，提高审计工作效率；

（2）此种方式需结合被审计单位内部控制制度的完善程度和执行状况加以运用；

（3）如果样本选择不当或缺乏代表性，会使样本审查的结果偏离总体的实际情况，以致得出错误的结论，所以此方式的运用要慎重。

此种方式一般适用于内部控制制度完善、严密，执行情况良好、会计核算工作比较正规的被审计单位。

第三节　审计取证方法

审计实务的核心内容是运用一系列技术方法取得证明被审计事项的证据材料，这些方法依照取证的手段不同可以分为查实取证和分析取证两类。本节着重论述查实取证方法及常用于财务审计的分析取证方法的基本内容。

一、查实取证方法

查实取证方法是通过对被审计事项的审查、核实，直接取得各种审计证据的方法。

（一）审阅法

审阅法是对照审计依据审核、查阅会计资料及其他有关经济资料，以确定其真实性、合理性、合法性的方法。审阅的依据主要是与被审计内容有关的会计准则、会计制度、财经法规，以及计划、预算和其他有关文件资料。审阅的内容包括：会计凭证、账簿和会计报表资料的形成手续及所记录的经济业务内容；经营计划、费用支出预算；经济合同和各项业务的原始记录等。总之，凡是与被审计项目有关的文字资料都是审阅的内容。

在运用审阅法时，要按照审计依据规定的内容，衡量、检查被审计单位的会计、经济资料与之是否一致，即被审计单位是否按照有关法规、制度规定的要求编制业务记录，登记会计账目，有无差错和弊端。在此基础上，进一步审核检查会计账目、业务记录所记载的经济业务内容与有关的财经法规、财务会计制度是否一致，有无偏离和违反。

下面，以会计资料的审阅为例，说明审阅法的应用。审阅会计资料一般从下述几方面进行。

1. 审阅会计凭证

（1）审阅原始凭证。原始凭证是记录经济业务内容、明确经济责任的书面证明。审阅原始凭证，首先要依据有关会计制度规定的凭证取得或填制规则，审查其项目和填制手续是否合规。即审核凭证的抬头、日期、数量、单价、金额等项是否齐全、清晰，有无刮擦、涂改的痕迹；有关单位的经办部门和审批人员及经手人员签字、盖章等手续是否完备。其次，依据有关法规、制度、计划、预算等审查原始凭证记录的经济业务内容是否合理、合法。

（2）审阅记账凭证。记账凭证是根据原始凭证填制的据以登记账簿的依据。审阅记账凭证首先要依据会计制度和会计准则审查记账凭证是否按规定填制，即项目填列是否齐全；制票人、复核人等有关人员签字等手续是否完备；是否附有原始凭证，所记录的内容与原始凭证是否相符。其次，审查运用的会计科目、标明的记账方向和金额是否正确。

会计凭证是运用审阅法审查的主要内容，通过会计凭证的审阅，确定被审计单位在会计凭证的填制取得、凭证所反映的经济业务内容等方面有无技术上的差错和人为的错弊，并为提出审计意见、作出审计结论或决定提供审计证据。

2. 审阅账簿

账簿是以会计凭证为依据，分类记录经济业务的簿籍。对账簿的审阅包括对总分类账和明细分类账的审核查阅。审阅账簿要依据经济法规、会计准则和会计制度。首先，审查账簿记录本身是否符合会计制度的要求，即经济业务摘要是否明确，登记的方向是否正确，字迹是否清楚，与会计凭证的内容是否相符。其次，审查账簿记录的业务内容与账簿名称是否相符，记录的数字有无异常等。通过账簿审查借以发现问题和收集证据。

3. 审阅会计报表

会计报表综合、总括地反映企业的财务状况和经营成果，所以通过会计报表的审阅，可以了解被审计单位经济活动的全貌。对会计报表的审阅要依据财经法规和会计准则、会计制度的规定。首先，审查报表编制的合规性，即各类报表是否编报齐全，各种报表中的项目是否填列齐全、数字计算是否正确，报送时间是否及时等。其次，审查报表内容的真实性、合规性，即表内项目有无异常的变化和波动，相关项目间对应关系是否正确。通过报表的审阅，主要是从中捕捉线索、发现问题，以便为进一步深入核查提供目标。

4. 审阅其他资料

会计资料以外的其他资料种类繁多，需根据被审计事项的具体情况加以选择。如审查成本费用项目等，往往需审阅有关的产品产量记录、工时消耗记录、考勤记录等资料。对其他资料的审阅也要依据有关法规、制度、计划、预算、合同、协议等进行衡量，以求进一步确认被审计事项的真实性、合法性。

（二）复核法

复核法是对被审查资料中的某些数据进行重新复核验算，以判明其计算是否正确的方法。复核的内容主要是会计凭证、账簿、会计报表中的乘积数、合计加总数、百分比、比率等经过计算得出的各种数据，以及其他经济资料中的类似数据。

复核的方法一般是按照被复核数据的计算要求或计算公式对其重新进行计算，以验证原计算结果是否正确，有无差错、舞弊。如对原始凭证，复核其金额合计；对账簿记录，复核借贷方发生额合计和期末余额；对会计报表项目，复核小计数、合计数等。

（三）核对法

核对法是利用相关会计记录间的数据对应关系，查对账证、账账、账表以及账簿记录与实物是否相一致的方法。运用核对法可以确定被审计单位在会计核算过程中，有无错账、漏账、重复记账、假账和账实不符等错误和弊端。

1. 会计凭证之间的核对

（1）核对与同一被审计事项相关联的各种原始凭证的数量、单价、金额及合计数等是否相符。如将收料入库单与进货发货票进行核对，看二者的相关数据是否一致。

（2）核对相关的原始凭证与记账凭证。即查核记账凭证与所附原始凭证的业务内容、数据是否相符。

（3）核对记账凭证与汇总编制的科目汇总表或汇总记账凭证是否一致。

2. 会计凭证与会计账簿之间的核对

会计账簿是依据会计凭证登记的。一般地说，明细分类账根据记账凭证登记，总分类账根据汇总的记账凭证（包括科目汇总表和汇总记账凭证）登记。因此，会计凭证与会计账簿之间的核对，主要是依据上述关系分以下两方面进行：

（1）核对记账凭证与据其登记的明细分类账的账户名称、业务内容和登记方向是否相符。

（2）核对汇总的记账凭证与据其登记的总分类账的账户名称、金额和登记方向是否一致。

3. 会计账簿之间的核对

会计的总分类账簿和明细分类账簿是根据平行登记规则和复式记账规则登记的。因此，账簿间的核对主要是依据这两条规则核对如下两方面内容：

（1）总分类账的本期发生额和期初、期末余额与其所属各明细账本期发生额合计数是否相符；期初、期末余额合计数是否相符。

（2）总分类账的资产类账户余额合计数与权益类账户余额合计数是否平衡。

另外，根据审计的业务需要，也可以将被审计单位会计部门的账面记录与有关部门的账面记录进行核对。如会计部门账与保管部门账的核对。

4. 会计账簿与会计报表之间的核对

会计报表是根据有关的账簿记录编制的，账簿与会计报表之间的核对，主要依据这种关系，把会计报表的各个项目或者某一项目与所依据的有关账簿记录加以核对，以确定账表是否相符。核对过程中要注意会计报表的有些项目是根据有关账簿记录经过计算以后填列的，这些项目不能直接核对，要通过计算后加以核对。如应收账款项、应付账款项是根据各自所属明细账期末余额计算填列的，核对时也要经计算后再进行账表的核对。

5. 会计报表之间的核对

会计报表是全面反映经济活动的完整指标体系，不同的会计报表记录着经济活动的不同方面，满足不同报表信息需求者的不同要求。不同会计报表的相关指标由于填制的依据是同一的，因而存在数额上的一致，即勾稽关系。报表间的核对主要是根据这种勾稽关系来进行，以确定相关的数据是否相符。

6. 被审计单位的账簿记录与其他有关单位对账单的核对

被审计单位与其他单位发生的购销业务，双方都要加以记录，货款的结算要通过银行办理，银行也要加以记录。因此，被审计单位的记录是否正确，可以通过核对相关单位记录的方式来确认。具体地说，是将被审计单位的账簿记录与相关单位或者开户银行的对账单所列业务项目及金额一一加以核对，验证二者是否一致，如不一致则要进一步查明不一致的程度和原因。

7. 账簿记录与实物的核对

被审计单位的资产类账簿是记录其各项资产增、减变动的，这些账簿记录是资产实物变动的货币量反映，因而账簿记录与实物数量及实物价值量应该是一致的。账簿记录与实物的核对就是依据这种相符的关系，确认被审计单位资产账簿记录与资产实物数量是否一致，借以对被审计事项作出结论。

在审计实务中，运用核对法进行会计资料的核对烦琐、单调，易于发生重核、漏核。为此，可以利用一些有特定含义的符号表示核对的情况与结果。一般常用的符号有以下几种：

（1）√表示账目已核对相符；

（2）？表示该账目有疑问；

（3）×表示该账目有差错；

（4）$\overset{?}{\surd}$表示疑问已经查清。

审计人员也可以根据实际需要自行设计一些简明实用的符号。

（四）查询法

查询法，是通过调查、询问的方式取得所需证明材料的方法。这种方法多用于往来款项的审查。查询法按照查询方式的不同分为面询和函询两种方式。

1. 面询

面询是指审计人员直接找与被审计事项有关的人员谈话，调查、了解情况，以查清所要查证的内容。面询可以采取多人座谈或个别谈话的方式。面询前要拟好调查提纲，明确调查内容和调查对象，询问过程中做好记录，如有必要，记录要交谈话者签字。

2. 函询

函询是指审计人员通过信函方式向有关单位或个人调查、证实所要了解的事项。函询按照答复方式的不同又可分为肯定式函证和否定式函证。肯定式函证要求收函单位或个人对所调查事项不论是确认还是否认，都给予明确的答复。否定式函证只要求收函单位或个人对所调查事项予以否认时才答复说明，如确认，则不必答复。运用函询法查询的内容主要是被审计单位与相关单位发生的债权、债务和银行存款业务，以及委托外单位代管的财产物资等。

由于查询法是通过他人的证实来取证的，因而这种方法有一定的局限性。如果被查询人或者被查询单位提供了伪证、假证，就会使查询得到的资料或证据失去可靠性。审计人员在运用此种方法时，要充分估计到这一点，以便有思想准备并能及时采取相应的补救措施。

（五）盘存法

盘存法是对资产进行实地盘点，以证实账面结存数与实际存在数是否相符的方法。盘存的内容主要包括现金、有价证券、商品、材料、在产品、产成品、固定资产、低值易耗品和其他实物资产。通过这些财产物资的实地盘点，首先可以确定其账面数与实存数是否相符，以核实账面记录的真实性、正确性；其次，可以确定各种财产物资是否安全、完整，有无短缺、毁损等。如果账实不符或实物短缺，则为进一步审查提供了线索和证据。另外，从管理审计的角度看，通过财产物资的实地盘点，可以查明有无超储、积压、呆滞的情况。如果存在这些问题，可以及时查清原因，提出改进的意见和建议，促进被审计单位加强财产物资管理，提高资金使用的效益。

盘存法按照方式不同分为直接盘点和监督盘点两种形式。

（1）直接盘点是由审计人员亲自到现场盘点实物。直接盘点除非必要（如涉及贵重商品、材料等），一般情况下不必采用。

（2）监督盘点是由被审计单位自行盘点，审计人员到现场察看盘点人员是否认真清点数量和检验质量；是否按既定的程序进行盘点。

（六）观察法

观察法是指审计人员到工作现场实地观看视察被审计单位的生产管理、财产物资保管、内部控制制度执行等情况的方法。通过实地观察，将实际情况与相应的书面资料记载和审计依据加以对照，借以发现线索或取得证据。

二、分析取证方法

分析取证方法是通过揭示被审计事项与相关事项之间相互关系的规律性、合理性，以取得审计证据的方法。分析取证方法在财务审计和经济效益审计实务中都广泛应用。本节主要说明在财务审计中常用的分析取证方法。

（一）账龄分析

账龄分析法是将被审计账户记录的经济业务与其发生的时间长短联系起来，分析其合理性的分析取证方法。

这种方法主要用于应收账款、应付账款等往来账项的审查。其基本做法是将往来账项按照发生的时间长短划分为若干组，例如发生时间不足半年的为一组，半年到一年间的为一组等，然后就发生时间超过合理期限的账项作进一步的审查，确认是否有错弊。

（二）调节分析法

调节分析法是运用编制银行存款余额调节表的方式，来分析验证被审计单位银行存款的实际数额与账面数额是否一致，如不一致，再进一步查清原因的分析取证方法。

（三）推算分析法

推算分析法是通过实际测算确认被审查资产账面结存数量正确性的方法。这种方法的做法是：结合被审查资产在审查当天通过实地盘点取得的数据，加减被审查日至审查日的出库、入库数来推算验证被审查日的账面结存数额。其推算公式为：

$$\text{被审查日盘存数}=\text{审查日实地盘点数}+\text{被审查日至审查日减少数}-\text{被审查日至审查日增加数}$$

例如：审计人员在20×2年1月10日审查某企业甲产品20×1年12月31日账面210件的结存数量是否正确，通过实地盘点，审查日甲产品实际库存180件，且1月1日至10日出库420件，入库390件。将有关数据代入推算公式进行计算：

被审查日盘存数＝180＋420－390＝210（件）

推算结果为210件，与原账面记录210件一致。如不一致则需进一步查实。

（四）比较分析法

比较分析法是通过某一具体的被审计项目与其既定标准的比较，以取得审计证据的方法。既定标准包括计划、上期实际、同行业标准、审计人员的计算结果等。如：将管理费用的实际数与预算数、上年实际数进行比较，以分析预算执行情况和增减变动情况。

（五）趋势分析法

趋势分析法是通过对某一被审计项目连续若干期的变动金额及其变动比率的计算，分析该项目变动的方向和幅度，以获取相关审计证据的方法。如：将被审计年度各个月份的销售收入数据进行比较，以分析其变动的趋势。

本章小结

本章介绍了审计方法的含义和特点；审计的查账方式，即顺查与逆查、详查与抽查；审计取证方法，即查实取证方法和分析取证方法。

复习题

1. 简述审计方法的两个特点。
2. 审计取证方法有哪些？简述其内容及应用。

第五章　抽样审计方法

【本章要点】

◇ 任意抽样、判断抽样、统计抽样
◇ 审计抽样样本的选择
◇ 属性抽样、变量抽样
◇ 属性抽样的基本步骤
◇ 变量抽样的基本步骤
◇ 符合性测试中抽样技术的运用
◇ 实质性测试中抽样技术的运用

【本章引言】

现代审计是建立在对企业内部控制制度评审基础之上的抽样审计。按照抽样决策的依据不同，审计抽样可划分为任意抽样、判断抽样和统计抽样三种。抽样审计方法的运用，提高了审计工作的效率。

第一节　抽样审计方法概述

一、抽样审计方法的产生与发展

抽样审计是从大量的会计资料和有关经济资料中抽取一部分具有代表性的项目来进行审查，并根据抽查结果推断全部资料是否正确或有无弊端的一种方法。

抽样审计方法的产生是历史的必然。第一，企业规模不断扩大，经济业务日益复杂，财产物资品种繁多，凭证、账目数量庞大，致使实施详细审计已不可能；第二，现代化管理要求建立和健全内部控制制度，并使其完善和有效的执行，从而形成一种自我约束、自我调节的机制，这种机制大大提高会计记录和业务资料的可靠程度，使得以全面审查为特征的详细审计的必要性降低；第三，概率论和数理统计的产生为抽样审计的完善提供了理论依据。在最初的抽样审计中，审查的结果和实际的业务之间存在一定的误差，抽样审计无法对这一部分误差进行测定和解释，无法建立部分资料和全部资料之间的数量联系。概率论和数理统计为样本资料特征与总体资料特征之间的误差测定和解释提供了方法，从而使抽样审计更加科学与完善。总之，抽样审计的产生，使审计人员从繁重的详细审计中解脱出来，极大提高了审计工作的效率，审计费用也大大降低。

二、抽样审计方法的种类

抽样审计在发展过程中，根据其选取业务资料方法的不同，可分为任意抽样、判断抽样和统计抽样三种。

（一）任意抽样

任意抽样审计也称随机抽样审计，它是审计人员在不考虑总体的性质和特点，也不考虑应抽取多少样本的条件下，任意从总体中抽取一部分业务资料作为样本，并以此样本的审查结果来推断总体的一种抽样审计方法。

任意抽样审计方法具有两个特点：

（1）样本的抽取是毫无规律的。任意抽样不考虑总体的性质概况、大约误差和差错程度。

（2）任意抽样所反映的样本特征无法代替总体。

由于任意抽样选取样本的工作并非建立在概率论基础上，因此无法对样本特征和总体特征之间的联系作出理论解释，从而使样本反映出的属性特征和数量特征往往不能代表总体。尽管任意抽样具有上述缺点，但它在一定程度上能减轻审计工作的工作量，加快审计工作的进展，节约审计成本，在抽样审计发展的初期是有一定作用的。

（二）判断抽样

判断抽样审计也称经验抽样法或重点抽样法，是根据审计人员主观判断的结论来确定抽取样本内容、数量的一种抽样审计方法。判断抽样主要是根据审计人员的经验和审计技巧，结合被审计单位的内部控制制度和核算工作质量的具体情况，经过调查分析判断，找出其关键项、重点项或薄弱环节，有针对性和有选择地从总体中确定一部分样本进行查校，并据此结果推断总体特征。

判断抽样是由任意抽样发展起来的一种方法，随着审计理论研究和审计实务的发展，审计人员从任意抽样中逐渐发现审计质量的高低与审计人员实际工作经验的多少和判断能力的准确性有密切关系。所以，判断抽样具有以下优点：使用简便灵活，形式不拘一格；能充分利用审计人员的丰富经验、学识水平和判断能力。

但是，判断抽样在实践应用中有很大的局限性：

（1）判断抽样不能准确地计算抽样误差、确定审计结果的准确程度，因而不能对误差所产生的影响加以评价。

（2）审计人员在运用判断抽样方法时，不能采取客观的、有效的、系统的方法确定样本容量，容易造成样本容量过大，浪费人力、物力、财力；或样本过小，不能代表总体情况。

（3）判断抽样是主观选取样本，因此，审计总体中各项目被选取的可能性各不相同，从而会使样本产生偏差，削弱样本对总体的代表性。

（三）统计抽样

随着概率论和数理统计的发展，将概率论与数理统计的知识与抽样审计相结合，就产生了统计抽样审计。**统计抽样审计是审计人员根据随机原则从审计总体中抽取一些项目作为样本，进行查校，并依据所获得的结论对审计总体作出具有一定可靠性的估计判断，从而达到对审计总体认识的一种抽样审计方法。**

统计抽样方法具有以下优点：

(1) 统计抽样按随机原则抽取样本，使得每个业务项目被抽中的机会是均等的，这样既保证了样本的代表性，同时又能对抽样误差估计的可靠程度作出度量。

(2) 统计抽样能够确定必要的样本容量，既能防止样本量过多，浪费人力、物力，又能避免样本量过少，使样本失去代表性。

(3) 统计抽样可以根据给定的抽样误差范围，分析样本审查结果，并可根据审计的要求把抽样误差和审计结论的可靠程度控制在一定范围。

(4) 统计抽样节省人力、物力和时间，便于审计工作标准化、规范化和计算机化。

但统计抽样也有以下不足：其一，统计抽样同其他几种抽样方法相比较为复杂；其二，统计抽样要求被审计单位提供的资料齐全、数据准确，要求被审计单位内部控制制度健全，否则会影响抽样审计结论的准确性。

必须指出：统计抽样不能排除审计人员的专业判断，抽样审计工作的许多方面，如审计总体的识别、样本容量的确定、误差的定性分析等，都需要靠审计人员的业务判断。另外，在实践中可以将统计抽样与判断抽样并用。从国外审计实务来看，大的方面用判断抽样，具体方面使用统计抽样，一般都能取得较好的审计效果。

第二节　统计抽样的基本内容

统计抽样涉及概率论和数理统计的许多知识，如概率法则、中心极限定理等，为了使统计抽样的内容简明扼要，易于理解，这里仅就统计抽样的基本问题予以说明。

一、总体与样本

（一）总体

所谓总体，是审计人员期望从中获得某种信息的事物或现象的整体，也称审计总体。审计总体中的所有个体必须具有某种相同的属性或特征，不具有规定的性质或特征的个体，不能归属同一总体。另一方面，作为被审计对象的总体要有明确的界限，以便同具有其他性质和特征的总体区别开来。

总体按其个体单位特征的表现不同可分为属性总体和变量总体。构成属性总体的各个个体的特征只能用文字予以性质方面的说明，例如，现金支出是否合理、正确，一般采用差错率来描述属性总体的特征；用现金违纪支出业务数占全部现金支出业务数的比重来说明现金支出账目总体的属性特征。一般我们用大写的 P 来表示差错率，用 $\lambda P = P$（$1-P$）来表示差错率的标准差。构成变量总体的个体数量特征只能用数值表示，如现金支出额。用来描述变量总体数量特征的指标有算术平均数和标准差，如现金支出平均数和差错额标准差。

（二）样本

所谓样本是从审计总体中抽取的一部分个体，对样本进行审查后得到的信息，是审计人员完成审计目标，推断被审查对象总体特征的依据。同总体一样，样本也由于个体单位的特征表现不同而分为属性样本总体和变量样本总体。描述属性样本总体特征的指标是样本差错率，用 p 表示，描述变量样本总体的指标是样本平均数和样本标准差，分别用 x 和 s 表示。统计抽样的目的就是用样本指标推断总体指标。

二、抽样误差

利用样本指标数值对审计总体的数量特征进行推断，会节省大量的人力、物力、财力，但很难保证样本指标数值和总体指标数值完全一致。换句话说，样本指标数值和总体指标数值之间会有一定的误差。产生这种误差的原因有两个：一个是系统性误差，即由于抽取样本时，违反随机原则，有意识地多选好的个体或坏的个体造成的误差；另一个是随机误差，即在随机条件下，所选样本单位出现的或大或小的偶然性误差。前一种误差是无法测定的，后一种误差则可以用概率理论测定出来。我们把后一种误差称作抽样误差。由于样本是按随机原则抽取的，每个样本都有自己的样本差错率和样本平均数，因而其形成的抽样误差也各不相同，因此，总是以平均误差作为误差范围的尺度。

对属性总体来讲，在放回抽样条件下的差错率抽样误差计算公式为：

$$\mu_p=\sqrt{\frac{p(1-p)}{n}}$$

式中：μ_p 表示差错率的抽样误差；p 表示预计差错率；n 表示样本单位数。

对于变量总体来说，在不放回抽样条件下的平均抽样误差计算公式为：

$$\mu_x=\sqrt{\frac{\sigma^2(1-\frac{n}{N})}{n}}$$

式中：μ_x 表示平均抽样误差；σ^2 表示变量的方差；n 表示样本单位数；N 表示总体的单位数。

在计算上述抽样误差时，预计差错率和总体方差是未知的，审计人员可以根据以往的经验进行预计，也可以先抽取一个初始样本，以初始样本的差错率和标准差作为预计差错率和标准差。

三、审计结论

（一）审计结论的精确限度

审计结论的精确限度是指根据统计抽样作出的审计结论与总体实际情况之间所允许的

误差范围。如样本差错率与预计差错率的最大误差范围。审计抽样误差是表明各个样本特征值与总体特征值之间的差数，它是度量样本指标与总体指标之间误差的基本单位。而在实际审计中，统计抽样所作出的审计结论应是总体的差错率或差错额发生在某一范围内，这个范围并不一定恰好是一个抽样误差，而是 n 倍的抽样误差。因而，审计结论的精确程度可用下面公式表示：

$$\Delta_p \mid p-P \mid = tu_p$$

$$\Delta_x \mid \bar{x}-\bar{X} \mid = tu_x$$

式中：Δ_p 表示差错率估计的精确限度；Δ_x 表示平均值估计的精确限度；p 表示样本差错率；P 表示总体差错率或预计差错率；t 表示抽样误差的系数。

（二）审计结论的可靠程度

审计结论的可靠程度是指统计抽样作出的审计结论可以信赖的程度，也就是总体的实际情况落在审计结论精确限度内的可能性，即概率。从审计结论精确限度的表示公式中可以看出，精确限度的区间可以由 t 来表示，式中的 t 又称概率度，它表明审计结论正确的可靠程度或把握程度的大小。显然，t 值越大，精确限度的区间范围越大，总体特征值落在这个区间的可能性就越大，审计结论的可靠性就越大；反之，t 值越小，精确限度的区间范围就越小，总体特征值落入这个区间的可能性就越小，因而，审计结论的可靠性越小。

正态分布下，t 值和可靠程度具有一定的数量关系，表 5—1 列出了一些常用的 t 值及其相应的可靠程度值。

表 5—1　　常用的 t 值及其可靠程度值

概率度 t	概率面积 $F(t)$	概率度 t	概率面积 $F(t)$
1	0.682 7	0.645	0.90
2	0.954 5	1.960	0.95
3	0.997 3	2.576	0.99

从表 5—1 中可以看出，统计抽样是根据样本的审查结果，了解样本的差错率或差错额，以此推断总体的差错率或差错额。但其推断过程会产生误差，这个误差的范围即审计结论精确程度，可用 Δ 表示，它具有两层含义，即审计结论的精确程度和审计结论不超出这个精确限度的可靠程度 $F(t)$。所以，整个抽样判断过程可概括为三个要素：一是估计值，即样本差错率或样本差错额；二是审计结论精确程度 Δ；三是审计结论的可靠程度 $F(t)$。根据这三个要素，我们便可以作出统计判断，并指出审计结论的区间范围和相应的可靠程度。

四、样本项目的选取

统计抽样的主要优点是能够从数量上对总体特征进行推断，并辅之以误差的说明。然而这些优点的实现，关键取决于抽取样本的随机性。在统计中，根据随机原则抽取样本的方法有很多，这里主要介绍抽签选样和随机数表选样。

（一）抽签选样

抽签选样就是把所要审查的全部单位先编成签号，然后随机选出样本。其具体做法是，预先制成签条或签卡，将总体项目编上号码，混合放在签筒或机器内，随手摸取，或用机器摇出，以摸取或摇出的号码作为选中的号码。

（二）随机数表选样

随机数表也称乱数表，它是由随机生成的0～9的数字组成的数表。每个数字在表上出现的概率相同，它们出现在表上的次序是随机的，表5—2是五位随机数表的一部分。

表5—2　　五位随机数表

序号＼栏次	1	2	3	4	5
1	4 734	39 426	91 035	54 839	76 873
2	10 417	19 688	83 400	42 038	48 226
3	7 514	49 374	35 658	38 971	53 779
4	52 305	25	16 223	25 946	90 222
5	96 357	11 486	30 102	82 679	57 983
6	92 870	05 921	65 698	27 993	86 406
7	500	75 924	38 803	5 386	10 672
8	34 362	93 784	52 709	15 370	96 727
9	25 809	21 860	36 700	76 883	20 435
10	77 487	38 419	20 631	48 694	12 638

使用随机数表抽样，首先需对总体项目进行编号。编号可以利用总体项目原有编号，如凭证号、支票号、账页号、记录号等。比如，审查总体是由一个45张账页、每张账页由20个记录组成的现金日记账，那么，可以将第2页第1个记录作为第21号。同理，第2页第15个记录可记为第35号（＝1×20＋15）。

其次，根据总体项目数或编号，确定使用几位随机数及哪几位随机数。比如，审查总体是2 000张的销售发票，就要用到4位随机数，这4位随机数可以是前4位或后4位，也可以是1、2、4、5位等。

最后，从随机数表的任何一行和任何一栏开始，依次往下查（向上、下、左、右均可），凡符合总体项目编号范围内的数字，即为抽中数，与此项对应的总体项目，即为抽中样本项目，直至取到所需样本规模为止。

例如，从1～500编号的500个企业中选取6个企业进行审查，如果从表5—2的第一栏的第一行开始往下查，使用后三位随机数，那么被选中的随机数为：417、305、357、500、362、487，与此相对应编号的企业即为样本项目。在抽样过程中，734、514、870、809因不属于总体项目的编号范围，即为非抽中随机数。

第三节　属性抽样

现代审计实务的一个重要方面是对内部控制制度进行测试和评价，其基本做法是首先对被审计单位的内部控制制度进行审评，即符合性测试，目的是了解该单位内部控制制度是否健全、合理以及遵循的程度，然后判断该单位会计资料和有关业务资料可予信赖的水平，进而确定下一步实质性测试的重点、范围和方法。在符合性测试中，审计人员要作出总体差错率为多少的结论，而不必作出总体差错额大小的估计。因此，符合性测试所使用的统计抽样方法要对总体进行定性评价，即描述属性总体的特征，这种统计抽样方法称为属性抽样。

属性抽样过程大致有下述几个方面。

一、确定抽样的性质和目标

在使用属性抽样时，审计人员首先要对属性加以明确的规定，即确定属性抽样的审计目标，错误属性的含义及包括的内容、范围，使每一种属性都能被正确地识别，以便在审查抽样的项目时能够正确地加以区分，计算属性次数比率，正确推断审计总体。

例如，审计目标是测试开具销售发票业务是否符合内部控制制度的要求。根据这一审计目标，审计人员可以规定凡属下列情况的都视为错误：

（1）销售发票没有根据销售合同开具；

（2）销售发票上的价格与规定的产品等级不符；

（3）销售发票在计算上有误；

（4）销售发票未经有关人员复核；

（5）其他在开具销售发票上的错误行为。

以上第一种情况以销售合同的有关条款为识别标志；第二种情况以产品价格目录为识别标志；第四种情况以复核人员的印鉴为识别标志；第三种和第五种情况以错误的书面证据为识别标志。

二、确定总体抽样框

抽样框是指抽样单位的名单。在进行属性抽样时，应根据抽样目的划定应审查的所有审计总体项目。对于不便进行随机抽样的审计总体在抽取样本时，可利用其自身编号作为抽样框，如支票。而在审查购货业务时，外来的购货发票就不会有这种连续编号可以利用，这时应加以顺序编号。一般来说，审计总体的抽样框构成大体可分为以下几种：

（1）某一总分类账户所属的全部明细分类账户或全部明细表；

（2）某一明细账户的账项和全部记账凭证及其所附原始凭证；

（3）某类业务（如现金收入、现金支出、材料购进、销售收入、工资等）的全部账项和全部记账凭证及其所附原始凭证；

（4）某一项目（如某专用拨款、专项贷款、基建工程等）的全部账项和全部记账凭证及其所附原始凭证；

（5）某类原始凭证的全部（如收款收据、支票存根、销售发票、验收单等）。

三、确定预计差错率

差错率是指即将加以研究的总体某种特征出现的频率。差错率包括实际差错率和预计差错率。在统计抽样中，常常用到的是预计差错率，即预计总体差错率。确定差错率有以下两种方法：

（1）参考选用历史的实际差错率。如果企业已经过多次查账，并已积累了相当丰富的资料，而企业在审计期间内的各种情况又没有发生重大变化的情况下，可将过去的实际差错率作为预计差错率。例如，审计人员根据前三年的情况，发现各类例外事件的差错率分别为：0.8%，0.9%，0.7%。从实际资料看不出什么特别的趋势，因此，审计人员可以选取1%作为预计差错率。

（2）测试差错率。如果企业经营管理、内部控制制度、人员发生重大变化，则可先抽取一部分样本，以这一部分样本的差错率作为预计差错率。例如，随机抽查100张已付款支票，经审查发现2张支票错误，那么，2%就是审计人员所确定的预计差错率。

四、确定精确程度和可靠程度

审计人员确定精确程度，通常以样本结果加减某一数值表示。例如，审计人员抽查某一事项的样本差错率为3.1%，样本差错率接近于总体差错率，假定两者之间的误差范围为±1%，那么总体差错率的区间在2.1%和4.1%之间。由于审计人员关心的是总体差错率最高的可能是多少，而不关心总体差错率最低是多少，因而，最低差错率对审计人员并没有太大的用途。另外，精确度上限可以使审计结论比较简单。

精确度的大小往往取决于审计项目的重要性。凡是需要审查的重要项目，精确限度要小一些，即误差范围限制得要严格一些，否则，限度就可放宽一些。

可靠程度只用来衡量样本的有效性，以及总体特征在样本精确区间之外的风险。可靠程度在很大程度上取决于被审计单位的内部控制制度。如果内部控制制度健全且有效，则可靠程度就高；反之，可靠程度就低。总之，精确程度和可靠程度的确定主要取决于审计对象的情况和审计目的。

五、确定样本容量

一般来说，在属性抽样审计中，审计人员根据已确定的精确程度、可靠程度和审计总体的差错率来确定所要抽查的样本容量n的大小，其计算公式如下：

$$n=\frac{t^2p(1-p)}{\Delta_p^2}$$

式中，n表示抽取的样本单位数。

上式中，预计差错率p未知时，可参照确定预计差错率的两种方法。最保守的差错率估计值是$p=0.5$，这样可以产生最大可能样本容量。这个公式只是样本容量的一个近似公式。实际工作中，由于采用不同的抽样方法，其抽取样本的方法也不同。这里介绍一种根据样本规模表确定样本容量的方法。

使用样本规模表确定样本容量时，应首先根据确定的可靠性水平选择适当的表格，然后根据确定的精确度上限和预计差错率，在表上找到它们交叉点的数字就是所需的样本容量。样本规模确定表见表5—3、表5—4和表5—5。

例如，审计员对开具销售发票业务的内部控制制度进行符合性测试时，确定的可靠性水平为95%，预计差错率为3%，精确度上限为6%，据表5—4可查到所需的样本容量为200。

确定了属性抽样所需的样本容量后，可根据前面确定的随机抽样的方法从审计总体中抽取所需样本。

表5—3　　样本规模确定表（可靠性水平：90%）

预计差错率(%)	精确度上限															
	0.5%	1%	2%	3%	4%	5%	6%	7%	8%	9%	10%	12%	14%	16%	18%	20%
0.00	460	230	120	80	60	50	40	40	30	30	25	**	**	**	**	**
0.25	*	400	200	140	100	80	70	60	50	50	40	40	30	30	**	**
0.50		800	200	140	100	80	70	60	50	50	40	40	30	30	30	**
1.0			400	180	100	80	70	60	50	50	40	40	30	30	30	**
1.5			*	320	180	120	90	60	50	50	40	40	30	30	30	**
2.0				600	200	140	90	80	50	50	40	40	30	30	30	**
2.5				*	360	160	120	80	70	60	40	40	30	30	30	**
3.0					800	260	160	100	90	60	60	50	30	30	30	**
3.5					*	400	200	140	100	80	70	50	40	40	30	**
4.0						900	300	200	100	90	70	50	40	40	30	**
4.5						*	550	220	160	120	80	60	40	40	30	**
5.0							*	320	160	120	80	60	40	40	30	**
5.5							*	600	280	160	120	70	50	40	30	30
6.0								*	380	200	160	80	50	40	30	30
6.5								*	600	260	180	90	60	40	30	30
7.0									*	400	200	100	70	40	40	40
7.5									*	800	280	120	80	40	40	40
8.0										*	460	160	100	50	50	40
8.5										*	800	200	100	70	50	40
9.0											*	260	100	80	50	40
9.5											*	380	160	80	50	40
10.0												500	160	80	50	40
11.0												*	280	140	70	60
12.0													550	180	90	70
13.0													*	300	160	90
14.0														600	200	100
15.0														*	300	140
16.0															650	200
17.0															*	340
18.0																700
19.0																*

* 大于1 000

** 小于25

表5—4　　样本规模确定表（可靠性水平：95%）

预计差错率(%)	精确度上限															
	0.5%	1%	2%	3%	4%	5%	6%	7%	8%	9%	10%	12%	14%	16%	18%	20%
0.00	600	300	150	100	80	60	50	50	40	40	30	30	**	**	**	**

续前表

预计差错率(%)	精确度上限															
	0.5%	1%	2%	3%	4%	5%	6%	7%	8%	9%	10%	12%	14%	16%	18%	20%
0.25	*	650	240	160	120	100	80	70	60	60	50	40	40	30	30	30
0.50		*	320	160	120	100	80	70	60	50	50	40	40	30	30	30
1.0			600	260	160	100	80	70	60	60	50	40	40	30	30	30
1.5			*	400	200	160	120	90	60	60	50	40	40	30	30	30
2.0				900	300	200	140	90	80	70	50	40	40	30	30	30
2.5				*	550	240	160	120	80	70	70	40	40	30	30	30
3.0					*	400	200	160	100	90	80	60	50	30	30	30
3.5					*	650	280	200	140	100	80	70	50	40	40	30
4.0						*	500	240	180	100	90	70	50	40	40	30
4.5						*	800	360	200	160	120	80	60	40	40	30
5.0							*	500	240	160	120	80	60	40	40	30
5.5							*	900	360	200	160	70	50	40	30	30
6.0								*	550	280	180	100	80	50	50	30
6.5								*	1 000	400	240	120	90	60	50	30
7.0									*	600	300	140	100	70	50	40
7.5									*	*	460	160	100	80	50	40
8.0										*	650	200	100	80	50	50
8.5										*	*	280	140	80	70	50
9.0											*	400	180	100	70	50
9.5											*	550	200	120	70	50
10.0												800	220	120	70	50
11.0												*	400	180	100	70
12.0													900	280	140	90
13.0													*	460	200	100
14.0														1 000	300	160
15.0														*	500	200
16.0															*	300
17.0															*	550
18.0																*
19.0																*

* 大于 1 000

** 小于 25

表 5—5　　样本规模确定表（可靠性水平：99%）

预计差错率(%)	精确度上限															
	0.5%	1%	2%	3%	4%	5%	6%	7%	8%	9%	10%	12%	14%	16%	18%	20%
0.00	920	460	230	160	120	90	80	70	60	50	50	40	40	30	30	30
0.25	*	*	340	240	180	140	120	100	90	80	70	60	50	40	40	40
0.50		*	500	280	180	140	120	100	90	80	70	60	50	40	40	40
1.0			*	400	260	180	140	100	90	80	70	60	50	40	40	40
1.5			*	800	360	200	180	120	120	100	90	60	50	40	40	40
2.0				*	500	300	200	140	140	100	90	70	50	40	40	40

续前表

预计差错率(%)	精确度上限															
	0.5%	1%	2%	3%	4%	5%	6%	7%	8%	9%	10%	12%	14%	16%	18%	20%
2.5				*	1 000	400	240	200	160	120	100	70	60	40	40	40
3.0					*	700	360	260	160	160	100	90	60	50	50	40
3.5					*	*	550	340	200	160	140	100	70	50	50	40
4.0						*	800	400	280	200	160	100	70	50	50	40
4.5						*	*	600	380	220	200	120	80	60	60	40
5.0							*	900	460	280	200	120	80	60	60	40
5.5							*	*	650	380	280	160	90	70	70	50
6.0								*	1 000	500	300	180	100	80	70	50
6.5								*	*	800	400	200	120	90	70	60
7.0									*	*	600	240	140	100	70	70
7.5									*	*	800	280	160	120	80	70
8.0										*	*	400	200	140	100	70
8.5										*	*	500	240	140	100	70
9.0											*	700	300	180	100	90
9.5											*	1 000	360	200	140	90
10.0												*	420	120	140	90
11.0												*	800	300	180	140
12.0													*	500	240	160
13.0													*	600	360	200
14.0														*	500	280
15.0														*	900	360
16.0																500
17.0															*	1 000
18.0																*
19.0																*

* 大于 1 000

** 小于 25

六、审查样本项目

审计人员对从审计总体中抽取出来的样本项目逐项进行对照、复核、审查，记录所发现的错误，计算样本差错率，并将得到的样本差错率与确定样本容量所使用的预计差错率作比较，根据抽样审计的要求，决定是否要对抽样的规模作适当的调整。

第一，当样本差错率与总体差错率或预计差错率大致相同时，说明样本容量大小符合抽样审计的要求。

第二，当样本差错率小于总体差错率时，说明所抽取的样本容量过大。这是由于在确定样本容量时，所选择的预计差错率较大造成的。但此时样本都已审查完毕，缩小样本容量也无必要。

第三，当样本差错率大于总体差错率时，说明样本容量过小，这时，可以用样本差错率代替预计差错率，重新确定样本容量，抽取并审查新增的样本项目，重新计算增加项目后的样本差错率，直到样本差错率等于或小于计算样本规模使用的预计差错率为止。如果经过数次修正，样本差错率仍有上升趋势，可考虑采用较高的预计差错率来确定样本容量。

七、根据样本审查结果推断总体

计算出样本差错率后，便可以用样本差错率来推断总体差错率。但是，由于样本是随机抽取的，肯定会出现抽样误差，因此要以一定的可靠性水平去推断总体差错率。前面说过，属性抽样只使用精确度上限，因此属性抽样的审计结论通常以一定的可靠性水平确信总体差错率不超过某一百分比，这个百分比就是样本差错率加上精确度所形成的精确度上限。

在属性抽样中，只要根据所确定的可靠性水平、已经审查的样本规模和审查样本中发现的错误数，就可直接从样本结果评价表中查对精确度上限（错误上限）。样本结果评价表见表5—6、表5—7和表5—8。

表5—6　　样本结果评价表（可靠性水平：90%）

样本规模	精确度上限															
	0.5%	1%	2%	3%	4%	5%	6%	7%	8%	9%	10%	12%	14%	16%	18%	20%
25											0				1	
30									0				1		2	
40							0				1		2	3		4
50						0			1			2	3	4	5	
60					0			1		2		3	4	5	6	7
70					0		1		2		3	4	5	6	8	9
80				0		1		2		3	4	5	6	8	9	11
90				0		1	2		3	4		6	7	9	11	12
100				0			2	3	4		5	7	9	10	12	14
120			0			2	3	4	5	6	7	9	11	13	15	17
140			0	1	2	3	4	5	6	7	9	11	13	16	18	21
160			0	1	2	4	5	6	8	9	10	13	16	19	22	25
180			0	2	3	4	6	7	9	10	12	15	18	22	25	28
200			1	2	4	5	7	8	10	12	14	17	21	24	28	32
220			1	2	4	6	8	10	12	13	15	19	23	27	31	35
240		0	1	3	5	7	9	11	13	15	17	21	26	30	35	39
260		0	1	3	5	8	10	12	14	17	19	24	28	33	38	43
280		0	2	4	6	8	11	13	16	18	21	26	31	36	41	46
300		0	2	4	7	9	12	14	17	20	22	28	33	39	45	50
320		0	2	5	7	10	13	16	18	21	24	30	36	42	48	54
340		0	3	5	8	11	14	17	20	23	26	32	38	45	51	58
360		0	3	6	9	12	15	18	21	25	28	34	41	48	55	61
380		0	3	6	9	13	16	19	23	26	30	37	44	51	58	65
400		1	4	7	10	14	17	21	24	28	31	39	46	54	61	69
420		1	4	7	11	14	18	22	26	28	33	41	49	57	65	73
460	0	1	4	8	12	16	20	24	28	33	37	45	54	63	71	80
500	0	1	5	9	13	18	22	27	31	36	40	50	59	69	78	88
550	0	2	6	10	15	20	25	30	35	40	45	55	66	76	87	97

续前表

样本规模	精确度上限														
	0.5%	1%	2%	3%	4%	5%	6%	7%	8%	9%	10%	12%	14%	16%	18%	20%
600	0	2	7	12	17	22	28	33	39	44	50	61	72	84	95	107
650	0	2	8	13	19	24	30	36	42	48	54	66	79	91	104	116
700	0	3	8	14	20	27	33	39	46	52	59	72	85	99	112	126
800	0	4	10	17	24	31	38	46	53	61	68	83	99	114	129	145
900	0	4	12	20	28	36	44	52	61	69	78	95	112	129	146	164
1 000	1	5	13	22	31	40	49	56	68	77	87	106	125	144	164	183

表 5—7　　　　样本结果评价表（可靠性水平：95%）

样本规模	精确度上限															
	0.5%	1%	2%	3%	4%	5%	6%	7%	8%	9%	10%	12%	14%	16%	18%	20%
25												0				1
30											0			1		2
40												1		2		3
50							0				1		2	3	4	5
60						0			1			2	3	4	5	6
70						0		1		2		3	4	5	6	8
80					0		1		2		3	4	5	7	8	9
90					0		1		2	3	4	5	6	8	9	11
100				0		1		2	3	4		6	8	9	11	13
120				0	1		2	3	4	5	6	8	10	12	14	16
140				0	1	2	3	4	5	6	7	10	12	14	17	19
160			0	1	2	3	4	5	6	8	9	12	14	17	20	23
180			0	1	2		5	6	8	9	11	14	17	20	23	26
200			0	1	3	4	6	7	9	11	12	16	19	23	26	30
220			0	2	3	5	7	8	10	12	14	18	22	25	29	33
240			1	2	4	6	8	10	12	14	16	20	24	28	33	37
260			1	3	4	7	9	11	13	15	17	22	26	31	36	41
280			1	3	5	7	10	12	14	17	19	24	29	34	39	44
300		0	1	3	6	8	11	13	16	18	21	26	31	37	42	48
320	0	2	4	6	9	11	14	17	20	22	28	34	40	45	51	
340		0	2	4	7	10	12	15	18	21	24	30	36	42	49	55
360		0	2	5	8	10	13	17	20	23	26	32	39	45	52	59
380		0	2	5	8	11	14	18	21	24	28	34	41	48	55	62
400		0	3	6	9	12	15	22	26	29	37	44	51	59	66	
420		0	3	6	9	13	16	20	24	27	31	39	46	54	62	70
460		0	4	7	11	15	18	22	26	31	35	43	51	60	68	77
500		1	4	8	12	16	21	25	29	34	38	47	56	66	75	84
550		1	5	9	14	18	23	28	33	38	43	53	63	73	83	94
600	0	1	6	10	15	20	26	31	36	42	47	58	69	80	92	103
650	0	2	6	12	17	23	28	34	40	46	52	64	76	88	100	112
700	0	2	7	13	19	25	31	37	43	50	56	69	82	95	108	122

续前表

样本规模	精确度上限														
	0.5%	1%	2%	3%	4%	5%	6%	7%	8%	9%	10%	12%	14%	16%	18%	20%
800	0	3	9	15	22	29	36	43	51	58	65	80	95	110	125	141
900	0	4	10	18	26	34	42	50	58	66	74	91	108	125	142	159
1 000	1	4	12	20	29	38	47	56	65	74	84	102	121	140	159	178

表 5—8　　**样本结果评价表（可靠性水平：99%）**

样本规模	精确度上限															
	0.5%	1%	2%	3%	4%	5%	6%	7%	8%	9%	10%	12%	14%	16%	18%	20%
25																0
30														0		
40												1		1		2
50										0			1	2		3
60									0			1	2	3		4
70								1			1	2	3	4	5	6
80							0			1		2	4	5	6	7
90						0			1		2		5	6	7	9
100						0		1		2	3		6	7	9	10
120					0		1	2		3	4		8	9	11	13
140					0	1	2	3		4	5	7	10	12	14	16
160				0		1	2	3	5	6	7	9	12	14	17	20
180				0	1	2	3	4	6	8	11	14	17	17	20	23
200				0	1	2	4	5	7	8	10	13	16	19	3	26
220				0	2	3	5	6	8	10	11	15	18	22	26	30
240			0	1	2	4	6	7	9	11	13	17	21	25	29	33
260			0	1	3	5	6	8	10	12	14	19	23	27	32	36
280			0	2	3	4	7	9	12	14	16	21	25	30	35	40
300			0	2	4	6	8	10	13	15	18	23	28	33	38	43
320			0	2	4	7	9	11	14	17	19	24	30	35	41	47
340			1	3	5	7	10	13	15	18	21	26	32	38	44	50
360			1	3	6	8	11	14	16	19	22	28	35	41	47	54
380			1	3	6	9	12	15	18	21	24	30	37	44	50	57
400			1	4	7	10	13	16	16	22	26	32	39	46	64	61
420			2	4	7	10	14	17	20	24	27	35	42	49	57	64
460		0	2	5	8	12	15	19	23	27	31	39	47	55	63	72
500		0	3	6	10	13	17	21	26	30	34	43	52	60	70	79
550		0		7	11	15	20	24	29	34	38	48	58	68	78	88
600		0	4	8	13	17	22	27	32	37	43	53	64	78	86	97
650		0	4	9	14	19	25	30	36	41	47	58	70	82	94	106
700		1	5	10	16	21	27	33	39	45	51	64	76	89	102	115
800		1	7	13	19	25	32	39	46	53	60	74	98	103	118	133
900		2	8	15	22	29	37	45	53	61	69	85	101	118	135	152
1 000	0	2	9	17	25	34	42	51	60	69	78	96	114	331	151	170

例如，确定的可靠性水平为95%，审计人员在审查了200张销售发票后，发现有4张销售发票有错误。从表5—7的样本规模200一行往右查到4个错误所在的栏次，该栏5%就是总体差错率的精确度上限。最后，审计人员可作出如下结论：以95%的把握，确信全部销售发票的差错率不超过5%。

第四节 变量抽样

在抽查内部控制制度时，常常采用属性抽样。但是，这种方法不能提供以货币单位表示的抽查结果，而变量抽样则能做到。

变量抽样又称每单位平均数推算，是指在设定的精确程度及可靠程度下，查明样本中各项目的平均货币价值后，再估计总体中各项目的平均货币价值。如果要估计总体的总货币价值，那么就以估计平均数乘以总体项目数，便可以得到总货币价值。

变量抽样方法很多，但每种方法大致可分为下述几个阶段。

一、明确抽样项目，划定总体范围

变量抽样审计的目标是抽样审计人员通过对样本项目的审查后，运用样本审查结果对审计总体作出某种判断。如推断审计总体总值的实际值，或是审计总体中的错误数额，或是判断被审计单位报告的记录值是否误报，是属于多报还是少报等。

确定了变量抽样审计的目标后，要对将从中抽取样本的审计总体划定范围，即确定可以抽取到的审计总体项目数。然后还要根据实际情况，对审计总体项目进行编号或排列，以便进行样本抽选。

二、确定样本容量

变量抽样样本容量的计算公式为：

$$n=\frac{t^2\sigma^2 N}{N\Delta_x^2+t^2\sigma^2}$$

式中：t表示概率度；σ表示总体标准差；N表示总体项目数；Δ_x表示平均数精确度。

如果总体N很大，则可以采用下面的计算公式：

$$n=\frac{t^2\sigma^2}{\Delta_x^2}$$

上式中的总体标准差如果未知，可以用以往的经验来估计，也可以抽取一个初始样本后，计算样本标准差来代替。上式中的精确度与概率度相对应的可靠程度则应以抽查对象的情况和审计的目的而定。精确度不仅要考虑上限，也要考虑下限，因为对于变量抽样来讲，高于总体均值与低于总体均值的数值同等重要。

三、抽取样本

所要抽查的样本容量确定后，可以按照所确定的抽样方法从审计总体中随机抽取样本项目。

四、审查样本项目

主要通过复核、计算审查样本项目，包括独立计算样本项目数值（货币金额），向与之有关的外界单位函证，核对交易业务凭证等，确定样本项目的实际审计值，判断其错误与否及错误金额大小，并按照抽样审计的目的，计算样本项目的平均值、错误数额等，以备推断总体使用。

在审查确定了样本项目的审计数值后，再将样本标准差与总体标准差进行比较，比较时会出现以下三种情况：

（1）样本标准差与总体标准差大体一致，说明样本规模符合抽样要求；

（2）样本标准差小于总体标准差，说明样本规模过大，但这时样本项目已审查完毕，没有必要减少样本项目；

（3）样本标准差大于总体标准差，说明样本规模过小，这时应以样本标准差代替预计标准差重新计算样本规模，并抽取和审查新增的样本项目，重新计算样本标准差，直至样本标准差等于或小于计算样本规模时所使用的标准差为止。

如果经过数次扩大样本后，样本标准差仍有增加的趋势，则应考虑按较高的标准差来计算所需的样本规模。

五、根据样本审查结果推算总体

直接由样本审查结果推算总体的数量特征时，估计审计总体总值可以选用定值估计、差异估计和比率估计。估计总体多报和少报错误数额时，可以选用单位货币值抽样审查方法，也可以对新估计的审计总体数值建立置信区间，即对总体数值及其差错额建立一定保证程度的区间，以得出被审查总体的数量特征。

下面以差异估计为例说明变量抽样的具体过程。

例如，审计人员对某公司20×1年12月31日的修理零件账户进行审查，确定的可靠性水平为90%，精确限度为27 500元，该公司2003年12月31日的修理用零件账面余额为550 000元，明细账户有500个，审计人员对30个项目的初始成本审查后，获得差错资料（见表5—9）。

表5—9

项目号	审查额（元）	记录额（元）
3	770	1 028
6	1 931	2 080
11	2 254	2 147
18	1 940	1 797
25	1 495	1 359
29	1 885	2 854

利用差异估计方法计算所需的样本规模，进行点估计和区间估计，并作出相应的审计结论。差异估计的具体计算过程如下：

第一，列表计算出差错额的平均数和标准差（见表5—10）。

表5—10

项目号	审查额(元)	记录额(元)	差错额(元) x	差错额离差 $x-\bar{x}$	离差额平方 $(x-\bar{x})^2$
3	770	1 028	−258	−289.6	83 868.16
6	1 931	2 080	−149	−180.6	32 616.36
11	2 254	2 147	107	75.4	5 685.16
18	1 940	1 797	143	111.4	12 409.96
25	1 495	1 359	136	104.4	10 899.36
29	3 823	2 854	969	937.4	878 718.76
合计			948		1 024 197.76

样本平均差错额为：

$$\text{平均差错额}=\frac{\text{全部差错额}}{\text{样本数}}=\frac{\sum x}{n}=\frac{948}{30}=31.6(\text{元})$$

样本差错额标准差为：

$$\text{差错额标准差}=\sqrt{\frac{\text{差错额离差平方和}}{\text{样本数}-1}}$$

$$S=\sqrt{\frac{\sum(x-\bar{x})^2}{n-1}}=\sqrt{\frac{1\ 024\ 197.76}{29}}$$

$$=187.928(\text{元})$$

样本差错额方差数：

$$S^2=35\ 316.933$$

第二，以初始样本标准差代替预计总体标准差计算样本容量。

根据题意和前面所计算的资料可知，可靠性水平为90%，其相应的t值为1.645，总体精确限度为27 500元，平均每个账项的差错额精确限度为55元（=27 500/500），所以其已知条件如下：

$$N=500,\ S^2=35\ 316.933,\ t=1.645,\ \Delta_x=55$$

样本容量n为：

$$n=\frac{Nt^2S^2}{N\Delta_x{}^2+t^2\cdot S^2}$$

$$=\frac{500\times1.645^2\times35\ 316.933}{500\times55^2+1.645^2\times35\ 316.933}$$

$$=29.7\approx30$$

由于所需样本容量与已使用的样本容量相同，所以就没有重新抽取样本的必要了。

第三，审查新抽取样本项目。

由于没有重新抽取样本项目，所以直接进行下一步。

第四，根据审查结果推算总体。

根据样本审查结果推算总体可分为两个方面：一是推算总体每个项目实际发生额的区间；二是推算总体全部发生额的区间。前面讲过，任何估计都必须具备估计三要素，即概率度、估计值和精确限度。

（1）每个项目实际发生额的区间估计。

估计值：平均每个项目的记录额＋平均每个项目的差错额＝550 000/500＋31.6＝1 131.6(元)

概率度：与90%的可靠性相应的概率度为1.645

精确限度：

$$\Delta_x = t \cdot \sqrt{\frac{S^2}{n}\left(1-\frac{n}{N}\right)}$$

$$=1.645\times\sqrt{\frac{35\ 316.933}{30}\times\left(1-\frac{30}{500}\right)}$$

$$=54.72(\text{元})$$

估计上限：估计值＋精确限度＝1 131.6＋54.72＝1 186.32(元)

估计下限：估计值－精确限度＝1 131.6－54.72＝1 076.88(元)

由此可以得出如下审计结论：以90%的把握确信该公司2003年12月31日的修理零件账户平均每项发生额位于1 076.88元～1 186.32元之间。

（2）账户实际发生额的区间估计。

估计值：实际发生记录额＋全部差错额＝550 000＋31.6×500＝565 800(元)

概率度：与90%的可靠性相应的概率度为1.645

精确限度：$N\Delta_x$＝500×54.72＝27 360(元)

估计下限：估计值－精确度＝565 800－27 360＝538 440(元)

估计上限：估计值＋精确度＝565 800＋27 360＝593 160(元)

由此可以得出如下审计结论：该公司20×1年12月31日的维修零件账户实际发生额位于538 440元～593 160元之间的可靠性为90%。

本章小结

本章介绍了抽样审计的含义，抽样审计方法的构成；统计抽样的构成及在内部控制制度的符合性测试和经济业务、账簿记录实质性测试中的具体应用。

复习题

1. 抽样审计方法的种类有哪些？
2. 什么是统计抽样和非统计抽样？各有哪些利弊？

3. 什么是属性抽样和变量抽样？
4. 属性抽样的基本步骤分几个阶段？每个阶段包括哪些工作？
5. 变量抽样的基本步骤分几个阶段？每个阶段包括哪些工作？

第六章　审计程序与审计计划

【本章要点】

◇ 审计程序规范化的意义

◇ 国家审计程序的内容

◇ 民间审计程序的内容

◇ 内部审计程序的内容

◇ 审计计划及其作用、内容及编制

【本章引言】

审计是一项独立的经济监督活动，为了保证审计工作的质量，提高审计工作的效率，审计人员在审计工作中必须遵循一定的审计程序。为了实现审计的目标，审计人员在执行具体的审计程序之前必须编制审计工作计划，对实施审计的方式、实施审计计划所需要的审计程序的性质、时间和范围作出总体和详细的规划与说明。

第一节　审计程序概述

一、审计程序及其规范化的意义

(一) 审计程序的含义

审计程序是指审计人员在具体的审计过程中所采取的工作步骤。审计是一项综合性的经济监督活动，其工作内容复杂，业务性很强，为使审计工作顺利进行，必须按照一定的程序实施审计工作。

审计程序有广义和狭义之分。广义的审计程序，是指审计人员从接受审计项目开始，到审计工作结束的全过程的工作步骤，一般可以划分为三个阶段，即准备阶段、实施阶段和终结阶段，各阶段又包括许多具体工作内容。狭义的审计程序，是指审计人员在取得审计证据实现审计目标过程中所采取的步骤。从一定意义上说，狭义的审计程序实际上是广义的审计程序中最重要的部分。

（二）审计程序规范化的意义

审计人员在审计过程中采用规范、恰当的审计程序十分重要。审计程序恰当与否，会直接影响到审计意见的正确性以及审计工作的效率。如果审计人员在审计过程中忽略了必要的审计步骤，就可能遗漏重要的审计证据，导致审计结论不可靠；反之，如果审计人员在审计过程中执行了不必要的步骤，就会浪费审计时间和人力，影响审计工作效率。

审计程序规范化对于开展审计工作的重要意义表现在以下几个方面：

（1）审计程序规范化有利于审计工作的管理和控制，保证审计工作的质量；

（2）审计程序规范化有利于审计人员掌握审计工作规律，减少失误；

（3）审计程序规范化有利于提高审计工作效率，用较少的人力和时间完成审计工作。

二、我国对审计程序的相关规定

我国的有关法律法规分别对不同审计主体的审计程序作出了规定。

2006 年修订的《审计法》第五章对国家审计程序作了规定。其主要内容是：审计机关根据审计项目计划确定的审计事项组成审计组，并应当在实施审计三日前，向被审计单位送达审计通知书；进入现场实施审计；审计组的审计报告报送审计机关前，应当征求被审计对象的意见；审计机关审定审计报告，作出审计决定或者向有关主管机关提出处理、处罚的意见。如有必要，还要进行行政复议、后续审计等。

《中国注册会计师执业准则》对民间审计程序进行了规定，其主要内容是：了解被审计单位的基本情况，接受委托，签订审计业务委托书，编制审计计划，评价内部控制制度，运用审计方法获取审计证据，汇总审计工作底稿，出具审计报告等。

《内部审计基本准则》对内部审计程序作了规定，其主要内容是：制定审计计划，向被审计单位送达内部审计通知书；对被审计单位经营活动及内部控制的适当性、合法性和有效性进行测试，获取审计证据，编制审计工作底稿；出具审计报告；建立审计报告的分级复核制度，进行后续审计。

第二节　国家审计程序

不论从审计主体的角度还是从审计内容的角度来考察，审计程序都可划分为三个阶段，而且三个阶段中的一些主要工作是相同的。但是每一具体的审计事项，其审计程序的具体内容不尽相同，审计人员需根据审计事项的内容、审计任务的要求、审计业务的特点来确定具体的审计程序。下面介绍国家审计在采用就地审计方式下审计程序的内容。

一、准备阶段

审计的准备阶段是指审计人员从接受审计任务、编制审计计划开始到向被审计单位发出审计通知书为止，为实施审计进行准备的过程。准备阶段主要有下述几项工作。

（一）明确审计任务，制订审计工作计划

1. 明确审计任务

国家各级审计机关在每个审计工作年度开始之前，组织审计人员研究和确定全年审计工作任务。在研究和确定审计任务时，要综合考虑以下因素：

（1）国家审计署统一部署的任务。国家审计署在每年年初，对全国各级审计机关在计划年度的审计内容作出统一部署。在审计署统一安排的审计项目中，有些属于指令性的必审项目，有些是指导性的选审项目。审计署安排的项目，是地方审计机关在确定任务时首先要考虑的。

（2）国家经济工作的中心任务及当前的工作重点。审计机关是代表国家执行审计监督的专门机关，为了加强宏观调控，反馈经济信息，保障社会主义市场经济顺利、健康发展，审计机关的工作必须围绕国家经济工作的中心任务及当前的工作重点来确定审计任务。

（3）上级审计机关和本级人民政府交办的审计事项。上级审计机关和本级人民政府交办的审计事项，是地方政府根据经济工作的中心任务以及当前要解决的一些突出问题，要求审计机关必须审查的业务，这是审计机关工作任务的重要组成部分。

（4）群众揭发检举形成的审计项目。群众揭发检举的违反财经法纪的行为，可为审计机关提供有用的审计信息和线索，可以作为确定审计任务的依据。

（5）审计机关安排的项目。审计机关根据自己的业务力量，在保证完成上述审计项目的基础上，可以安排一些自定的审计项目。

2. 制订审计计划

审计机关的工作任务明确后，就要据以制订审计计划。审计计划是审计机构为保证实现审计目标，顺利履行审计职责而进行的事前工作安排。例如：为了明确年度内在什么时间、对哪些单位的哪些项目进行审计，就应编制审计期间计划，即从实施审计的时间上对审计项目作出工作安排。审计期间计划按编制时间的不同，又可具体划分为长远计划、年度计划、季度计划和月度计划。在国家审计的期间计划中，最重要的是年度计划。

（二）组织审计力量，配备审计人员

审计任务明确后，要根据审计任务，组织安排一定数量的审计人员，组建审计小组，审计小组实行审计组长负责制。审计小组的人员配备，应根据审计任务量的大小、被审计项目的复杂程度、审计时间的长短以及审计机关的人员数量而定，一般至少在两人以上，以便共同研究工作。审计小组成员应该胜任具体的审计业务。

为了保证审计工作的质量以及审计小组进驻被审计单位后能够顺利开展工作，审计小组组成后，应围绕具体任务进行审前培训。如学习和掌握与被审计事项有关的国家法律、法规、政策和财务会计制度规定等。

（三）了解被审计单位概况，拟定审计工作方案

审计小组在培训之后，应对被审计单位进行调查研究，了解被审计单位概况，结合审计任务和要求，拟定审计工作方案。审前准备阶段的调查研究，主要是从被审计单位的外围来进行，可以从以下两个方面进行调查研究：

（1）在审计机关内查阅被审计单位平时上报的资料、以前的审计工作底稿和审计报告，了解所需情况。如以往审计曾发现过哪些问题，是如何处理的，作出过哪些审计决定等，可以作为本次审计工作的参考。

（2）组织审计人员从有关部门收集被审计单位的情况资料。如从主管部门了解被审计单位的一些基本情况；从财政部门了解被审计单位执行财经法纪的情况；通过税务部门了解被审计单位执行税法的情况；从被审计单位的开户银行了解该单位的结算方式和信贷纪律的遵守情况等。

在取得上述资料并加以分析后，就可以着手拟定审计工作方案。编制审计工作方案应当运用重要性原则、谨慎性原则，在评估审计风险的基础上，围绕审计目标确定审计的范围、内容、方法和步骤。

（四）向被审计单位发出审计通知书

审计工作方案经领导批准后，即可按审计方案规定的审计实施日期提前三天向被审计单位发出审计通知书。审计通知书是国家审计机关对被审计单位进行审计的书面通知，也是审计人员执行审计任务，行使审计监督权的依据和证件。

审计通知书的内容主要包括：审计的内容和范围、审计方式、审计的要求和时间等。就地审计应当写明审计小组负责人和工作人员姓名。委托审计应当指明委托单位。审计通知书在发送被审计单位的同时，还要抄送被审计单位的主管部门。

审计通知书发送被审计单位后，审计人员就可以进驻被审计单位进行审计。

二、实施阶段

（一）进驻被审计单位，进行深入调查

审计小组在审计通知书发出后，根据审计工作方案规定的时间，进驻被审计单位。进入被审计单位后，首先向该单位的领导和有关人员说明审计目的，消除不必要的误解和顾虑，以取得该单位领导的支持和有关部门的配合。然后，根据审计工作需要进行进一步调查，调查的主要内容包括被审计单位的自然情况、具体的业务状况及管理状况，以便审计人员更好地了解、掌握被审计单位的情况。

（二）评审内部控制制度，确定审计重点

审计人员进入被审计单位进行深入调查后，就需要对被审计单位内部控制制度进行审评，如：被审计单位的控制环境，即管理模式、组织结构、责权配置、人力资源制度等；风险评估，即与被审计单位确定、分析与实现内部控制目标相关的风险，以及采取的应对措施；控制活动，即根据风险评估结果采取的控制措施，包括不相容职务分离控制、授权审批控制、资产保护控制、预算控制、业绩分析和绩效考评控制等；信息与沟通，即收

集、处理、传递与内部控制相关的信息，并能有效沟通的情况；对控制的监督，即对各项内部控制设计、职责及其履行情况的监督检查。以便鉴定各种核算资料和有关数据的可信程度，从而为审计工作提供线索，进一步明确审计的范围和重点，确定审计方法。

（三）进行业务分析，编制具体实施程序

通过内部控制制度的评审，审计人员已明确了被审计单位内部控制的薄弱环节和审计重点。接下来，要对被审计单位的业务性质特征及业务记录和报表进行分析，进一步确定审计重点，缩小实质性测试的范围。例如，审计人员通过分析被审计单位业务特征，找出那些重要的、对被审计单位影响较大的业务；进行业务复杂性分析，以便把注意力放在复杂业务上；通过业务频率分析，关注发生频率较高的业务，因为发生频率越高，出错的可能性就越大。又如，通过被审计单位会计报表的审阅、分析、比较，找出可能存在虚假、不合理以及变化差异较大的项目。经过分析，被审计单位存在的问题越来越清楚，需要进行实质性测试的问题进一步明确。

经过上述对被审计单位的深入调查了解、内部控制制度的评审和业务性质分析，审计人员对被审计单位可能存在的问题、审计的重点以及方法已经很明确，但还需把它们形成书面资料，以便指导审计实践，即制定具体实施程序。审计的实施程序，是对某一审计项目的具体实施作出的详细工作安排，起着组织审计项目实施的作用。审计实施程序的主要内容分为两部分：一部分内容是确定对该审计项目审查的各个方面，也就是将审计项目分解为若干项具体内容；另一部分内容是确定每一个具体审计项目的时间进度、人员配备、审查的具体对象、指定负责人以及采取的方法。

（四）审核有关业务资料和经济活动，取得审计证据

审核有关业务资料和经济活动并取得证据，这是审计实施阶段最重要的一项工作，即实质性测试。对有关资料和经济活动的审查，在审计的整个工作中占用的时间最长、工作量最大，审计工作质量主要取决于这项工作的结果。因此，必须按照审计实施计划，认真做好各项审查工作。审查工作应按检查、取证、分析、评价四个环节进行，这四个环节是相互联系的一个审计循环。如果经过一个审计循环后，还有没解决的问题或疑点，则需要再检查、再取证、再分析和再评价，直至把全部问题弄清楚。下面逐一说明这四个环节。

检查，就是根据审计实施计划，按各项审计目标分别对有关业务及资料进行检查。包括盘点实物、检查凭证、核实账户记录的余额、核对有关记录、对计算结果进行复算、向有关人员提出询证、分析性复核以及其他必要工作。

取证，就是通过检查取得某项经济活动事实和行为的证明材料。从某种意义上讲，审计的检查过程就是取得审计证据的过程。取得充分有效的审计证据，是编写审计报告和作出审计决定的依据。因此，在审计过程中，应采用各种恰当的审计方法取得审计证据。审计人员对于已取得的审计证据，应注意将其来源、种类、数量、日期及证据所揭示和说明的问题及时编入审计工作底稿。同时还要注意证据的存放和保管，要及时进行编号登记，并妥善保管，防止毁损丢失。

分析，就是在取得证据的基础上，对审计证据进行整理、鉴定、分析，研究证据的充分性、相关性、可靠性。通过分析，进一步确定被审计事项的真实情况，也可进一步发现问题，进行必要的再检查、再取证、再分析。

审计人员评价企业经营活动，可以一事一评，也可以对某类问题进行专门评价，还可以对被审计单位各项经济活动作全面评价，然后编入审计工作底稿。

审计小组对实施审计过程中遇到的重大问题，要及时向审计机关请示报告。

以上是国家审计机关进行就地审计在实施阶段的主要工作内容。如果采用报送审计方式，则下达审计通知书的日期应适当提前，以便被审计单位及时报送有关审计资料。在审计通知书中，应当详细开列审计所需资料的清单。经审阅，如发现报送资料不全或不足以满足审计需要的，应及时通知被审计单位补充报送。

三、终结阶段

经过实施阶段的深入调查，审计人员取得了足够证据，审计工作即进入了终结阶段，其工作步骤如下所述。

（一）分析、综合审计证据，撰写审计报告

经过实施阶段的检查、取证、分析和评价，审计人员已收集到足够的证据，对被审计的事项有了基本认识。接下来还需对所有审计证据进行分析和综合，使审计证据形成充分的证明力，为审计报告提供有力依据，并且可以从审计证据的相互联系中进一步弄清问题的实质。对审计证据进行分析和综合时，要对审计证据进行必要的筛选。因为，并不是所有在审计中发现的问题都要写入审计报告。应按照重要性原则来处理，一方面要能证明被审计事项，另一方面要考虑所查出问题的性质、金额和影响。对于不太重要的问题，审计人员可向被审计单位的有关部门、人员直接指出。经过审计证据的分析和综合，审计人员可以得到一个初步的审计结论。

在对审计证据进行分析、综合的基础上，着手撰写审计报告。首先，由审计小组对审计工作底稿记录的问题进行整理、归类、评价、作出结论，并针对存在的问题提出纠正意见和改进措施。然后，拟定审计报告的写作提纲。最后，根据审计报告写作提纲，由审计小组负责人执笔撰写，也可以由审计小组成员分头撰写，形成审计报告初稿。

（二）征求被审计单位意见，审定审计报告

审计人员写出审计报告初稿后，应和被审计单位交换意见。一方面及时将审计过程中发现的问题通告被审计单位，敦促其及时纠正或改进；另一方面了解其对审计报告的意见。被审计单位提出的意见如果是正确的，审计人员应当接受并修改审计报告。如果审计人员与被审计单位在某个问题上各持不同意见，审计小组应当要求被审计单位在接到审计报告之日起 10 日内，将其书面意见送交审计小组，待审计报告定稿后附在其后，一并送交派出审计小组的审计机关审定。审计机关在接到审计报告后，及时在领导和有关人员之间传阅，并组织有关人员就审计报告中反映的被审计单位存在的问题进行讨论，根据讨论的结果，作出审计决定。审计机关在审定审计报告时，应注意以下几点：

（1）与审计事项有关的事实是否清楚，证据是否充分、确凿；

（2）被审计单位对审计报告的意见和复核机构、人员提出的复核意见是否正确；

（3）审计意见是否恰当；

（4）定性、处理、处罚意见是否准确、合法、适当。

（三）提出审计意见书和作出审计决定

审计机关审定审计报告，对审计事项作出评价，出具审计意见书；对违反国家规定的财政收支、财务收支行为，需要依法给予处理、处罚的，在法定职权范围内作出审计决定或者向有关主管机关提出处理、处罚意见。审计决定是具有指令性的审计文件，被审计单位应遵照执行。即使被审计单位对审计决定不服，也要先执行而后向有关部门申诉。

审计机关应当自收到审计报告之日起 30 日内，将审计意见书和审计决定送达被审计单位和财政、税务等有关部门。审计决定自送达之日起生效。审计机关的审计决定送达后，被审计单位对地方审计机关作出的审计决定不服的，可以向上一级审计机关或本级人民政府申请复议；对地方性法规规定或本级人民政府交办事项的审计决定不服的，应先向本级人民政府申请复议；对审计署作出的决定不服的，应先向审计署申请复议；对复议决定不服的，可依法向人民法院起诉。审计行政复议程序有四个步骤：申请、受理、决定、送达。复议结束后，有关复议资料应归入审计档案。

（四）整理审计文件资料，建立审计档案

为便于日后的复审和给以后定期连续审计提供资料，审计工作终结时，审计小组应将各种审计文件进行整理，建立审计文件档案，并妥善保管。审计文件的整理和归档，大体可分以下三步进行：

首先，将全部工作底稿、文件等进行筛选和清理。借阅的资料和文件，及时归还；零星无用的资料，进行销毁处理。

其次，将有查阅和参考价值的文件和资料加以分类整理。如审计通知书、审计计划、审计方案、审计报告、被审计单位的书面意见、审计决定的正式文件等，分为主要资料、辅助资料、审计证据资料整理。

最后，建立审计档案，将整理好的各类审计资料进行编号归档。

第三节　民间审计程序

民间审计程序一般包括三个主要的阶段，即计划阶段、实施阶段和审计完成阶段。

一、计划阶段

（一）业务承接

在接受委托前，审计人员应当初步了解业务环境。业务环境包括业务约定事项、鉴证对象特征、使用的标准、预期使用者的需求、责任方及其环境的相关特征，以及可能对鉴证业务产生重大影响的事项、交易、条件和惯例等其他事项。

鉴证业务的承接要按照《中国注册会计师执业准则》、《中国注册会计师鉴证业务基本准则》的规定，考虑被审计单位以下情况：在初步了解业务环境后，只有认为符合独立性

和专业胜任能力等相关职业道德规范的要求，并且拟承接的业务具备下列所有特征，注册会计师才能将其作为鉴证业务予以承接：

（1）鉴证对象适当。

（2）使用的标准适当且预期使用者能够获取该标准。

（3）注册会计师能够获取充分、适当的证据以支持其结论。

（4）注册会计师的结论以书面报告形式表述，且表述形式与所提供的保证程度相适应。

（5）该业务具有合理的目的。如果鉴证业务的工作范围受到重大限制，或委托人试图将注册会计师的名字和鉴证对象不适当地联系在一起，则该业务可能不具有合理的目的。

此外，还应对被审计单位的历史沿革、主要领导的经验及有关人员的品行情况进行了解。了解的方法主要有索取并阅读被审计单位的简介、近期会计报表及相关资料、重要会议记录、经营合同和协议，到有关部门调查、询问有关人员等。

与此同时，要评价会计师事务所的胜任能力：一是评价其执行审计的能力；二是评价其独立性；三是评价其保持应有谨慎的能力。会计师事务对于其所不能胜任的业务，应当拒绝接受委托。

（二）接受委托，签订业务约定书

会计师事务所接受委托，并就审计范围、双方义务、出具审计报告的时间要求、审计收费等主要事项与被审计单位商议并达成一致意见后，就可签订审计业务约定书。业务约定书是会计师事务所与被审计单位共同签署的，据以确认审计业务的委托与受托关系，明确委托目的、业务范围及双方责任与义务等事项的书面合同。业务约定书具有经济合同的性质，一经约定并由双方签字认可，即成为会计师事务所与被审计单位之间具有法律效力的契约。签订业务约定书具有十分重要的作用，可以促进签约双方的相互了解，尤其是促使被审计单位了解审计人员的责任及需要提供的合作，是鉴定签约双方责任和义务履行情况的依据。

业务约定书一般由会计师事务所起草，起草完毕的业务约定书一式两份，经委托与受托双方签字生效。会计师事务所一方的签署人应当是该事务所的法人代表或其授权代表，被审计单位一方的签署人应当是其法人代表或授权代表。任何一方如需对审计业务约定书进行修改或补充，应以适当方式获得对方的确认。业务约定书一般应包括以下基本内容：

（1）委托目的，即说明委托人委托会计师事务所办理业务的目的或用意；

（2）业务范围；

（3）双方责任与义务；

（4）业务报告的使用范围；

（5）业务收费；

（6）争议处理。

（三）初步评价被审计单位的内部控制制度

通过对被审计单位基本情况的了解，审计人员对其内部控制制度已有一定的了解，接下来就要对内部控制制度进行初步评价。初步评价实际上就是评价企业的内部控制制度防止或发现重要错报或漏报有效性的过程。其目的在于判断被审计单位的内部控制制度能否作为在实质性测试时运用抽样审计方法的基础，以便对那些准备信赖的内部控制确定执行符合性测试的性质、时间和范围。内部控制制度的初步评价主要包括对其健全性和合理性的评价。

（四）初步评价重要性

重要性是指被审计单位会计报表中错报或漏报的严重程度，这一程度在特定的环境下可能影响会计报表使用者的判断或决策。在审计实务中必须对重要性标准进行界定，以判定会计报表中存在的差错是否能够接受。因为，会计报表中的数据不可能完全正确，也不可能做到完全正确，总会存在一些差错，但这些差错又不能过大，否则就会影响会计信息使用者的决策。

需要指出的是，重要性的判断贯穿于整个审计过程。在审计计划阶段，审计人员要对重要性作出初步确定，并将重要性数值分配于各个项目，以此作为各个项目允许出现差错的最高限额；在审计实施阶段，审计人员根据在计划阶段确定的重要性标准，评价所发现的问题，以此判断是否需要进一步审查；在审计完成阶段，审计人员要根据重要性标准对实施阶段所发现的问题进行分析评价，以此确定发表何种审计意见。因此，合理确定和正确运用重要性标准，对做好审计工作具有重要意义。

审计人员在确定计划的重要性水平时，应当考虑以下主要因素：

（1）对被审计单位及其环境的了解。被审计单位的行业状况、法律环境与监管环境等其他外部因素，以及被审计单位业务的性质，对会计政策的选择和应用，被审计单位的目标、战略及相关的经营风险，被审计单位的内部控制等因素，都将影响审计人员对重要性水平的判断。

（2）审计的目标，包括特定报告要求。信息使用者的要求等因素影响审计人员对重要性水平的确定。例如，对特定财务报表项目进行审计的业务，其重要性水平可能需要以该项目金额，而不是以财务报表的一些汇总性财务数据为基础加以确定。

（3）财务报表各项目的性质及其相互关系。财务报表使用者对不同的报表项目的关注程度不同。一般而言，如果认为流动性较高的项目出现较小金额的错报就会影响报表使用者的决策，审计人员就应当对此从严确定重要性水平。由于财务报表各项目之间是相互联系的，审计人员在确定重要性水平时，需要考虑这种相互联系。

（4）财务报表项目的金额及其波动幅度。财务报表项目的金额及其波动幅度可能促使财务报表使用者作出不同的反应。因此，审计人员在确定重要性水平时，应当深入研究这些项目的金额及其波动幅度。

审计人员应当从数量和性质两个方面考虑重要性。

1. *从数量方面考虑重要性*

从数量方面考虑，重要性水平是针对错报的金额大小而言。重要性水平是一个经验值，审计人员只能通过职业判断确定重要性水平。在审计过程中，审计人员应当考虑财务报表层次和各类交易、账户余额、列报认定层次的重要性水平。

（1）财务报表层次的重要性水平。

由于财务报表审计的目标是审计人员通过执行审计工作对财务报表发表审计意见，因此，审计人员应当考虑财务报表层次的重要性。只有这样，才能得出财务报表是否公允反映的结论。审计人员在制定总体审计策略时，应当确定财务报表层次的重要性水平。

确定什么程度的错报会影响到财务报表使用者作出决策，是审计人员运用职业判断的结果。审计人员通常先选择一个恰当的基准，再选用适当的百分比乘以该基准，从而得出财务报表层次的重要性水平。

在实务中，有许多汇总性财务数据可以用作确定财务报表层次重要性水平的基准，如总资产、净资产、销售收入、费用总额、毛利、净利润等。在选择适当的基准时，审计人员应当考虑的因素包括：

1）财务报表的要素（如资产、负债、所有者权益、收入和费用等）、适用的会计准则和相关会计制度所定义的财务报表指标（如财务状况、经营成果和现金流量），以及适用的会计准则和相关会计制度提出的其他具体要求；

2）对某被审计单位而言，是否存在财务报表使用者特别关注的财务报表项目（如特别关注与评价经营成果相关的信息）；

3）被审计单位的性质及所在行业；

4）被审计单位的规模、所有权性质以及融资方式。

审计人员对基准的选择有赖于被审计单位的性质和环境。例如，对以营利为目的的被审计单位，来自经常性业务的税前利润或税后净利润可能是一个适当的基准；而对收益不稳定的被审计单位或非营利性组织，选择税前利润或税后净利润作为判断重要性水平的基准就不合适。对资产管理公司，净资产可能是一个适当的基准。审计人员通常选择一个相对稳定、可预测且能够反映被审计单位正常规模的基准。由于销售收入和总资产具有相对稳定性，因而审计人员经常将其用作确定计划重要性水平的基准。

在确定恰当的基准后，审计人员通常运用职业判断合理选择百分比，据以确定重要性水平。以下是一些参考数值的举例：

1）对以营利为目的的企业，来自经常性业务的税前利润或税后净利润的5%，或总收入的0.5%。在适当情况下，也可采用总资产或净资产的一定比例等。

2）对非营利性组织，费用总额或总收入的0.5%。

3）对共同基金公司，净资产的0.5%。

前已述及，对重要性的评估需要职业判断。审计人员执行具体审计业务时，应当根据实际情况决定采用何种计算方法更为恰当。

（2）各类交易、账户余额、列报认定层次的重要性水平。

由于财务报表提供的信息由各类交易、账户余额、列报认定层次的信息汇集加工而成，审计人员只有通过对各类交易、账户余额、列报认定层次实施审计，才能得出财务报表是否公允反映的结论。因此，审计人员还应当考虑各类交易、账户余额、列报认定层次的重要性。

各类交易、账户余额、列报认定层次的重要性水平称为“可容忍错报”。可容忍错报的确定以审计人员对财务报表层次重要性水平的初步评估为基础。它是在不导致财务报表存在重大错报的情况下，审计人员对各类交易、账户余额、列报确定的可接受的最大错报。

在确定各类交易、账户余额、列报认定层次的重要性水平时，审计人员应当考虑以下主要因素：

1）各类交易、账户余额、列报的性质及错报的可能性；

2）各类交易、账户余额、列报的重要性水平与财务报表层次重要性水平的关系。

由于各类交易、账户余额、列报确定的重要性水平，即可容忍错报，对审计证据数量有直接的影响，因此，审计人员应当合理确定可容忍错报。

2. 从性质方面考虑重要性

金额不重要的错报从性质上看有可能是重要的。审计人员在判断错报的性质是否重要时应该考虑的具体情况包括：

（1）错报对遵守法律法规要求的影响程度。

（2）错报对遵守债务契约或其他合同要求的影响程度。

（3）错报掩盖收益或其他趋势变化的程度（尤其在联系宏观经济背景和行业状况进行考虑时）。

（4）错报对用于评价被审计单位财务状况、经营成果或现金流量的有关比率的影响程度。

（5）错报对财务报表中列报的分部信息的影响程度。例如，错报事项对分部或被审计单位其他经营部分的重要程度，而这些分部或经营部分对被审计单位的经营或盈利有重大影响。

（6）错报对增加管理层报酬的影响程度。例如，管理层通过错报来达到有关奖金或其他激励政策规定的要求，从而增加其报酬。

（7）错报对某些账户余额之间错误分类的影响程度，这些错误分类影响到财务报表中应单独披露的项目。例如，经营收益和非经营收益之间的错误分类，非营利性单位的受到限制资源和非限制资源的错误分类。

（8）相对于审计人员所了解的以前向报表使用者传达的信息（如盈利预测）而言，错报的重大程度。

（9）错报是否与涉及特定方的项目相关。例如，与被审计单位发生交易的外部单位是否与被审计单位管理层的成员有关联。

（10）错报对信息漏报的影响程度。在某些情况下，适用的会计准则和相关会计制度并未对该信息作出具体要求，但是审计人员运用职业判断，认为该信息对财务报表使用者了解被审计单位的财务状况、经营成果或现金流量很重要。

（11）错报对与已审计财务报表一同披露的其他信息的影响程度，该影响程度能被合理预期将对财务报表使用者作出经济决策产生影响。

需要指出的是，上述因素只是举例，供审计人员参考，不可能包括所有情况，也并非所有审计都会出现上述全部因素。

（五）分析审计风险

审计风险是指会计报表存在重大的错报时，审计人员审计后发表不恰当审计意见的可能性。审计风险可能会给审计人员带来经济上和名誉上的损失，所以审计人员在计划阶段，要对审计风险进行分析，并制订相应的审计计划，将审计风险控制在可接受的水平。审计风险由重大错报风险和检查风险两个要素组成。重大错报风险是指财务报表在审计前存在重大错报的可能性。检查风险是指某一账户或交易类别单独或连同其他账户、交易类别产生重大错误或漏报而审计人员未能发现这种错报的可能性。审计人员实质性测试程序越详细，时间越接近会计报表日，审计范围越大，则获取的审计证据就越多，发现错误的概率就越大，检查风险的实际水平就越低；反之则越高。

审计风险两要素之间相互独立，共同作用于审计风险。它们之间的关系可以从定量和定性两个方面进行分析。从定量的角度看，审计风险等于两个要素的乘积，用公式表示为：

审计风险＝重大错报风险×检查风险

这个公式被称为审计风险模型，它反映了两个风险要素之间的关系及对审计风险的影响。在既定的审计风险水平下，可接受的检查风险水平与认定层次重大错报风险的评估结果呈反向关系。评估的重大错报风险越高，可接受的检查风险就越低；评估的重大错报风险越低，可接受的检查风险就越高。

应当指出的是，在审计实施阶段，分析审计风险可以帮助审计人员确定在采用抽样方法下得出的审计结论的可靠程度。在审计完成阶段，审计人员应当根据实质性测试的结果和其他审计证据，对审计风险进行最终评估，确定其是否控制在可以接受的水平上。如果审计人员发现审计风险高于可接受的水平，应考虑是否追加审计程序。如果经过追加审计程序后，审计风险仍不能降低到可接受的水平，那么审计人员就应考虑出具保留意见或无法表示意见的审计报告。

（六）编制审计计划

审计计划是审计人员为了达到预期的审计目的，在具体实施审计流程之前编制的工作计划，它是审计人员在审计实施阶段的工作指南。审计计划包括总体审计计划和具体审计计划。

二、实施阶段

审计计划下达以后，就进入审计实施阶段。在审计实施阶段，审计人员要根据计划阶段确定的审计范围、重点、步骤、方法收集证据并进行评价，借以形成审计结论。实施阶段是审计全过程的中心环节，其主要工作内容包括：对被审计单位内部控制的设计及执行情况进行控制测试，根据测试结果修订审计计划；对会计报表项目的数据进行实质性测试，根据测试结果进行鉴定、评价。

（一）控制测试

控制测试是在对内部控制初步了解和评价的基础上，对内部控制的状况以及是否得到贯彻执行而进行的测试，其目的是确定被审计单位的业务处理是否符合内部控制制度的规定，判断内部控制运行的有效性，进而确定内部控制制度是否可以依赖以及可以依赖的程度。因此，控制测试实际上是在对内部控制初步了解和评价的基础上所进行的进一步评价。在测试控制运行的有效性时，审计人员可从以下方面获取相关证据：控制在所审计期间的不同时点是如何运行的；控制是否得到一贯执行；控制由谁执行；控制以何种方式运行。控制测试过程中所运用的具体方法在后面有关章节里专门阐述。

审计人员在对被审计单位的内部控制制度进行控制测试以后，要对内部控制的有效性作出评价，其评价种类可分为高信赖程度、中信赖程度和低信赖程度三种。如果审计人员将被审计单位内部控制评价为高信赖程度，审计人员就可以更多地依赖内部控制，减少下一步实质性测试的程序；如果审计人员将被审计单位的内部控制评价为低信赖程度，审计人员就要扩大实质性测试的范围，必要时可进行详细审计。因此，审计人员是根据控制测试和重大错报风险评估的结果来确定实质性测试的性质、时间和范围的。

需要指出的是，控制测试并不是每个特定的审计项目都必须执行的。若审计人员不打算依赖被审计单位的内部控制，审计人员可不进行控制测试，而直接实施实质性测试。

（二）实质性测试

对内部控制进行再评价和对重大错报风险进行评估后，便可以按照原定的或修改的审计计划进行实质性测试。所谓实质性测试，是指收集直接证据所进行的更为深入的检查。实质性测试的目的是为取得审计人员据以作出审计结论的足够证据，验证会计报表的各个项目金额是否正确和妥当，同时揭露会计报表中存在的重要错误和舞弊。实质性测试是审计实施阶段中最重要的一项工作。实质性测试通常采用抽样方式进行，其抽样规模根据内部控制的评价和重大错报风险评估的结果来确定。审计人员在实质性测试中要根据各类交易、账户余额、列报的性质选择实质性测试的程序、方法。

(1) 盘点实物。审计人员对有形资产账户所记载的内容均应进行实物盘点，包括库存现金、有价证券、材料、固定资产、在产品和产成品等，通过盘点确定财产物资的实际情况。在被审计单位财产物资种类较多的情况下，审计人员可以根据重要性原则选择重要的存货或固定资产项目进行盘点。

(2) 检查凭证，核实账户记录余额。审计人员要抽查凭证，以确定账簿记录数据的真实性和经济业务的合理性、合法性。审计人员还应该对账户余额进行核实，包括总账和明细账账户的余额。通过核实确定报表数据来源的正确性和真实性。

(3) 核对有关记录。审计人员应该对有关的记录相互核对，包括将凭证与账户记录相核对，总账余额与各明细账余额的合计数相核对，报表列示的数据与有关总账和明细账余额相核对，同时，还应将资产类账户的余额与资产盘点的结果相核对。

(4) 对相关资产和负债的期末余额进行函证。对于被审计单位应收账款、应付账款等结算类业务，审计人员要向第三者发函询证，以取得审计证据。在被审计单位的往来客户较多的情况下，对应收账款、应付账款等结算类业务的函证，可以根据金额的大小、账龄长短，以及是否存在疑问等因素来选择函证的对象。如果没有回函或审计人员对回函结果不满意，审计人员应实施替代审计程序，以获取必要的审计证据。

(5) 对计算结果进行复算。审计人员要对被审计单位有关计算的结果进行复算，以确定被审计单位有无故意歪曲计算结果或者计算存在差错的情况，包括合计数的复算。如工资汇总数的复算；生产费用分配情况的复算；成本计算表的复算；重新编制银行存款余额调节表等。

(6) 向有关人员进行查询。在审计过程中审计人员对有关事项存在的疑问，可以向有关当事人进行查询，要求他们对有关事项作出解释或者进一步说明情况。

（7）其他必要的工作。审计人员有时还要做其他的工作，直至取得满意的审计证据。

三、审计完成阶段

在审计完成阶段，审计人员要以经过核实的审计证据为依据，分析审计结论，形成审计意见，出具审计报告。

（一）进行或有损失、期后事项等特殊项目审计，全面掌握被审计单位的情况

对被审计单位期后事项、或有损失、持续经营能力等特殊项目进行审计，并不完全属于审计完成阶段的内容，可在整个审计过程中实施。在审计完成阶段关注期后事项和或有损失的主要目的是提请被审计单位对重大期后事项和或有损失进行调整或在报表附注中加以披露。期后事项是指资产负债日至审计报告日发生的，以及审计报告日至会计报表公布日发生的对会计报表产生影响的事项。期后事项很可能会改变审计人员对被审计单位会计报表公允性的意见。审计人员必须对其加以关注。若是能为资产负债日已存在情况提供补充证据的事项，需提请被审计单位调整会计报表；若虽不影响会计报表金额，但可能影响对会计报表正确理解的事项，要提请被审计单位披露；如果被审计单位缺乏持续经营能力，应重新考虑会计报表项目的分类及计价基础是否需要作出调整等，从而使审计人员能恰当地发表审计意见。

（二）整理、评价执行审计业务中收集到的审计证据

审计人员要对收集的审计证据进行分析、整理，使审计证据具有充分的证明力，为发表审计意见提供有力的依据。审计人员不必、也不可能把审计证据所反映的内容都包括到审计报告中，因此审计人员应对反映不同内容的审计证据进行适当的取舍，按照重要性的原则，只选择那些具有代表性、典型性的审计证据反映在审计报告中。

（三）复核审计工作底稿，汇总审计差异，提请被审计单位调整或作适当披露

审计人员应当对审计工作底稿进行复核，汇总审计差异，并对重大差异提请被审计单位调整或披露。若被审计单位拒绝进行调整或披露，审计人员就应在审计报告中予以反映，出具非标准的审计报告。

（四）形成审计意见，撰写审计报告

审计人员根据对审计证据的综合分析，提出审计评价意见，然后与被审计单位沟通。沟通后，作必要的调整或维持原审计评价意见，即可撰写审计报告。审计人员可以拟定一个审计报告的写作提纲，由审计小组负责人执笔撰写。

（五）审计资料的整理归档

审计完成阶段的最后一项工作是对有关审计资料和文件的清理归档工作。审计人员应将从被审计单位调阅的资料全部归还给被审计单位。对审计过程中积累的大量资料进行清理，将保存价值不大的资料剔除后销毁，并将需要保存的资料编号后送交档案部门归档保管。至此，该项审计工作全部结束。

第四节　内部审计程序

内部审计程序是内部审计机构和人员进行审计时，从开始到结束的审计工作步骤和顺序。从形式上看，内部审计程序与国家审计程序所包含的基本阶段大体相同，也分为准备、实施和终结阶段，但内容上又有一定的不同。内部审计程序的繁简程度，主要取决于部门或单位内部管理层根据需要作出的具体规定。

与其他审计程序相比，内部审计程序具有自身的特点。

一、准备阶段的特点

内部审计程序在准备阶段的工作内容与国家审计程序大体相同，但审计项目的确定、审计项目计划的制订依据主要是本单位的实际经营情况或本单位领导交办的事项。由于内部审计人员熟悉本部门、本单位情况，准备工作已在平时有所积累，因此，可以很快进入实施阶段。

二、实施阶段的特点

由于内部审计人员对本部门、本单位情况有较多的了解，因此，调查了解情况和测试内部控制等工作可大大减少，可直接运用审计方法进行审查，获取审计证据。

三、终结阶段的特点

审计报告经内部审计人员提出后，应征求被审计单位意见，然后报送本部门、本单位领导审批。对于重要的审计项目要进行后续审计，检查审计报告意见的执行落实情况。被审计单位对审计报告有异议时，可以向内部审计机构所在单位负责人提出，该负责人应及时处理。

第五节　审计计划

一、审计计划及其作用

审计计划是指审计人员为了完成各项审计业务，达到预期的审计目的，在具体执行审计程序之前编制的工作计划。

审计计划包括总体审计策略和具体审计计划，前者是对审计的预期和实施方式所作的规划，是审计人员从接受审计委托到出具审计报告整个过程基本工作内容的综合规划；后者是依据总体审计计划对实施总体审计计划所需要的审计程序的性质、时间和范围作出的详细规划与说明。

审计计划是审计人员实施审计的工作指南，编制科学的审计计划对及时、有效地完成审计工作具有十分重要的作用：

（1）有助于注册会计师适当关注重要的审计领域；

（2）有助于注册会计师及时发现和解决潜在的问题；

（3）有助于注册会计师恰当地组织和管理审计业务，以有效的方式执行审计业务；

（4）有助于选择具备必要的专业素质和胜任能力的项目组成员应对预期的风险，并有助于向项目组成员分派适当的工作；

（5）有助于指导和监督项目组成员并复核其工作；

（6）在适用的情况下，有助于协调组成部分注册会计师和专家的工作。

二、审计计划的内容

（一）总体审计策略的内容

总体审计策略用以确定审计范围、时间和方向，并指导制订具体审计计划，是整个审计工作的蓝图。其基本内容包括以下几个方面：

（1）确定审计业务的特征，以界定审计范围；

（2）审计业务的报告目标、时间安排和所需沟通的性质；

（3）根据职业判断，考虑用以指导项目组工作方向的重要因素；

（4）在适用的情况下，考虑初步业务活动的结果，并考虑项目合伙人对被审计单位执行其他业务时获得的经验是否与审计业务相关；

（5）确定执行业务所需资源的性质、时间安排和范围。

（二）具体审计计划的内容

具体审计计划是依据总体审计策略的要求编制的，它详细规划和说明了对每一审计项目所应采取的具体程序。其基本内容包括：

（1）风险评估程序。按照《中国注册会计师审计准则第 1211 号——通过了解被审计单位及其环境识别和评估重大错报风险》的规定，计划实施的风险评估程序的性质、时间安排和范围。

（2）计划实施的进一步审计程序。按照《中国注册会计师审计准则第 1231 号——针对评估的重大错报风险采取的应对措施》的规定，在认定层次计划实施的进一步审计程序的性质、时间安排和范围。

（3）计划实施的其他审计程序。

三、审计计划的编制

审计计划由审计项目负责人编制。审计计划应形成书面文件，并在工作底稿中加以记录。审计计划的文件形式多种多样，其中表格式、问卷式和文字叙述三种主要形式为会计师事务所普遍采用。无论采用哪一种形式，均不能生搬硬套，因为各个被审计单位的实际情况和审计目标千差万别，所以，审计计划文件的格式和内容也都需要酌情调整。

在编制总体审计计划中，时间预算是一个十分重要的内容。时间预算是就执行审计程序的每一步骤需要的人员和工作时间所作的计划。时间预算既是合理确定审计收费的依据，又是衡量审计工作进度、判断审计人员工作效率的依据。在执行审计业务过程中，时间预算并不是一成不变的，当出现新问题或审计环境发生变化时，会影响原定的时间预算，此时就应重新规划必需的时间，进而修改时间和收费预算。因工作时间增减致使会计师事务所应收取的审计费用发生变化时，应立即通知被审计单位，取得被审计单位的理解。审计人员如因被审计单位会计记录不完整或因发生特殊情况而无法在时间预算内完成审计工作时，为保证审计工作的质量，不得随意缩短或省略审计程序来适应时间预算。如时间预算与实际耗用时间存在较大差异时，审计人员应在“差异说明”栏内说明产生差异的原因。

对于具体审计计划，在实际工作中，一般是通过编制审计程序的方式体现的。

编制审计计划包括以下五个步骤：

（1）了解内部控制要素；

（2）进行控制测试，取得控制执行情况的证据；

（3）重大错报风险评价；

（4）根据控制测试和重大错报风险评估结果设计实质性测试；

（5）制订具体计划。

本章小结

本章分析了审计程序规范化的重要意义；介绍了审计程序的分类，广义审计程序划分的阶段，国家审计、民间审计和内部审计的审计程序；介绍了审计计划的作用、内容及编制。

复习题

1. 审计程序规范化的意义是什么？
2. 国家审计程序的主要内容是什么？
3. 民间审计程序的主要内容是什么？
4. 简述业务约定书的主要内容。
5. 简述审计风险的构成及表现形式。
6. 什么是审计计划？审计计划的构成及作用是什么？
7. 审计计划的编制步骤有哪些？

第七章　内部控制

【本章要点】

◇ 内部控制的概念
◇ 内部控制的构成要素
◇ 内部控制测试
◇ 重大错报风险评估

【本章引言】

内部控制测试是审计实务的重要内容，是实施实质性测试的基础之一。要对内部控制进行测试，就需要了解、掌握内部控制的内容及测试的方法。重大错报风险评估与控制测试构成实质性测试的基础。

第一节　内部控制概述

一、内部控制的产生与发展

内部控制的最初形式是内部牵制，内部控制是在内部牵制的基础上发展起来的。“内部控制”一词最早出现于20世纪40年代，在此之前，西方的审计学著作一般只提“内部牵制”。内部牵制的基本原理是，每一项经济业务活动，都必须由两个或两个以上部门及人员分工负责，形成相互制约和相互核对的一种自控机制，防止各种差错和舞弊行为的发生。内部牵制主要用于会计核算和财务管理方面。随着社会经济的发展，企业规模日益扩大，经济业务也随之频繁，内部分工越来越细。为保证企业组织的合理性、会计记录的正确性和会计信息传递的及时性，以利于企业管理当局作出正确的经营决策，并使整个生产经营管理系统协调有序地运行，内部牵制逐渐超越财务和会计范围，而渗透到企业内部各个部门和全部业务活动之中，包括企业管理当局用来授权和指挥进行购货、销售、生产等经营活动的各种方式和方法，以及核算、审核、分析评价各种信息资料和文件报告的程序、步骤，对企业各项经济活动进行计划、组织、控制、协调所制定的各种规章制度、措施和办法等，从而使内部牵制发展为内部控制。

“内部控制”一词，最早出现在 1936 年美国注册会计师协会发布的《注册会计师对财务报表的审查》文告中。在长期的讨论与研究中，不断对其进行修正。1988 年 4 月，美国注册会计师协会在其发布的题为《财务报表审计对内部控制结构的考虑》的审计准则文告第 55 号中，首次使用“内部控制结构”一词，取代了原有的“内部控制”概念。

二、内部控制的整体框架

美国始终重视内部控制，在理论上不断研究并在实践上持续探索。特别是 1985 年 6 月，美国注册会计师协会（AICPA）与美国会计学会（AAA）、全美会计师协会（NAA，后改名为管理会计师协会，IMA）、内部审计师协会（IIA）等组织共同发起成立了以崔德威（J. C. Treadway）为会长的崔德威委员会，其目的在于对防止和揭发舞弊财务报告的措施提出建议，并强调经营者对财务报告的责任。为监督其建议的实施，该委员会设立了监管执行委员会和后援委员会（Committee of Sponsoring Organization of the Treadway Commission，COSO）。COSO 在进行了近 4 年的研究后，于 1992 年 9 月公布了由概念、框架、对外部关系者的报告及内部控制的评价手段四部分构成的研究报告——《内部控制—整体框架》，即 COSO 报告。COSO 报告认定内部控制是为了达到业务的有效性和效率性、财务报告的可靠性以及相关的法律和规章的遵从性三个方面的目的，旨在提供合理的保证，而由单位的董事会、经营者及其他成员实施的一种过程。

COSO 报告对内部控制的构成要素进行了重新结构，包括控制环境、风险评估过程、控制活动、信息系统与沟通、对控制的监督五方面。

（1）控制环境包括治理职能和管理职能，以及治理层和管理层对内部控制及其重要性的态度、认识和措施。

（2）风险评估过程包括识别与财务报告相关的经营风险，以及针对这些风险所采取的措施。

（3）控制活动是指有助于确保管理层的指令得以执行的政策和程序，包括与授权、业绩评价、信息处理、实物控制及职责分离等相关的活动。

（4）信息系统与沟通是指与财务报告相关的信息系统和沟通。前者包括用以生成、记录、处理和报告交易、事项及情况，对相关资产、负债和所有者权益履行经营管理责任的程序和记录。后者包括使员工了解各自在与财务报告有关的内部控制方面的角色和职责、员工之间的工作联系以及向适当级别的管理层报告例外事项的方式。

（5）对控制的监督是指被审计单位评价内部控制在一段时间内运行有效性的过程，该过程包括及时评价控制的设计和运行，以及根据情况的变化采取必要的纠正措施。

上述五个方面是紧密联系的。环境的适宜性是控制有效性的重要条件。不仅如此，控制的有效性在相当大程度上还依赖于风险评估的恰当性、信息的可靠性、沟通的及时性以及对控制监督的效率性与适当性。它们互相影响，互相支持，并形成一个有机的整体。

近年来，国际经济环境发生较大变化，大型集团公司倒闭屡见不鲜，因此 COSO 在 1992 年研究报告的基础上，结合《萨班斯—奥克斯法案》404 条款在报告方面的要求，于 2004 年 9 月 29 日正式发布了《企业风险管理—整体框架》（Enterprise Risk Management-

Integrated Framework，ERM-IF），并提出以 ERM-IF 取代 IC-IF（《内部控制—整体框架》）。相对于内部控制框架而言，新的 COSO 报告在以下几个方面得到了发展：（1）增加了一个观念——风险组合观；（2）发展了内部控制的报告目标，将报告拓展到“内部的和外部的报告”、“财务的和非财务的报告”，该目标涵盖了企业所有的报告；（3）增加了一个新目标——战略目标，该目标的层次比其他三个目标更高；（4）提出了两个新概念——风险偏好和风险容忍度；（5）新增了三个风险管理要素，即目标制定、事项识别和风险反应，将 IC-IF 的五个要素演变为八个要素。八个要素分别为内部环境、目标制定、事项识别、风险评估、风险反应、控制活动、信息与沟通、监控。

三、内部控制的概念

从内部控制产生与发展的历史可以看出，现代内部控制概念凝聚着世界上古往今来的管理工作经验。但是，其作为社会和历史的产物，总是与特定的社会历史条件相联系，并受到企业性质、管理制度及经营实践等诸多因素的影响，同时，也受到人们的认识水平的限制。因此，对内部控制内涵有不同的观点和认识。

内部控制的概念可表述为：被审计单位为了合理保证财务报告的可靠性、经营的效率和效果以及对法律法规的遵守，由组织的治理层、管理层及其他人员设计和执行的政策与程序。具体来说，它是被审计单位为了保证业务活动的有效进行，保护资产的安全和完整，防止、发现、纠正错误与舞弊，保证会计资料的真实、合法、完整而制定和实施的政策与程序。

第二节　内部控制的内容

内部控制的内容，是由基本要素构成的。内部控制包括下列要素：控制环境；风险评估过程；信息系统与沟通；控制活动；对控制的监督。

一、控制环境

（一）控制环境的含义

控制环境包括治理职能和管理职能，以及治理层和管理层对内部控制及其重要性的态度、认识和措施。控制环境设定了被审计单位的内部控制基调，影响员工对内部控制的认识和态度。良好的控制环境是实施有效内部控制的基础。

防止或发现并纠正舞弊和错误是被审计单位治理层和管理层的责任。在评价控制环境的设计和实施情况时，审计人员应当了解管理层在治理层的监督下，是否营造并保持了诚实守信和合乎道德的文化，以及是否建立了防止或发现并纠正舞弊和错误的恰当控制。

（二）控制环境的构成要素

控制环境包括下列要素：

（1）对诚信和道德价值观念的沟通与落实；
（2）对胜任能力的重视；
（3）治理层的参与程度；
（4）管理层的理念和经营风格；
（5）组织结构；
（6）职权与责任的分配；
（7）人力资源政策与实务。

二、风险评估过程

任何经济组织在经营活动中都会面临各种各样的风险，风险对其生存和竞争能力产生影响。很多风险并不为经济组织所控制，但管理层应当确定可以承受的风险水平，识别这些风险并采取一定的应对措施。

可能产生风险的事项和情形包括：

（1）监管及经营环境的变化。监管和经营环境的变化会导致竞争压力的变化以及重大的相关风险。

（2）新员工的加入。新员工可能对内部控制有不同的认识和关注点。

（3）新信息系统的使用或对原系统进行升级。信息系统的重大变化会改变与内部控制相关的风险。

（4）业务快速发展。快速的业务扩张可能会使内部控制难以应对，从而增加内部控制失效的可能性。

（5）新技术。将新技术运用于生产过程和信息系统，可能会改变与内部控制相关的风险。

（6）新生产型号、产品和业务活动。进入新的业务领域和发生新的交易可能带来新的与内部控制相关的风险。

（7）企业重组。重组可能带来裁员以及管理职责的重新划分，将影响与内部控制相关的风险。

（8）发展海外经营。海外扩张或收购会带来新的并且往往是特别的风险，进而可能影响内部控制，如外币交易的风险。

（9）新的会计准则。采用新的或变化了的会计准则可能会增加财务报告发生重大错报的风险。

风险评估过程的作用是，识别、评估和管理影响被审计单位实现经营目标能力的各种风险。而针对财务报告目标的风险评估过程则包括识别与财务报告相关的经营风险，评估风险的重大性和发生的可能性，以及采取措施管理这些风险。例如，风险评估可能会涉及被审计单位如何考虑对某些交易未予记录的可能性，或者识别和分析财务报告中的重大会计估计发生错报的可能性。与财务报告相关的风险也可能与特定事项和交易有关。

三、信息系统与沟通

信息系统与沟通是收集与交换被审计单位执行、管理和控制业务活动所需信息的过程，包括收集和提供信息（特别是履行内部控制岗位职责所需的信息）给适当人员，使之能够履行职责。信息系统与沟通的质量直接影响到管理层对经营活动作出正确决策和编制可靠的财务报告的能力。

（一）与财务报告相关的信息系统

与财务报告相关的信息系统，包括用以生成、记录、处理和报告交易、事项及情况，对相关资产、负债和所有者权益履行经营管理责任的程序和记录。

交易可能通过人工或自动化程序生成。记录包括识别和收集与交易、事项有关的信息。处理包括编辑、核对、计量、估价、汇总和调节活动，可能由人工或自动化程序来执行。报告是指用电子或书面形式编制财务报告和其他信息，供被审计单位用于衡量和考核财务及其他方面的业绩。

与财务报告相关的信息系统应当与业务流程相适应。业务流程是指被审计单位开发、采购、生产、销售、发送产品和提供服务、保证遵守法律法规、记录信息等一系列活动。

（二）与财务报告相关的信息系统的职能

与财务报告相关的信息系统所生成信息的质量，对管理层能否作出恰当的经营管理决策以及编制可靠的财务报告具有重大影响。

与财务报告相关的信息系统通常包括下列职能：

（1）识别与记录所有的有效交易；

（2）及时、详细地描述交易，以便在财务报告中对交易作出恰当分类；

（3）恰当计量交易，以便在财务报告中对交易的金额作出准确记录；

（4）恰当确定交易生成的会计期间；

（5）在财务报表中恰当列报交易。

四、控制活动

控制活动是指有助于确保管理层的指令得以执行的政策和程序。包括与授权、业绩评价、信息处理、实物控制和职责分离等相关的活动。

（一）授权

审计人员应当了解与授权有关的控制活动，包括一般授权和特别授权。

授权的目的在于保证交易在管理层授权范围内进行。授权分为一般授权和特别授权。一般授权是指管理层制定的要求组织内部遵守的普遍适用于某类交易或活动的政策。特别授权是指管理层针对特定类别的交易或活动逐一设置的授权，如重大资本支出和股票发行等。特别授权也可用于超过一般授权限制的常规交易。例如，同意因某些特别原因，对某个不符合一般信用条件的客户赊购商品。

（二）业绩评价

审计人员应当了解与业绩评价有关的控制活动，主要包括被审计单位分析评价实际业绩与预算（或预测、前期业绩）的差异，综合分析财务数据与经营数据的内在关系，将内部数据与外部信息来源相比较，评价职能部门、分支机构或项目活动的业绩（如银行客户信贷经理复核各分行各种贷款类型的审批和收回)，以及对发现的异常差异或关系采取必要的调查与纠正措施。

通过调查非预期的结果和非正常的趋势，管理层可以识别可能影响经营目标实现的情形。管理层对业绩信息的使用（如将这些信息用于经营决策，还是同时用于对财务报告系统报告的非预期结果进行追踪)，决定了业绩指标的分析是只用于经营目的，还是同时用于财务报告目的。

（三）信息处理

审计人员应当了解与信息处理有关的控制活动，包括信息技术的一般控制和应用控制。

被审计单位通常采取各种措施，检查各种类型信息处理环境下的交易的准确性、完整性和授权。信息处理控制可以是人工的、自动化的，或是基于自动流程的人工控制。信息处理控制分为两类，即信息技术的一般控制和应用控制。

信息技术一般控制是指与多个应用系统有关的政策和程序，有助于保证信息系统持续恰当地运行（包括信息的完整性和数据的安全性)，支持应用控制作用的有效发挥。它通常包括数据中心和网络运行控制，系统软件的购置、修改及维护控制，接触或访问权限控制，应用系统的购置、开发及维护控制。例如，程序改变的控制、限制接触程序和数据的控制、与新版应用软件包实施有关的控制等都属于信息技术一般控制。

信息技术应用控制是指主要在业务流程层面运行的人工或自动化程序，与用于生成、记录、处理、报告交易或其他财务数据的程序相关，通常包括检查数据计算的准确性，审核账户和试算平衡表，设置对输入数据和数字序号的自动检查，以及对例外报告进行人工干预。

（四）实物控制

审计人员应当了解实物控制，主要包括了解对资产和记录采取适当的安全保护措施，对访问计算机程序和数据文件设置授权，以及定期盘点并将盘点记录与会计记录相核对。例如，现金、有价证券和存货的定期盘点控制。实物控制的效果影响资产的安全，从而对财务报表的可靠性及审计产生影响。

（五）职责分离

审计人员应当了解职责分离，主要包括了解被审计单位如何将交易授权、交易记录以及资产保管等职责分配给不同员工，以防范同一员工在履行多项职责时可能发生的舞弊或错误。当信息技术运用于信息系统时，职责分离可以通过设置安全控制来实现。

五、对控制的监督

管理层的重要职责之一就是建立和维护控制并保证其持续有效运行，对控制的监督可以实现这一目标。监督是由适当的人员，在适当、及时的基础上，评估控制的设计和运行情况的过程。对控制的监督是指被审计单位评价内部控制在一段时间内运行有效性的过程，该过程包括及时评价控制的设计和运行，以及根据情况的变化采取必要的纠正措施。例如，管理层对是否定期编制银行存款余额调节表进行复核，内部审计人员评价销售人员是否遵守公司关于销售合同条款的政策，法律部门定期监控公司的道德规范和商务行为准则是否得以遵循等。监督对控制的持续有效运行十分重要。假如没有对银行存款余额调节表是否得到及时和准确的编制进行监督，则该项控制可能无法得到持续的执行。

六、内部控制的局限性

内部控制存在固有的局限性，无论如何设计和执行，只能对财务报告的可靠性提供合理的保证。内部控制存在的固有局限性包括：

（1）在决策时人为判断可能出现错误和由于人为失误而导致内部控制失效。例如，被审计单位信息技术工作人员没有完全理解系统如何处理销售交易，为使系统能够处理新型产品的销售，可能错误地对系统进行更改；或者对系统的更改是正确的，但是程序员没能把此次更改转化为正确的程序代码。

（2）内部控制可能由于两个或更多的人员进行串通或管理层凌驾于内部控制之上而被规避。例如，管理层可能与客户签订背后协议，对标准的销售合同作出变动，从而导致收入确认发生错误；软件中的编辑控制旨在发现和报告超过赊销信用额度的交易，但这一控制可能被逾越或规避。

此外，如果被审计单位内部行使控制职能的人员素质不适应岗位要求，也会影响内部控制功能的正常发挥。被审计单位实施内部控制的成本效益问题也会影响其效能，当实施某项控制成本大于控制效果而发生损失时，就没有必要设置控制环节或控制措施。内部控制一般都是针对经常而重复发生的业务而设置的，如果出现不经常发生或未预计到的业务，原有控制就可能不适用。

第三节　内部控制评价

对内部控制制度的评价要运用审计测试方法，评价一般分为：调查了解内部控制情况，并作出相应的记录；对拟信赖的内部控制实施测试，证实有关内部控制的设计和执行的效果；评价内部控制的强弱。这里重点介绍前两个方面。

一、调查了解内部控制情况

（一）对内部控制制度的预备性调查

审计人员在接受审计聘约之前，首先要对被审计单位的内部控制状况进行预备性调查，以便了解被审计单位各经营环节和主要业务过程内部控制的健全程度，从而为签订审计合同、进行测试和制订审计计划与程序做好准备。预备性调查阶段需要调查的内容主要是与确保会计记录的正确性和可靠性直接相关的部分管理事项，即会计制度（会计机构和工作人员、会计核算规程、会计记录、会计事务程序等）、资产管理（资产管理规程、资产收付、保管手续制度、资产保护措施等）、内部牵制组织（指与会计管理和资产管理有关的部门）以及内部审计制度。

预备性调查的程序，对于初次审计和连续审计来说各不相同。在初次审计的情况下，为了制订审计计划，通常除了应编制内部控制调查表，提请被审计单位答复外，还必须查阅被审计单位章程、各种规程、会计制度、会计组织系统图、程序图、内部审计报告等，以及实地观察业务实施情况，并向有关负责人和职员进行询问，特别是对那些尚未成为正式规定的习惯性办事程序更应如此。如进行连续审计，则可以参阅前期内部控制的评价结果，研究前期存在的问题，增补本期变更的事项，据以编制审计计划。

（二）审计实施过程中的内部控制调查

在审计实施过程中，必须调查和了解内部控制制度的五个要素。

1. 了解控制环境

在评价控制环境各个要素时，审计人员应当考虑控制环境各个要素是否得到执行。因为管理层也许建立了合理的内部控制，但却未有效执行。例如，管理层已建立正式的行为守则，但实际操作中却没有对不遵守该守则的行为采取措施。又如，管理层要求信息系统建立安全措施，但却没有提供足够的资源。

在确定构成控制环境的要素是否得到执行时，审计人员应当考虑将询问与其他风险评估程序相结合以获取审计证据。通过询问管理层和员工，审计人员可能了解管理层如何就业务规程和道德价值观念与员工进行沟通；通过观察和检查，审计人员可能了解管理层是否建立了正式的行为守则，在日常工作中行为守则是否得到遵守，以及管理层如何处理违反行为守则的情形。

2. 了解风险评估过程的设计与执行

在评价被审计单位风险评估过程的设计和执行时，审计人员应当确定管理层如何识别与财务报告相关的经营风险，如何估计该风险的重要性，如何评估风险发生的可能性，以及如何采取措施管理这些风险。如果被审计单位的风险评估过程符合其具体情况，了解被审计单位的风险评估过程和结果有助于审计人员识别财务报表重大错报风险。

审计人员应当询问管理层识别出的经营风险，并考虑这些风险是否可能导致重大错报。在审计过程中，如果发现与财务报表有关的风险因素，审计人员可通过向管理层询问和检查有关文件确定被审计单位的风险评估过程是否也发现了该风险。在审计过程中，如果识别出管理层未能识别的重大错报风险，审计人员应当考虑被审计单位的风险评估过程为何没有识别出这些风险，以及评估过程是否适合于具体环境。例如，在销售循环中，如果发现了销售的截止性错报的风险，审计人员应当考虑管理层是否也识别了该错报风险，以及管理层如何应对该风险。

3. 了解与财务报告相关的信息系统

审计人员应当从以下几个方面了解与财务报告相关的信息系统：

（1）在被审计单位经营过程中，对财务报表具有重大影响的各类交易。

（2）在信息技术和人工系统中，交易生成、记录、处理和报告的程序。在获取信息时，审计人员应当同时考虑被审计单位将交易处理系统中的数据录入总分类账和财务报告的程序。

（3）与交易生成、记录、处理和报告有关的会计记录、支持性信息和财务报表中的特定项目。企业信息系统通常包括使用标准的会计分录，以记录销售、购货和现金付款等重复发生的交易，或记录管理层定期作出的会计估计，如应收账款可回收金额的变化。信息系统还包括使用非标准的分录，以记录不重复发生的、异常的交易或调整事项，如企业合并、资产减值等。

（4）除各类交易之外的对财务报表具有重大影响的事项和情况的信息。如对固定资产和长期资产计提折旧或摊销、对应收账款计提坏账准备等。

（5）被审计单位编制财务报告的过程，包括作出的重大会计估计和披露。编制财务报告的程序应当同时确保适用的会计准则和相关会计制度要求披露的信息得以收集、记录、处理和汇总，并在财务报告中得到充分披露。

另外，在了解与财务报告相关的信息系统时，审计人员应当特别关注由于管理层凌驾于账户记录控制之上，或规避控制行为而产生的重大错报风险，并考虑被审计单位如何纠正不正确的交易处理。

4. 了解控制活动

在了解控制活动时，审计人员应当重点考虑一项控制活动单独或连同其他控制活动，是否能够以及如何防止或发现并纠正各类交易、账户余额、列报存在的重大错报。审计人员的工作重点是识别和了解针对重大错报可能发生的领域的控制活动。如果多项控制活动能够实现同一目标，那么，审计人员就不必了解与该目标相关的每项控制活动。

在了解其他内部控制要素时，如果获取了控制活动是否存在的信息，审计人员应当确定是否有必要进一步了解这些控制活动。

5. 了解对控制的监督

审计人员应了解被审计单位是否定期评价内部控制，是否同时纠正控制运行中的偏差等。

（三）记录对内部控制的了解

审计人员采用上述调查方法获取被审计单位内部控制情况后，应以适当方式记入审计工作底稿。记录的方式通常有三种：内部控制问卷（或称调查表）、文字叙述（或称文字说明书）和流程图。

1. 内部控制问卷

内部控制问卷是实施审计过程中的必要事项，特别是把那些与保证会计记录的正确性和可靠性，以及与确保资产完整性有密切关系的事项列为必须调查的项目，制成标准化的表格，提交企业有关负责人填写，或由审计人员根据调查结果自行填写。内部控制问卷大多采用问答式，故又称内部控制问题调查表。表中列明的事项，一般是各行各业都必须进行调查的项目，但在特定情况下，还应该根据被审计单位的行业和经营特点，另行确定调查项目。在调查表中每个问题后面，分别设置“是”、“否”和“不适用”等栏目。其中，“是”表示各有关内部控制制度健全；“否”表示内部控制制度中的薄弱环节，可以按其轻重程度进一步划分为“较轻”和“较重”两个小栏目。这样通过编制调查表，就可以了解被审计单位内部控制制度的健全和完善程度。

内部控制问卷的优点是简便易行、省时省力，调查对象明确，便于审计人员作出分析和评价。而且调查表中“否”这一栏目集中反映了内部控制的薄弱环节，极为醒目，能够引起审计人员的关注，有助于进一步明确审计的范围和重点。但是这种方法也存在局限性，主要是内部控制问卷格式比较固定，内容也受表格限制，缺乏弹性，特别是对一些特殊情况无法将其反映进去，因此对某些特殊企业或者小型企业，标准的内部控制问卷往往显得不太适用。另外这种方法对被审计单位的内部控制制度通常只能按项目分别考查，不能提供一个完整的描述。

内部控制问卷的基本格式，可参照表7—1。

表7—1　　采购业务内部控制问卷

被审计单位名称：________

审计人员：________　　审计日期：________　　完成日期：________

复核人员：________

问　　题	回答				
	是	否		不适用	备注
		较轻	较重		
1. 每笔采购业务是否均有经批准的请购单和订购单？					
2. 是否使用预先编号的订购单？					
3. 验收部门是否以订购单为依据，并能及时点验？					
4. 验收单是否预先编号，并有验收人签字？					
5. 订购单、验收单、供货单位发票是否与付款凭证相符？					
6. 付款凭证是否经过有关领导审批？					
7. 是否独立地核对总账和明细账？					
8. 货物存放是否安全，并限定未经批准人员不得接近？					
9. 是否定期独立地核对存货记录和库存记录？					

2. 文字说明书

文字说明书是审计人员对被审计单位内部控制的健全程度和执行情况的书面陈述。这种方法是按照每项经济业务的循环过程，运用文字叙述方式阐明各项工作人员的职责划分，以及业务记录、凭证传递等情况。文字叙述所依据的资料，一般是通过向有关负责人和执行人员询问内部控制情况，查阅各种规程、组织机构系统图、经济业务处理流程图和工作手册等途径来获取。

文字说明法的优点是对所调查的事项进行简明扼要的记述，能够弥补内部控制问卷只能作出简单肯定或否定的不足。但是这种方法的局限性在于，它有时很难用简明易懂的语言来描述内部的细节，因而有时文字表述显得比较冗赘，不利于为有效的内部控制分析和评价提供依据。

3. 流程图

流程图是用符号和图形来表示被审计单位经济业务和凭证在组织内部有序流动的图表。它是运用图解的方法说明各项经济业务处理的控制状况，需列出业务处理程序的性质和相互联系、先后顺序、职责划分、凭证和文件的编制、接收部门或人员、会计记录和会计档案的种类及存放地点等。流程图所表示的经济业务处理程序或经济活动顺序，通常是由左到右、自上而下来安排。采用流程图这种方法，每类主要的经济业务均应绘制流程图，如销货业务内部控制流程图、采购业务系统流程图，以及现金收入、现金支出、存货与销售成本、生产、工资、债权、债务等方面的内部控制流程图。编制流程图的技术要点如下：

(1) 预先规定流程图符号各自所代表的含义和使用方法，并力求规范化。充分了解业务程序，标明经济业务处理过程中各有关部门的名称，以明确其控制责任。

(2) 各业务环节尽量用直线连接（始点和终点除外），以表明凭证传递程序和业务处理方向，做到简明清晰。

(3) 当流程图中的各有关业务环节存在勾稽关系时，要用明确的符号或文字加以简要的说明，以利于合并各业务环节的流程图，形成整个组织的内部控制流程图。

(4) 注明各种单据、凭证、账簿、报表的名称和份数，以及有关账表凭证的最后归档、保管和存放情况。

(5) 附加必要的图解注释。流程图内的符号代表不同的账表凭证或单据，如果某些控制措施难以用图例表示，应附加一定的注释或文字说明，便于有关人员正确理解流程图所揭示的内部控制情况。

流程图非常有用，它提供了被审计单位的内部控制制度概况，是审计人员评价内部控制制度的有力工具。编制较好的流程图，有助于审计人员明确了解内部控制制度如何运行，从而识别内部控制的薄弱环节或不足之处。与内部控制问卷和文字说明书相比较，流程图的最大优点是便于表明内部控制的特征，能够清晰地描述各主要业务环节程序和内部控制措施，而且便于修改。如果审计人员担任连续审计，在以后的内部控制检查中修改有关流程图，只要增加或减少符号和更新线条就可以了。

但是流程图也有它的局限性。首先，编制流程图需要具备较熟练的技术并花费较多的时间。其次，有些内部控制的弱点难以明确地表示出来。

二、内部控制测试

（一）控制测试的含义

控制测试指的是测试控制运行的有效性，这一概念需要与“了解内部控制”进行区分。“了解内部控制”包含两层含义：一是评价控制的设计；二是确定控制是否得到执行。测试控制运行的有效性与确定控制是否得到执行所需获取的审计证据是不同的。

首先，在实施风险评估程序以获取控制是否得到执行的审计证据时，审计人员应当确定某项控制是否存在，被审计单位是否正在使用。

其次，在测试控制运行的有效性时，审计人员应当从下列方面获取关于控制是否有效运行的审计证据：一是控制在审计期间的不同时点是如何运行的；二是控制是否得到一贯执行；三是控制由谁执行；四是控制以何种方式运行（如人工控制或自动化控制）。从这四个方面来看，控制运行有效性强调的是控制能够在各个不同时点按照既定设计得以一贯执行。因此，在了解控制是否得到执行时，审计人员只需抽取少量的交易进行检查或观察某几个时点。但在测试控制运行的有效性时，审计人员需要抽取足够数量的交易进行检查或对多个不同时点进行观察。

测试控制运行的有效性与确定控制是否得到执行所需获取的审计证据虽然存在差异，但两者也有联系。为评价控制设计和确定控制是否得到执行而实施的某些风险评估程序并非专为控制测试而设计，但可能提供有关控制运行有效性的审计证据，审计人员可以考虑在评价控制设计和获取其得到执行的审计证据的同时测试控制运行的有效性，以提高审计效率；同时审计人员应当考虑这些审计证据是否足以实现控制测试的目的。

（二）控制测试的要求

控制测试并非在任何情况下都需要实施，当存在下列情形之一时，审计人员应当实施控制测试：

（1）在评估认定层次重大错报风险时，预期控制的运行是有效的；

（2）仅实施实质性程序不足以提供认定层次充分、适当的审计证据。

如果在评估认定层次重大错报风险时，预期控制的运行是有效的，审计人员应当实施控制测试，就控制在相关期间或时点的运行有效性获取充分、适当的审计证据。

审计人员通过实施风险评估程序，可能发现某项控制的设计是存在的，也是合理的，同时得到了执行。在这种情况下，出于成本效益的考虑，审计人员可能预期，如果相关控制在不同时点都得到了一贯执行，与该项控制有关的财务报表认定发生重大错报的可能性就不会很大，也就不需要实施很多的实质性程序。因此，审计人员可能会认为值得对相关控制在不同时点是否得到了一贯执行进行测试，即实施控制测试。这种测试主要是出于成本效益的考虑，其前提是审计人员通过了解内部控制以后，认为某项控制存在着被信赖和利用的可能。因此，只有认为控制设计合理、能够防止或发现和纠正认定层次的重大错报，审计人员才有必要对控制运行的有效性实施测试。

审计人员如果认为仅实施实质性程序获取的审计证据无法将认定层次重大错报风险降至可接受的低水平，应当实施相关的控制测试，以获取控制运行有效性的审计证据。例如，在被审计单位对日常交易或与财务报表相关的其他数据（包括信息的生成、记录、处理、报告）采用高度自动化处理的情况下，审计证据可能仅以电子形式存在，此时审计证据是否充分和适当通常取决于自动化信息系统相关控制的有效性。如果信息的生成、记录、处理和报告均通过电子格式进行而没有适当实施有效的控制，则生成不正确信息或信息被不恰当修改的可能性就会大大增加。在认为仅通过实施实质性程序不能获取充分、适当的审计证据的情况下，审计人员必须实施控制测试，且这种测试已经不再是单纯出于成本效益的考虑，而是必须获取的一类审计证据。

此外需要说明的是，被审计单位在所审计期间内可能由于技术更新或组织管理变更而更换了信息系统，从而导致在不同时期使用了不同的控制。《中国注册会计师审计准则第1231号——针对评估的重大错报风险实施的程序》第29条第4款规定，如果被审计单位在所审计期间内的不同时期使用了不同的控制，注册会计师应当考虑不同时期控制运行的有效性。

（三）控制测试的程序

控制测试的程序是控制测试所使用的审计程序的类型及组合。计划从控制测试中获取的保证水平是决定控制测试程序的主要因素之一。审计人员应当选择适当类型的审计程序以获取有关控制运行有效性的保证。计划的保证水平越高，对有关控制运行有效性的审计证据的可靠性要求就越高。当拟实施的进一步审计程序主要以控制测试为主，尤其是仅实施实质性程序获取的审计证据无法将认定层次重大错报风险降至可接受的低水平时，审计人员应当获取有关控制运行有效性的更高的保证水平。

虽然控制测试与了解内部控制的目的不同，但两者采用审计程序的类型通常相同。控制测试包括询问、观察、检查和重新执行。此外，控制测试的程序还包括穿行测试。

1. 询问

审计人员可以向被审计单位相关员工询问，以获取与内部控制运行情况相关的信息。例如，询问信息系统管理人员有无未经授权接触计算机硬件和软件的情况；向负责复核银行存款余额调节表的人员询问如何进行复核，包括复核的要点是什么，发现不符事项如何处理等。然而，仅仅通过询问不能为控制运行的有效性提供充分的证据，审计人员通常需要印证被询问者的答复，如向其他人员询问和检查执行控制时所使用的报告、手册或其他文件等。因此，虽然询问是一种有用的手段，但它必须和其他测试手段结合使用才能发挥作用。在询问过程中，审计人员应当保持职业怀疑态度。

2. 观察

观察是测试不留下书面记录的控制（如职责分离）的运行情况的有效方法。例如，观察存货盘点控制的执行情况。观察也可运用于实物控制，如查看仓库门是否锁好，或空白支票是否妥善保管等。通常情况下，审计人员通过观察直接获取的证据比间接获取的证据更可靠。但是，审计人员还要考虑其所观察到的控制在其不在场时可能未被执行的情况。

3. 检查

对运行情况留有书面证据的控制，检查非常适用。书面说明、复核时留下的记号，或其他记录在偏差报告中的标志都可以被当做控制运行情况的证据。例如，检查销售发票是否有复核人员签字，检查销售发票是否附有客户订购单和出库单等。

4. 重新执行

通常只有当询问、观察和检查程序结合在一起仍无法获得充分的证据时，审计人员才考虑通过重新执行来证实控制是否有效运行。例如，为了合理保证计价认定的准确性，被审计单位的一项控制是由复核人员核对销售发票上的价格与统一价格单上的价格是否一致。但是，要检查复核人员有没有认真执行核对，仅仅检查复核人员是否在相关文件上签字是不够的，审计人员还需要自己选取一部分销售发票进行核对，这就是重新执行程序。但是，如果需要进行大量的重新执行，审计人员就要考虑通过实施控制测试以缩小实质性程序的范围是否有效率。

5. 穿行测试

除了上述四类控制测试常用的审计程序以外，实施穿行测试也是一种重要的审计程序。值得注意的是，穿行测试不是单独的一种程序，而是将多种程序按特定审计需要进行结合运用的方法。穿行测试是通过追踪交易在财务报告信息系统中的处理过程，来证实审计人员对控制的了解、评价控制设计的有效性以及确定控制是否得到执行。可见，穿行测试更多地在了解内部控制时运用。但在执行穿行测试时，审计人员可能会获取部分控制运行有效性的审计证据。

询问本身并不足以测试控制运行的有效性，审计人员应当将询问与其他审计程序结合使用，以获取有关控制运行有效性的审计证据。另外，观察提供的证据仅限于观察发生的时点，本身也不足以测试控制运行的有效性；将询问与观察重新执行结合使用，通常能够比仅实施询问和观察获取更高的保证。

（四）控制测试的时间

控制测试的时间包含两层含义：一是何时实施控制测试；二是测试所针对的控制适用

的时点或期间。如果测试特定时点的控制，审计人员仅得到该时点控制运行有效性的审计证据；如果测试某一期间的控制，审计人员可获取控制在该期间有效运行的审计证据。因此，审计人员应当根据控制测试的目的确定控制测试的时间，并确定拟信赖的相关控制的时点或期间。

审计人员可根据控制测试的目的确定控制测试的时间，如果仅需要测试控制在特定时点的运行有效性（如对被审计单位期末存货盘点进行控制测试），审计人员只需要获取该时点的审计证据。如果需要获取控制在某一期间有效运行的审计证据，仅获取与时点相关的审计证据是不充分的，审计人员应当辅以其他控制测试，包括测试被审计单位对控制的监督。

三、控制风险的评价

审计人员完成了内部控制制度调查，并实施了内部控制测试之后，应对内部控制重新评价。此项评价实质上就是最终评价控制风险。审计人员只有在最终评价控制风险后，才能确定将要执行的实质性测试程序的性质、时间和范围。

控制风险评价是审计人员对被审计单位内部控制能否有效地防止或者发现和更正会计报表中的重要错误所进行的一种判断与估计。我们将评价控制风险所得到的结果称为“控制风险估计水平”。审计人员评价控制风险时，应合理运用职业判断。对控制风险的评价，实际上就是审计人员将内部控制要素中的相关控制程序和政策的有效性同某项认定中存在的重要错报风险之间的内在关联情况进行判断的过程。

内部控制风险水平通常可以划分为高、中、低三个等级，分别代表内部控制制度未能发现或防止重大差错的可能性大于40%、10%至40%之间，以及低于10%。在评价内部控制风险的过程中，如果审计人员不打算依赖被审计单位的内部控制制度，则意味着内部控制风险已达到了极限水平，为此审计人员应实施充分的数据实质性测试。如果审计人员决定依赖内部控制制度，则必须进行内部控制测试，并根据测试结果评价内部控制风险水平，进而确定数据实质性测试的范围和重点。

内部控制制度的评价结果，相对于控制风险的评价水平，一般可以划分为以下三种类型：

（1）高信赖程度，是指内部控制制度健全，并且均能有效地发挥预期的控制功效，经济业务的会计记录发生差错的可能性很小。因此，审计人员可以较多地依赖、利用内部控制制度，相应减少数据实质性测试的数量和范围。

（2）中等信赖程度，是指内部控制较为良好，但存在一定的缺陷或薄弱环节，有可能影响会计记录的真实性和可靠性。审计人员应当考虑扩大实质性测试的范围，或者增大抽样样本的容量，以及适当增加数据实质性测试的数量。

（3）低信赖程度，是指重要的内部控制明显失效，大部分经济业务和会计记录失控，各项资料和数据经常出错，从而导致对内部控制无法信赖和利用。在这种情况下，审计人员应当扩大对经济业务和会计记录及财务报表项目的数据实质性测试的数量和范围，以获得足够的审计证据，据以提出适当的审计报告。如果情况比较严重，也可以取消审计约定。

第四节 评估重大错报风险

一、识别和评估财务报表层次和认定层次的重大错报风险

(一) 识别和评估重大错报风险的程序

1. 在了解被审计单位及其环境的过程中识别风险，并考虑各类交易、账户余额、列报

审计人员应当运用各项风险评估程序，在了解被审计单位及其环境的整个过程中识别风险，并将识别的风险与各类交易、账户余额和列报相联系。例如，被审计单位因相关环境法规的实施需要更新设备，可能面临原有设备闲置或贬值的风险；宏观经济的低迷可能预示应收账款的回收存在问题；竞争者开发的新产品上市，可能导致被审计单位的主要产品在短期内过时，预示将出现存货跌价和长期资产（如固定资产等）的减值。

2. 将识别的风险与认定层次可能发生错报的领域相联系

审计人员应当将识别的风险与认定层次可能发生错报的领域相联系。例如，销售困难使产品的市场价格下降，可能导致年末存货成本高于其可变现净值而需要计提存货跌价准备，这显示存货的计价认定可能发生错报。

3. 考虑识别的风险是否重大

风险是否重大是指风险造成后果的严重程度。仍以上面的销售困难使产品的市场价格下降为例，除考虑产品市场价格下降因素外，审计人员还应当考虑产品市场价格下降的幅度、该产品在被审计单位产品中的比重等，以确定识别的风险对财务报表的影响是否重大。假如产品市场价格大幅下降，导致产品销售收入不能补偿成本，毛利率为负，那么年末存货跌价问题严重，存货计价认定发生错报的风险重大；假如价格下降的产品在被审计单位销售收入中所占比例很小，被审计单位其他产品销售毛利率很高，尽管该产品的毛利率为负，但可能不会使年末存货发生重大跌价问题。

4. 考虑识别的风险导致财务报表发生重大错报的可能性

审计人员还需要考虑上述识别的风险是否会导致财务报表发生重大错报。例如，考虑存货的账面余额是否重大，是否已适当计提存货跌价准备等。在某些情况下，尽管识别的风险重大，但仍不至于导致财务报表发生重大错报。例如，期末财务报表中存货的余额较低，尽管识别的风险重大，但不至于导致存货的计价认定发生重大错报。又如，被审计单位对于存货跌价准备的计提实施了比较有效的内部控制，管理层已根据存货的可变现净值，计提了相应的跌价准备。在这种情况下，财务报表发生重大错报的可能性将相应降低。

审计人员应当利用实施风险评估程序获取的信息，包括在评价控制设计和确定其是否得到执行时获取的审计证据，作为支持风险评估结果的审计证据。审计人员应当根据风险评估结果，确定实施进一步审计程序的性质、时间和范围。

（二）可能表明被审计单位存在重大错报风险的事项和情况

审计人员应当关注下列可能表明被审计单位存在重大错报风险的事项和情况：

(1) 在经济不稳定的国家或地区开展业务；

(2) 在高度波动的市场开展业务；

(3) 在严厉、复杂的监管环境中开展业务；

(4) 持续经营和资产流动性出现问题，包括重要客户流失；

(5) 融资能力受到限制；

(6) 行业环境发生变化；

(7) 供应链发生变化；

(8) 开发新产品或提供新服务，或进入新的业务领域；

(9) 开辟新的经营场所；

(10) 发生重大收购、重组或其他非经常性事项；

(11) 拟出售分支机构或业务分部；

(12) 复杂的联营或合资；

(13) 运用表外融资、特殊目的实体以及其他复杂的融资协议；

(14) 重大的关联方交易；

(15) 缺乏具备胜任能力的会计人员；

(16) 关键人员变动；

(17) 内部控制薄弱；

(18) 信息技术战略与经营战略不协调；

(19) 信息技术环境发生变化；

(20) 安装新的与财务报告有关的重大信息技术系统；

(21) 经营活动或财务报告受到监管机构的调查；

(22) 以往存在重大错报或本期期末出现重大会计调整；

(23) 发生重大的非常规交易；

(24) 按照管理层特定意图记录的交易；

(25) 应用新颁布的会计准则或相关会计制度；

(26) 会计计量过程复杂；

(27) 事项或交易在计量时存在重大不确定性；

(28) 存在未决诉讼和或有负债。

审计人员应当充分关注可能表明被审计单位存在重大错报风险的上述事项和情况，并考虑由于上述事项和情况导致的风险是否重大，以及该风险导致财务报表发生重大错报的可能性。

（三）两个层次的重大错报风险

在对重大错报风险进行识别和评估后，审计人员应当确定，识别的重大错报风险是与特定的某类交易、账户余额、列报的认定相关，还是与财务报表整体广泛相关，进而影响多项认定。

某些重大错报风险可能与特定的某类交易、账户余额、列报的认定相关。例如，被审计单位存在复杂的联营或合资，这一事项表明“长期股权投资”账户的认定可能存在重大错报风险。又如，被审计单位存在重大的关联方交易，该事项表明关联方及关联方交易的披露认定可能存在重大错报风险。

某些重大错报风险可能与财务报表整体广泛相关，进而影响多项认定。例如，在经济不稳定的国家和地区开展业务、资产的流动性出现问题、重要客户流失、融资能力受到限制等，可能导致审计人员对被审计单位的持续经营能力产生重大疑虑。又如，管理层缺乏诚信或承受异常的压力可能引发舞弊风险，这些风险与财务报表整体相关。

（四）控制环境对评估财务报表层次重大错报风险的影响

财务报表层次的重大错报风险很可能源于薄弱的控制环境。薄弱的控制环境带来的风险可能对财务报表产生广泛影响，难以限于某类交易、账户余额、列报，审计人员应当采取总体应对措施。

例如，被审计单位治理层、管理层对内部控制的重要性缺乏认识，没有建立必要的制度和程序；管理层经营理念偏于激进，又缺乏实现激进目标的人力资源等。这些缺陷源于薄弱的控制环境，可能对财务报表产生广泛影响，需要审计人员采取总体应对措施。

（五）控制对评估认定层次重大错报风险的影响

在评估重大错报风险时，审计人员应当将所了解的控制与特定认定相联系。这是由于控制有助于防止或发现并纠正认定层次的重大错报。在评估重大错报发生的可能性时，除了考虑可能的风险外，还要考虑控制对风险的抵消和遏制作用。有效的控制会减少错报发生的可能性，而控制不当或缺乏控制，错报就会由可能变成现实。

控制可能与某一认定直接相关，也可能与某一认定间接相关。控制与认定的关系越间接，控制在防止或发现并纠正认定层次的错报的作用就越小。例如，销售经理对分地区的销售网点的销售情况进行复核，与销售收入完整性的认定只是间接相关。相应地，该项控制在降低销售收入完整性认定中的错报风险方面的效果，要比与该认定直接相关的控制（如将发货单与开具的销售发票相核对）的效果差。

审计人员可能识别出有助于防止或发现并纠正特定认定发生重大错报的控制。在确定这些控制是否能够实现上述目标时，审计人员应当将控制活动和其他要素综合考虑。如将销售和收款的控制置于其所在的流程和系统中考虑，以确定其能否实现控制目标。因为单个的控制活动（如将发货单与销售发票相核对）本身并不足以控制重大错报风险，只有多种控制活动和内部控制的其他要素综合作用才足以控制重大错报风险。

当然，也有某些控制活动可能专门针对某类交易或账户余额的个别认定。例如，被审计单位建立的、以确保盘点工作人员能够正确地盘点和记录存货的控制活动，直接与存货账户余额的存在性和完整性认定相关。审计人员只需要对盘点过程和程序进行了解，就可以确定控制是否能够实现目标。

审计人员应当考虑对识别的各类交易、账户余额和列报认定层次的重大错报风险予以汇总和评估，以确定进一步审计程序的性质、时间和范围。表7—2 给出了评估认定层次重大错报风险汇总表示例。

表 7—2　　评估认定层次的重大错报风险汇总表

重大账户	认定	识别的重大错报风险	风险评估结果
列示重大账户。例如，应收账款	列示相关的认定。例如，存在、完整性、计价或分摊等	汇总实施审计程序识别出的与该重大账户的某项认定相关的重大错报风险	评估该项认定的重大错报风险水平（应考虑控制设计是否合理，是否得到执行）

注：审计人员也可以在该表中记录针对评估的认定层次重大错报风险而制定的相应的审计方案。

（六）考虑财务报表的可审计性

审计人员在了解被审计单位内部控制后，可能对被审计单位财务报表的可审计性产生怀疑。例如，对被审计单位会计记录的可靠性和状况的担心可能会使审计人员认为将很难获取充分、适当的审计证据，以支持对财务报表发表意见。再如，管理层严重缺乏诚信，审计人员认为管理层在财务报表中作出虚假陈述的风险高到无法进行审计的程度。因此，如果通过对内部控制的了解发现下列情况，并对财务报表局部或整体的可审计性产生疑问，审计人员应当考虑出具保留意见或无法表示意见的审计报告：

（1）被审计单位会计记录的状况和可靠性存在重大问题，不能获取充分、适当的审计证据以发表无保留意见。

（2）对管理层的诚信存在严重疑虑。必要时，审计人员应当考虑解除业务约定。

二、需要特别考虑的重大错报风险

（一）特别风险的含义

特别风险是指那些需要特别考虑的重大错报风险。作为风险评估的一部分，审计人员应当运用职业判断，确定识别的风险哪些是需要特别考虑的重大错报风险（以下简称特别风险）。

（二）确定特别风险时应考虑的事项

在确定哪些风险是特别风险时，审计人员应当在考虑识别出的控制对相关风险的抵消效果前，根据风险的性质、潜在错报的重要程度（包括该风险是否可能导致多项错报）和发生的可能性，判断风险是否属于特别风险。

在确定风险的性质时，审计人员应当考虑下列事项：

（1）风险是否属于舞弊风险；

（2）风险是否与近期经济环境、会计处理方法和其他方面的重大变化有关；

（3）交易的复杂程度；

（4）风险是否涉及重大的关联方交易；

（5）财务信息计量的主观程度，特别是对不确定事项的计量存在较大区间；

（6）风险是否涉及异常或超出正常经营过程的重大交易。

（三）非常规交易和判断事项导致的特别风险

日常的、不复杂的、经正规处理的交易不太可能产生特别风险，特别风险通常与重大的非常规交易和判断事项有关。

非常规交易是指由于金额或性质异常而不经常发生的交易。例如，企业并购、债务重组、重大或有事项等。由于非常规交易具有下列特征，与重大非常规交易相关的特别风险可能导致更高的重大错报风险：

（1）管理层更多地介入会计处理。

（2）数据收集和处理涉及更多的人工成分。

（3）复杂的计算或会计处理方法。

（4）非常规交易的性质可能使被审计单位难以对由此产生的特别风险实施有效控制。

判断事项通常包括作出的会计估计。如资产减值准备金额的估计、需要运用复杂估值技术确定的公允价值计量等。由于下列原因，与重大判断事项相关的特别风险可能导致更高的重大错报风险：其一，对涉及会计估计、收入确认等方面的会计原则存在不同的理解；其二，所要求的判断可能是主观的和复杂的，或需要对未来事项作出假设。

（四）考虑与特别风险相关的控制

了解与特别风险相关的控制，有助于审计人员制定有效的审计方案予以应对。对特别风险，审计人员应当评价相关控制的设计情况，并确定其是否已经得到执行。由于与重大非常规交易或判断事项相关的风险很少受到日常控制的约束，审计人员应当了解被审计单位是否针对该特别风险设计和实施了控制。

例如，作出会计估计所依据的假设是否由管理层或专家进行复核，是否建立作出会计估计的正规程序，重大会计估计结果是否由治理层批准等。再如，管理层在收到重大诉讼事项的通知时采取的措施，包括这类事项是否提交适当的专家（如内部或外部的法律顾问）处理、是否对该事项的潜在影响作出评估、是否确定该事项在财务报表中的披露问题以及如何确定等。

如果管理层未能实施控制以恰当应对特别风险，审计人员应当视为内部控制存在重大缺陷，并考虑其对风险评估的影响。在此情况下，审计人员应当考虑就此类事项与管理层沟通。

本章小结

本章介绍了内部控制的含义、作用；内部控制的构成要素；内部控制测试的程序和方法，重大错报风险评估程序与方法。

复习题

1. 简述内部控制的产生和发展。

2. 简述内部控制的主要内容。

3. 简述内部控制测试的程序与方法。

4. 简述评估重大错报风险的程序。

第八章　审计证据与审计工作底稿

【本章要点】

◇ 审计证据的含义、特征
◇ 审计证据的分类
◇ 审计证据获取的途径
◇ 审计工作底稿的含义
◇ 审计工作底稿的编制、复核
◇ 审计工作底稿的归档和保管

【本章引言】

审计证据是审计人员对审计事项得出审计结论、发表审计意见的前提，因此，审计证据的获取是审计工作的核心内容。审计工作底稿是审计证据的集中与记录，是审计人员提出审计意见的直接依据。

第一节　审计证据

一、审计证据的含义及特征

（一）审计证据的含义

审计证据是审计人员在审计过程中执行程序、运用审计方法取得的，用以证明被审计项目真实性、合法性、公允性、有效性的凭据资料。审计证据是审计人员形成审计意见和审计结论的基础；审计证据是控制审计工作质量的重要工具，可以用来考核审计人员业务能力和工作效率。此外，审计证据也是追究和解除被审计人员经济责任和法律责任的客观依据。鉴于审计证据具有上述几个方面的重要作用，审计人员在审计工作中必须充分重视审计证据的收集、鉴定、综合与评价。

（二）审计证据的证明力

审计证据应当具有证明被审计事项的能力，这种能力称为审计证据的证明力。审计证据的证明力越强，质量越高。审计证据的证明力按其形成过程，可分为三个阶段，即潜在证明力、现实证明力和充分证明力。

审计人员最初收集到的审计证据只有潜在的证明力，此时审计证据对被审计事项证明只是一种可能，因为审计证据本身是否真实、可靠尚未经过鉴定，其证明力还不能确定。审计人员必须对取得的审计证据的证明力进行鉴定，以确定其是否有用。经过审计人员的鉴定和判断，确定其有用，能够对被审计事项予以证实，审计证据便具有了现实证明力。然而对于复杂的被审计事项，审计人员必须对与之相关的各种证据进行归纳、分析和整理，把具有现实证明力的审计证据有机地结合起来，以使其形成充分的证明力。将取得审计证据的潜在证明力转化为现实证明力，再转化为充分证明力的过程，是审计人员对被审计事项由感性到理性、由现象到本质的认识过程。这就要求审计人员在取证过程中，必须对所取得的审计证据进行鉴定、判断、分析、综合与评价，进而对被审计事项作出客观公正的审计结论。

（三）审计证据的特征

1. 审计证据的充分性

审计证据的充分性又称为足够性，是指审计证据的数量能足以支持审计人员的审计意见。因此审计证据的充分性是审计人员形成审计意见所需审计证据的最低数量要求。

在审计实务中，判断已经获取的审计证据是否充分要考虑以下因素：

（1）被审计项目的审计风险；

（2）具体审计项目的重要性；

（3）审计人员的审计经验水平；

（4）审计过程中是否发现问题；

（5）审计证据获取的方式、途径等因素。

一般地说，审计证据获取的数量与审计风险、审计项目的重要性、审计中已发现的问题成正比；与审计人员的经验成反比。另外，若能从独立的第三者处获取审计证据，则其数量可少一些，否则数量要多一些。

2. 审计证据的适当性

审计证据的适当性包括审计证据的相关性和可靠性。

（1）审计证据的相关性。审计证据的相关性是指审计证据应与具体的、欲实现的审计目标相关联，审计人员只能利用与审计目标相关联的审计证据来证明和否定被审计单位所认定的事项。例如，存货盘点结果只能证明存货是否存在，是否有毁损及短缺，而不能证明存货的计价和所有权的情况。因此，审计人员在获取审计证据时，要考虑所获取的证据是否描述或说明了被审计事项的某方面认定。

（2）审计证据的可靠性。审计证据的可靠性是指审计证据应能如实地反映被审计事项的客观事实。审计证据的可靠性主要受其来源的影响，不同来源的审计证据的可靠程度通常是不同的。在审计实务中，可依照以下标准来判断：

1）以书面文件为原始形式的书面证据，比经由审计人员口头询问而得来的口头证据可靠。

2）取自被审计单位以外的第三者的外部证据，比取自被审计单位内部的证据可靠；已获第三者认可的内部证据，比未获第三者确认的内部证据可靠。

3）审计人员自行获得的证据，比由被审计单位提供的证据可靠。

4）被审计单位内部控制较好时所提供的内部证据，比其内部控制较差时所提供的内部证据可靠。

5）同一被审计事项的不同来源或不同性质的审计证据相互印证时，审计证据较可靠；反之，若审计证据相互矛盾，则审计人员就需进一步审计。

另外，越及时的证据越可靠，客观证据比主观证据可靠。

二、审计证据的分类

审计证据可以按照不同的分类标准进行分类，以便从各个不同的侧面认识审计证据的特征。审计证据一般可进行下述分类。

（一）按审计证据的形式分类

审计证据按其形式可分为实物证据、书面证据、口头证据和环境证据。

1. 实物证据

实物证据是指通过实地观测或清点取得的用以证明实物资产是否存在的证据，如经查验确实存在的存货就是实物证据。实物证据具有很强的证明力，但是在收集实物证据时，应注意其本身所固有的局限性。

首先，实物证据仅适用于部分资产项目，即以实物形态存在的有形资产。而有些资产项目，如应收账款、长期投资、无形资产等，无法获得实物证据。

其次，即使通过实地观测和清点实物，有时也很难证明实物证据是否真实、可靠。如实地观测可以确定固定资产是否确实存在，但不能确定固定资产所有权的归属，有些房屋、建筑物、机器设备可能是抵押或租入的，也可能已作为抵押财产了。再如，企业根据销售合同已经售出但尚未运交购买者的产品，企业受托加工的材料等，仅仅通过实地盘点还无法确定其是否属于企业的存货。

2. 书面证据

书面证据是审计人员获取的以书面形式存在的审计证据。例如，企业的账、表、凭证等会计记录；支票、销货发票存根、验收报告、内部凭证等来自被审计单位内部并为被审计单位持有的书面证据；银行对账单、购货发票、纳税通知单、应收票据、有关契约、合同等来自被审计单位外部，但为被审计单位持有的书面证据；应收账款函证、银行存款函证、律师事务所关于财产所有权的证明等来自被审计单位外部，直接送交审计人员的书面证据。此外，审计人员根据实际需要还可以自行编制书面证据，包括各种计算表、分析表等，主要用于测定并验证被审计单位的计算是否准确、是否合理。

审计人员要评价上述各种书面证据的可靠性，首先应考虑所评价的书面文件证据是否易于涂改和伪造；其次应考虑书面文件资料或证据的来源。一般来说，来自被审计单位外部直接送交审计人员的书面证据，其可靠性最高；来自被审计单位内部，但为被审计单位外部组织接受并认可的书面证据，其可靠性也比较高。

3. 口头证据

口头证据是指被审计单位有关人员根据审计人员提出的问题所作的口头答复或叙述。在一般情况下，口头证据本身并不足以证明被审计事项的真实情况，但审计人员可以从中发现一些重要线索，有助于进一步做深入细致的调查，从而找出其他更为重要的可靠证据。

4. 环境证据

环境证据是指对被审计单位产生影响的各种环境事实。例如，被审计单位的内部控制制度，尤其是内部会计控制制度；被审计企业所处的外部环境、经营条件、发展趋势等。环境证据有助于审计人员了解有关被审计事项所处的环境，为进一步确定审查的范围和重点提供依据。事实上，若有较强的内部控制系统作为审计证据，则可以适当减少其他审计证据的数量，相应缩小审计范围；反之，则应增加其他审计证据的数量，并适当追加审计程序和扩大审计范围。

按审计证据形式分类，可使审计人员了解审计证据的构成形式，以及各种形式审计证据所具有的特点，从而根据实际工作中的审计目标和审计内容，获得适当的审计证据。

（二）按审计证据的来源分类

审计证据按其来源可分为内部证据和外部证据。

1. 内部证据

内部证据是指审计人员在被审计单位内部取得的证据。如会计账簿、报表、凭证等会计记录；销货发票、购货订单、仓库验收清单等企业内部凭证以及企业内部人员的陈述等。

2. 外部证据

外部证据是指审计人员从被审计单位以外的有关单位所取得的证据。它通常分为外部人员陈述和外来凭证两类。外部人员陈述是指被审计单位以外的第三者对其与被审计单位的经济关系所陈述的情况或表明的意见。外来凭证是指从外单位取得的有关凭证，如购货发票、银行对账单、进口商品检验单、海关完税证明等。

按审计证据来源进行的分类，有利于审计人员根据取证的需要，确定适当的来源和相应的取证方法。

（三）按审计证据的功能分类

按审计证据的功能可分为直接证据和间接证据。

1. 直接证据

直接证据是指对被审计事项具有直接证明功能的审计证据。例如，通过函询取得的应收账款函证材料、存货的实地盘存记录等都是直接证据。一般情况下，实物证据和书面证据大多是直接证据。直接证据是从经济活动本身的记录中取得的，因此，直接证据比间接证据的证明力强。

2. 间接证据

间接证据是指对被审计事项具有间接证明功能的审计证据。口头证据和环境证据都属于间接证据。例如，某企业销售业务内部控制制度不健全，则有可能导致销售环节存在问题，但这只是间接证据。为了确定该企业销售环节是否存在问题，还必须进一步获取有关证明销售业务的直接证据，如企业为购货单位开具的发货票等。

此外，还可以从若干不同角度对审计证据进行其他分类。如按审计证据所提供的逻辑证明类型可分为正面证据和反面证据；按收集审计证据的技术可分为观察证据、询问证据、询证证据等；按审计证据和具体认定事项的相关性可分为证明存在或发生、所有权、完整性、估计或分摊、表达与披露等的证据。

三、审计证据获取的程序、方法

在审计实施过程中，审计人员收集的审计证据种类繁多，各种审计证据所具有的证明力不同、审计证据的外在形式不同，其取得程序、方法也各不相同。主要有如下几种获取审计证据的方法。

（一）盘存验证资产实物

对大多数有形资产进行实质性测试时，盘存法是切实可行的。例如，对库存现金、存货、固定资产以及有价证券（国库券、股票、公司债券等）都可以采用这种取证方法。

（二）现场观察或重新执行某一程序

对于某些资产（如存货、固定资产），通过对被审计单位经济活动的现场观察可以取得重要的审计证据。对于某些内部控制（如职务分离控制等），可通过直接观察来核实、验证。在实质性测试中，由审计人员重新执行某一程序，通常是检查、验证被审计单位执行该程序准确性最可靠的审计证据。例如，验证财务报表中产品销售税金项目的准确性时，可根据产品销售收入和相应的税率重新复核计算。

（三）调查询证

审计人员在实施审计过程中发现某些被审计事项情况不明时，可采用查询法向当事人或有关单位及人员进行调查询证（包括面询和函询）。由于询证函的书面答复材料是经过回函者谨慎考虑作出的，因此与口头答复相比是一种更为可靠的取证形式。函证是审计实务中应用较为广泛的审计技术，而且可以用较低的成本获取可靠的审计证据。值得注意的是，当询证对象的信誉或独立性等有疑问时，在一定程度上会影响通过询证获取的审计证据的可靠性。如果询证对象对被询问的信息资料不能充分予以理解，则询证结果的可靠性也要受到影响。

（四）审阅凭证、账簿、报表等有关会计记录

审阅凭证可以证实某项经济业务是否确实已经发生，被审计单位是否确系该项交易中的一方，该项经济业务的会计记录是否正确等。审计人员通过审阅会计账簿和财务报表，特别是对财务报表的审阅分析，可以找出需要进一步审查的重要项目，以便采用相应的审计程序取得有关审计证据，确定问题的性质。采用审阅会计记录这种取证方法获得审计证据时，要考虑下列影响其可靠性的因素：

（1）审阅者的专业胜任能力、经验和审阅时的仔细程度。如果一个审计人员专业胜任能力较差、经验不足、工作态度不认真，其获取的审计证据的质量不会好。

（2）对被审计单位经济业务和内部控制制度的了解和熟悉程度。对内部控制不了解、

不熟悉往往难以合理确定被审阅凭证的数量。

（3）会计记录中异常情况的可辨性。在会计记录中异常情况可辨性较差的情况下，获取审计证据的难度会增加。

（五）重新计算

重新计算是审计人员对记录或文件中的数据计算的准确性进行核对。如重新计算销售发票和存货总金额、加总日记账和明细账、重核折旧费等。

（六）分析程序

分析程序是审计人员通过研究不同财务数据之间以及财务数据与非财务数据之间的内在关系，对财务信息作出评价。

四、审计证据的鉴定、综合与评价

（一）审计证据的鉴定与综合

如前所述，审计人员最初收集到的审计证据只具有潜在的证明力，必须经过分析、鉴定，才能确定其是否具有现实证明力。审计人员在对审计证据进行鉴定时，主要应判断审计证据的相关性、可靠性和充分性。为了使分散的、个别的审计证据有机地结合起来，形成具有充分证明力的审计证据，还必须对经过鉴定的审计证据进行综合，使各种审计证据能够相互印证，以利于形成正确的审计意见，作出客观公正的审计结论。例如，在对存货的审计过程中，要收集、鉴定、综合能够实现存货项目具体审计目标的各种证据，包括证明其存在性的证据、所有权的证据、计价的证据、完整性的证据等，才能对存货得出正确的审计结论。

综合审计证据有许多不同的审计技术和方法，将新的审计证据同有关信息相联系是在审计过程中要不断应用的审计技术，审计人员应将所获得的每一种新的审计证据和所了解到的其他有关信息相联系，对其一致的地方进行适当的记录，对其不一致的地方应做进一步的调查。

（二）审计证据的评价

审计人员在评价审计证据时，应将重点放在对审计证据的充分性和适当性的评价方面，同时还要考虑审计证据的相关性。恰当的审计证据评价要求审计人员对审计证据作出某种假设，据此进行观察，并作出正确的审计结论。审计证据的综合评价，要求假设合理、观察准确、结论合乎逻辑。

1. 评价假设的合理性

审计理论是以一定的假设为基础的，审计人员对收集的审计证据的评价也要作出一定的假设。例如，审计人员在查证被审计单位财务报表中的应收账款时，通常一旦被审计单位的客户在直接邮寄给审计人员的应收账款询证函上签了字，就表示该客户已同意询证函上所列的应收账款数额。正是从这一假设出发，审计人员经过调查、询证，才能确定被审计单位应收账款数额是正确的，并据以作出资产负债表上的应收账款数额是按照会计准则公允表述的这一审计结论。评价审计证据的假设通常来自审计经验或惯例，审计人员根据审计经验或惯例，对收集到的证据作出合理的假设，并通过进一步的调查、核实确定问题的性质，进而作出正确的审计结论。由此可见，审计证据评价假设的合理性直接制约了审计结论的可靠性。

2. 评价观察的准确性

准确的评价是审计人员评价审计证据的重要环节。假设合理并不意味着结论或评价恰当，这就需要审计人员在合理假设下进行准确的观察。审计人员观察的准确性取决于审计人员的观察能力、客观的工作态度和应有的职业谨慎等要素。

（1）观察能力。这是审计人员的一种专业胜任能力，观察失误的一个最明显的原因是缺乏专业知识和实际工作经验。因而审计人员的胜任能力是对审计证据作出恰当评价的一个最基本的前提条件。

（2）客观的工作态度。审计人员必须具有客观的工作态度，对其审查的事实不应附带任何个人偏见，以利于作出客观公正的审计结论。例如，在审查应收账款的真实性时，不能一味听任被审计单位有关负责人的口头陈述，对数额较大的应收账款必须向有关单位进行函证，并据以作出财务报表中应收账款数额是否公允表述的结论。如果审计人员在审查中发现有偏差，则应追加相关的审计程序，适当扩大审计范围，否则将会导致审计结论的失误。

（3）应有的职业谨慎。审计人员在实施审计过程中，往往面临着未能发现被审计单位财务报表、有关账簿及会计凭证等会计记录中存在重大错弊的检查风险。形成这种风险的主要因素包括：被审计单位内部控制薄弱；资产流动性较强或其所有权难以确定；财务状况不佳；管理当局不可信赖以及经济业务非常复杂等。这就要求审计人员始终保持应有的职业谨慎，否则将影响审计结论的正确性。

（三）获取审计证据的成本

审计人员在收集审计证据时，必须考虑获取证据的成本费用，特别是在获取审计证据有若干可供选择的方法和程序时，更应充分考虑成本费用方面的因素。这意味着审计人员在获取审计证据时，不应一味追求可靠性最高的审计证据，而应对审计证据的充分性、相关性、可靠性及经济性作出全面考虑。如果审计人员无法获取充分适当的审计证据，或者审计证据的取得成本过高，可根据实际情况发表保留意见。当然，如果被审计事项非常重要，即使取得有关审计证据需要支付较多的成本费用，审计人员也要尽可能获取有力的审计证据，以确保审计结论正确、可靠。

第二节　审计工作底稿

一、审计工作底稿的含义、分类与作用

（一）审计工作底稿的含义

审计工作底稿是指审计人员在执行审计业务过程中形成的审计工作记录和获取的资

料。其内容包括审计人员在制定和实施审计计划时直接编制的、用来反映其审计思路和审计过程的工作记录；审计人员从被审计单位或其他有关部门取得的、用作审计证据的各种原始资料；审计人员接受并审阅他人代为编制的审计记录。审计工作底稿是审计人员形成审计结论、发表审计意见的直接依据。审计工作底稿可以以纸质、电子或其他介质形式存在。

（二）审计工作底稿的分类

根据审计工作底稿的性质和作用，可将其分为综合类工作底稿、业务类工作底稿和备查类工作底稿三类。

综合类工作底稿是指审计人员在审计计划和审计报告阶段，为规划、控制和总结整个审计工作，并发表审计意见所形成的审计工作底稿。该类工作底稿主要包括审计业务约定书、审计计划、审计报告、审计总结，以及审计调整分录汇总表等综合性的审计工作记录。

业务类工作底稿是指审计人员在审计实施阶段执行具体审计程序所编制和取得的工作底稿。该类工作底稿主要包括审计人员在执行预备调查、符合性测试和实质性测试等审计程序时所形成的工作底稿。

备查类工作底稿是指审计人员在审计过程中形成或取得的、对审计工作仅具有备查作用的审计工作底稿。该类工作底稿主要包括与审计约定事项有关的重要法律性文件、重要会议记录与纪要、重要经济合同与协议、企业营业执照、公司章程等原始资料的副本或复印件。

（三）审计工作底稿的作用

审计工作底稿的作用主要表现在以下几个方面：

（1）审计工作底稿是联结整个审计工作的纽带。审计项目小组一般由多人组成，项目小组内要进行合理的分工。不同的审计程序、不同会计账项的审计往往由不同人员执行。而最终形成审计结论和发表审计意见时，则主要针对被审计单位会计报表的整体进行。因此，必须把不同审计人员的工作有机地联系起来、综合起来，才能形成对整体会计报表的审计意见，而这种联系必须借助审计工作底稿。

（2）审计工作底稿是审计人员形成审计结论、发表审计意见的直接依据。审计结论和审计意见是根据审计人员获取的各种审计证据以及审计人员一系列专业判断形成的。而审计人员所收集到的审计证据和所作的专业判断，都完整地记载于审计工作底稿中。因此，审计工作底稿是审计人员得出审计结论、提出审计意见的直接依据。

（3）审计工作底稿是评价或考核审计人员审计责任履行情况、专业能力与工作业绩的依据。审计人员依照审计准则实施了必要的审计程序，方能说明其履行了自己的职责。审计人员专业能力的大小、工作业绩的好坏，主要体现在对审计程序的选择、执行和有关的专业判断上，而审计人员是否实施了必要的审计程序、审计程序的选择是否合理、专业判断是否准确都必须通过审计工作底稿来体现和衡量。

（4）审计工作底稿为审计质量控制与质量检查提供了可能。进行审计质量控制，主要是指导和监督审计人员选择实施审计程序，编制审计工作底稿，并对审计工作底稿进行严格复核。有关部门、单位依法进行的审计质量检查，也主要是对审计工作底稿的检查。因此，没有审计工作底稿，审计质量的控制与检查就无法进行。

（5）审计工作底稿对未来的审计业务具有参考和备查价值。审计业务有一定的连续性，同一被审计单位前后年度的审计业务具有众多联系或共同点。因此，当年的审计工作底稿对以后年度审计业务具有很大的参考和备查作用。

二、审计工作底稿的编制

（一）审计工作底稿的基本要素

根据《中国注册会计师审计准则第 1131 号——审计工作底稿》的规定，注册会计师审计实务中编制的业务类工作底稿一般包括下列基本要素：

（1）审计项目名称；

（2）被审计单位名称；

（3）审计项目时点或期间；

（4）审计过程记录；

（5）审计标识及其说明；

（6）审计结论；

（7）索引号及页次；

（8）编制者姓名及编制日期；

（9）复核者姓名及复核日期；

（10）其他应说明事项。

（二）审计工作底稿的基本结构

编制审计工作底稿的目的主要有两个方面：一是提供充分、适当的记录，作为编制审计报告的基础；二是提供证据，证明审计人员按照审计准则的规定执行了审计工作。编制审计工作底稿的上述目的决定了审计工作底稿的基本结构如下：

（1）被审计单位的未审情况，包括被审计单位的内部控制情况，尚未审计的有关会计账项的发生额及期末余额。

（2）审计过程的记录，包括审计人员实施的审计测试性质、审计测试项目、抽取的样本及检查的重要凭证、审计标识及其说明、审计调整及重分类事项等。

（3）审计人员的审计结论，包括审计人员对被审计单位内部控制情况的研究与评价结果、经审定的有关会计账项的本期发生额及期末余额。

（三）审计工作底稿编制的基本要求

审计工作底稿的形成方式有编制与获取两种，对审计工作底稿的基本要求亦针对这两方面提出。另外，在编制审计工作底稿时，还要注意确定审计工作底稿格式、内容时应考虑的因素。

1. 编制审计工作底稿的基本要求

审计人员在编制审计工作底稿时，应当做到内容完整、格式规范、标识一致、记录清晰、结论明确。以便其他有关人员在复核、检查或使用审计工作底稿时，能够理解审计工作底稿的内容。

2. 获取审计工作底稿的基本要求

审计人员可直接从被审计单位或其他有关单位取得审计工作底稿，也可以要求被审计单位有关人员代为编制有关会计账项的明细或汇总底稿；要求被审计单位提供有关事项的声明；从被审计单位取得的有关法律性文件、合同与章程；从与被审计单位有往来关系的对方单位获取的往来款项询证函；要求被审计单位提供其编制的存货盘点清单等。对于上述审计资料，审计人员必须做到：

（1）注明资料来源；

（2）实施必要的审计程序，如将有关法律性文件的复印件同原件核对一致；

（3）形成相应的审计记录，审计人员在审阅或核对后，应形成相应的文字记录并签名方能形成审计工作底稿。

3. 确定审计工作底稿格式、内容时应考虑的因素

审计工作底稿的繁简程度与以下基本因素相关：

（1）实施审计程序的性质；

（2）已识别的重大错报风险；

（3）在执行审计工作和评价审计结果时需要作出判断的范围；

（4）已获取审计证据的重要程度；

（5）已识别的例如事项的性质和范围；

（6）当从已执行审计工作或获取审计证据的记录中不易确定结论或结论的基础时，记录结论或结论的基础的必要性；

（7）使用的审计方法和工具。

审计人员形成审计工作底稿时，应有索引编号及顺序编号。同时，相关的审计工作底稿之间，应保持清晰的勾稽关系，相互引用时，应注明交叉索引编号。

（四）常用的审计工作底稿组成

审计业务类型不同、被审计单位的经济性质不同，就会出现不同类型的审计工作底稿。就一般年度会计报表审计业务而言，常用的审计工作底稿主要包括：

（1）与被审计单位设立有关的法律性资料，如企业设立批准证书、营业执照、合同、协议、章程等文件或变更文件的复印件；

（2）与被审计单位组织机构及管理层人员结构有关的资料；

（3）重要的法律文件、合同、协议和会议记录的摘录或副本；

（4）被审计单位内部控制的相关研究与评价记录；

（5）审计业务约定书；

（6）被审计单位的未审计会计报表及其差异调整表；

（7）总体审计策略、审计计划；

（8）实施具体审计程序的记录和资料；

（9）与被审计单位、其他审计人员、专家和其他有关人员的会谈记录、往来函件；

（10）被审计单位管理当局声明书；

（11）审计报告、管理建议书底稿及副本；

（12）审计约定事项完成后的工作总结；

（13）其他与完成审计约定事项有关的资料，包括有关报刊对被审计单位的宣传介绍、被审计单位所编制的企业简介或企业形象设计等资料。

三、审计工作底稿的复核与归档

（一）审计工作底稿复核的作用

审计机构或会计师事务所应结合本单位实际情况制定出实用有效的审计工作底稿复核制度。所谓审计工作底稿复核制度，就是审计机构或会计师事务所对有关复核人级别、复核程序与要点、复核人职责等所作出的规定。

审计工作底稿复核的作用主要体现在以下三个方面：

（1）减少或消除人为的审计误差，从而降低审计风险、提高审计质量；

（2）及时发现和解决审计过程中出现的问题，保证审计计划顺利执行，并能够不断地协调审计进度、节约审计时间、提高审计效率；

（3）便于上级管理人员对审计人员进行审计质量监控和工作业绩考评。

（二）审计工作底稿的复核要点

复核人员的复核应考虑以下几个方面：

（1）工作是否已按照法律法规、职业道德规范和业务准则的规定执行；

（2）重大项目是否已提请进一步考虑；

（3）相关事项是否已进行适当咨询，由此形成的结论是否记录和执行；

（4）是否需要修改已执行工作的性质、时间和范围；

（5）已执行的工作是否支持形成的结论，并得以适当记录；

（6）获取的证据是否充分、适当；

（7）业务程序的目标是否实现。

（三）审计工作底稿复核的基本要求

复核是审计人员进行审计项目质量控制的一项重要程序，有严格和明确的规定。一般说来，复核时应做好下面几项工作：

（1）做好复核记录，对审计工作底稿中存在的问题和疑点要明确指出，并以文字形式记录于审计工作底稿中；

（2）复核人签名和签署日期，这样有利于划清审计责任，也有利于上级复核人对下级复核人的监督；

（3）书面表示复核意见；

（4）督促编制人及时修改、完善审计工作底稿。

（四）审计工作底稿复核的层次

审计工作底稿编制完毕后，需要经过各级审计复核人的复核。审计工作底稿的复核可以划分为以下几个层次：

（1）主审对助理人员编制的审计工作底稿进行复核。主审对助理审计人员所编制的审计工作底稿的复核工作应该是较为详细的，主要包括核实每一重要审计程序及其各有关助理审计人员的执行情况，核查其采用的审计方法是否适当，所作出的审计结论是否客观、公正，表达是否清楚，审计工作底稿应包括的重要内容是否有遗漏，是否按照工作底稿的编制要求加以编制，提出的审计意见是否正确、适当等。

（2）项目负责人对经主审复核后的审计工作底稿进行复核。项目负责人的复核工作，通常应该在审计工作接近结束时实施。项目负责人在复核审计工作底稿时，应对各有关审计人员所编制的工作底稿进行综合分析，在此基础上还要对审计人员在审计过程中是否遵守国家法律、法规、政策和制度等有关规定进行严格的检查，防止可能出现的漏洞和偏差。项目负责人复核后，应对审计工作底稿作出综合结论。

（3）审计部门业务负责人（如主任会计师）对审计工作底稿进行最终复核。审计部门业务负责人应在审计业务即将完成之时对所有审计工作底稿进行原则性复核。主要检查审计人员是否遵循审计部门制定的内部控制制度，审计过程中是否执行了适当的审计程序，审计工作中有无重大遗漏或疏忽，审计证据是否充分、适当，与所作出的审计结论和提出的审计意见是否相一致等。

（五）审计工作底稿的归档和保管

1. 审计工作底稿的归档

审计工作底稿形成后，审计人员应按照一定的标准予以归档。归档时，可以按照审计循环或会计报表项目以及审计工作底稿的使用期限长短先行分类，再编上相应标识号和页次后，分别存档。**审计工作底稿经过分类整理、汇集归档后，就形成了审计档案。审计档案是审计机构审计工作的重要历史资料，应当妥善管理。**《中国注册会计师审计准则第1131号——审计工作底稿》规定，注册会计师的审计工作底稿归档期限是审计报告日后60天内。如果注册会计师未能完成审计业务，审计工作底稿的归档期限是审计业务中止后的60天内。

2. 审计档案的分类

审计档案按其使用期限的长短和作用大小可以分为永久性档案和当期档案。

（1）永久性档案是指由那些记录内容相对稳定，具有长期使用价值，并对以后审计工作具有重要影响和直接作用的审计工作底稿所组成的审计档案。永久性档案主要由综合类工作底稿和备查类工作底稿组成。在这些工作底稿中，有些记录内容十分重要，如审计报告书副本等；有些记录内容则是可供以后年度审计直接使用，如重要的法律性文件、合同及协议等。因此，应把它们归入永久性档案管理。

（2）当期档案又称一般档案，是指由那些记录内容在各年度经常发生变化，只供当期审计使用和下期审计参考的审计工作底稿所组成的审计档案。一般档案主要由业务类工作底稿组成，诸如符合性测试工作底稿、具体会计账项实质性测试的工作底稿等。这些工作底稿所记录的内容，在各年度是不同的，因此，它们主要供当期审计使用。

3. 审计档案的所有权与保管

审计工作底稿是审计人员对其执行的审计工作所做的完整记录。从一般意义上讲，审计档案的所有权应属于执行该项业务的审计人员。但是，在我国，注册会计师不能独立于会计师事务所承揽审计业务，审计业务必须以会计师事务所的名义承接。因此，我国现行的独立审计准则规定审计档案的所有权属于承接该项业务的会计师事务所。

会计师事务所应当制定审计档案保管制度，对审计档案妥善管理，以保证审计档案的安全、完整。对于审计档案，会计师事务所应当自审计报告签发之日起，至少保存10年。

如果注册会计师未能完成审计业务，会计师事务所应当自审计业务中止日起，将审计工作底稿至少保存10年。

对于最低保存年限届满的审计档案，会计师事务所可以决定将其销毁。但在销毁之前，应当按规定履行必要的手续，对将要销毁的审计档案做最后一次检查，然后报主任会计师一一批准。销毁时，有关人员应进行现场监督或检查，以保证被销毁的审计档案彻底销毁干净。

（六）审计工作底稿的保密与调阅

会计师事务所应建立严格的审计工作底稿保密制度，并落实专人管理。除下列情况外，会计师事务所不得对外泄露审计档案中涉及的商业秘密及有关内容：

（1）取得客户授权；

（2）根据法律法规的规定，会计师事务所为法律诉讼准备文件或提供证据，以及向监管机构报告发现的违反法规行为；

（3）接受注册会计师协会和监管机构依法进行的质量检查；

（4）不同会计师事务所的注册会计师，因审计工作需要并经委托人同意，可以查阅审计档案。

拥有审计工作底稿的会计师事务所应当对合规的查阅者提供适当的协助，并根据有关审计工作底稿的性质和内容决定是否允许其复印或摘录其中的有关内容。审计工作底稿中的内容被查阅者引用后，因为查阅者的误用而造成的后果，与拥有审计工作底稿的会计师事务所无关。

本章小结

本章介绍了审计证据的含义、分类，审计证据的获取途径、评价方法，审计工作底稿的含义、分类，审计工作底稿的编制、复核及归档与保管。

复习题

1. 简述审计证据的含义、特征及分类。
2. 如何取得审计证据？
3. 简要说明审计工作底稿的编制和复核方法。

第九章　审计报告与管理建议书

【本章要点】

◇ 审计报告的意义、种类

◇ 审计报告的内容

◇ 简式审计报告的基本类型

◇ 审计报告的编写步骤

◇ 管理建议书的意义及内容

【本章引言】

审计报告是审计意见的载体，是审计人员向审计信息的使用者提供审计信息的形式，是审计成果的最终体现。管理建议书是审计人员对被审计单位内部控制制度发表意见的载体。本章介绍了审计报告和管理建议书的编制方法。

第一节　审计报告

一、审计报告的意义及种类

（一）审计报告的意义

审计报告是审计人员在审计工作结束时发表审计意见、作出审计评价的一种书面文件。审计人员在广泛地了解被审计单位情况的基础上，按照审计的目的要求，运用必要的审计程序和方法获取审计证据。当审计人员确信对被审计单位的经济活动情况已有了深刻的认识，对被审计单位存在的问题及问题产生的原因已经基本掌握时，审计人员就可着手撰写审计报告。

审计报告在审计工作中具有十分重要的意义。提出审计报告是审计规范的要求、审计准则的规定。审计工作结束时审计人员必须提出审计报告。审计报告是将所有重大审计情况和结果加以归纳、整理、记述的书面文件，也是审计工作区别于其他检查、评价活动的重要标志之一。审计报告具有法律效力，审计人员通过审计报告发表审计意见，体现审计价值。离开了审计报告这一载体，审计意见就无法存在。审计报告是审计人员明确自身责任履行情况的手段，审计人员只有提出审计报告，将审计的结果和取得的确凿证据以适当的形式系统地、明确地归纳记述，才能满足交办或委托单位的要求。审计报告也是有关政府管理机构、业务主管部门提高工作效率，以及进行决策的重要参考文件。

（二）审计报告的种类

从不同角度按不同标准对审计报告分类，可以了解各类审计报告的特点，加深对审计报告的认识。审计报告按内容划分，可分为财政财务审计报告、财经法纪审计报告和经济效益审计报告；按照审计工作范围和性质划分，可分为标准审计报告、一般审计报告和特殊审计报告；按照使用目的划分，可分为公布目的的审计报告和非公布目的的审计报告；按审计报告的详细程度或格式划分，可分为简式审计报告和详式审计报告。在审计实践中，较常用的是简式审计报告和详式审计报告，本章着重说明这两类审计报告。

二、简式审计报告

（一）简式审计报告的内容

尽管不同类别的审计其审计报告的内容与格式存在一定差异，但其基本内容是相同的。根据我国注册会计师审计准则的有关规定，简式审计报告应当包括下列基本内容：

（1）标题。在我国，简式审计报告的标题统一规定为“审计报告”。

（2）收件人。审计报告的收件人一般是指审计业务的委托人。审计报告应当载明收件人的全称，如“××股份有限公司全体股东”、“××有限责任公司董事会”等。

（3）引言段。审计报告的引言段应当说明被审计单位的名称和财务报表已经过审计，并包括下列内容：1）指出被审计单位的名称；2）说明财务报表已经审计；3）指出构成整套财务报表的每一财务报表的名称；4）提及财务报表附注，包括重要会计政策概要和其他解释性信息；5）指明构成整套财务报表的每一财务报表的日期或涵盖的期间。

（4）管理层对财务报表的责任段。管理层对财务报表的责任段应当说明，编制财务报表是管理层的责任，这种责任包括：1）按照适用的财务报表编制基础编制财务报表，并使其实现公允反映；2）设计、执行和维护必要的内部控制，以使财务报表不存在由于舞弊或错误导致的重大错报。

（5）审计人员的责任段。审计人员的责任段应当说明下列内容：1）注册会计师的责任是在执行审计工作的基础上对财务报表发表审计意见。2）注册会计师按照中国注册会计师审计准则的规定执行了审计工作。中国注册会计师审计准则要求注册会计师遵守中国注册会计师职业道德守则，计划和执行审计工作以对财务报表是否不存在重大错报获取合理保证。3）审计工作涉及实施审计程序，以获取有关财务报表金额和披露的审计证据。选择的审计程序取决于注册会计师的判断，包括对由于舞弊或错误导致的财务报表重大错报风险的评估。在进行风险评估时，注册会计师考虑与财务报表编制和公允列报相关的内部控制，以设计恰当的审计程序，但目的并非是对内部控制的有效性发表意见。审计工作还包括评价管理层选用会计政策的恰当性和作出会计估计的合理性，以及评价财务报表的总体列报。4）注册会计师相信获取的审计证据是充分、适当的，为其发表审计意见提供了基础。

（6）审计意见段。审计报告应当包含标题为“审计意见”的段落。如果对财务报表发表无保留意见，除非法律法规另有规定，审计意见应当使用“财务报表在所有重大方面按照［适用的财务报告编制基础（如企业会计准则等）］编制，公允反映了……”的措辞。如果注册会计师出具非无保留意见的审计报告，则应在审计意见段后增加强调事项段或其他事项段，说明导致注册会计师出具非无保留意见的审计报告的理由，以及这些事项对会计报表的影响程度。

（7）签章和标明会计师事务所地址。审计报告应由审计人员（注册会计师）签名、盖章，加盖会计师事务所公章，并标明会计师事务所的地址。

（8）报告日期。出具审计报告的日期不应早于注册会计师获取充分、适当的审计证据，并在此基础上对财务报表形成审计意见的日期。

在确定审计报告日期时，注册会计师应当确信已获取下列两方面的审计证据：

1）构成整套财务报表的所有报表（包括相关附注）已编制完成；

2）被审计单位的董事会、管理层或类似机构已经认可其对财务报表负责。

（二）简式审计报告的基本类型

注册会计师应当就财务报表是否在所有重大方面按照适用的财务报告编制基础编制并实现公允反映形成审计意见。依据审计意见类型，审计报告可分为标准审计报告和非标准审计报告。

标准审计报告，是指不含有说明段、强调事项段、其他事项段或其他任何修饰性用语的无保留意见的审计报告。包含其他报告责任段，但不含有强调事项段或其他事项段的无保留意见的审计报告也被视为标准审计报告。非标准审计报告，是指带强调事项段或其他事项段的无保留意见的审计报告和非无保留意见的审计报告。

注册会计师应当依据适用的财务报告编制基础特别评价下列内容：

（1）财务报表是否充分披露了选择和运用的重要会计政策；

（2）选择和运用的会计政策是否符合适用的财务报告编制基础，并适合被审计单位的具体情况；

（3）管理层作出的会计估计是否合理；

（4）财务报表列报的信息是否具有相关性、可靠性、可比性和可理解性；

（5）财务报表是否作出充分披露，使财务报表预期使用者能够理解重大交易和事项对财务报表所传递的信息的影响；

（6）财务报表使用的术语（包括每一财务报表的标题）是否适当。

1. 标准审计报告

如果认为财务报表在所有重大方面按照适用的财务报告编制基础编制并实现公允反映，注册会计师应当发表无保留意见。标准的无保留意见审计报告的格式和内容见范例9—1。

【范例 9—1】

审计报告

ABC 股份有限公司全体股东：

我们审计了后附的 ABC 股份有限公司（以下简称 ABC 公司）财务报表，包括 20×1 年12 月 31 日的资产负债表，20×1 年度的利润表、股东权益变动表和现金流量表以及财务报表附注。

一、管理层对财务报表的责任

编制和公允列报财务报表是 ABC 公司管理层的责任，这种责任包括：（1）按照企业会计准则的规定编制财务报表，并使其实现公允反映；（2）设计、执行和维护必要的内部控制，以使财务报表不存在由于舞弊或错误导致的重大错报。

二、注册会计师的责任

我们的责任是在执行审计工作的基础上对财务报表发表审计意见。我们按照中国注册会计师审计准则的规定执行了审计工作。中国注册会计师审计准则要求我们遵守职业道德守则，计划和执行审计工作以对财务报表是否不存在重大错报获取合理保证。

审计工作涉及实施审计程序，以获取有关财务报表金额和披露的审计证据。选择的审计程序取决于注册会计师的判断，包括对由于舞弊或错误导致的财务报表重大错报风险的评估。在进行风险评估时，注册会计师考虑与财务报表编制和公允列报相关的内部控制，以设计恰当的审计程序，但目的并非对内部控制的有效性发表意见。审计工作还包括评价管理层选用会计政策的恰当性和作出会计估计的合理性，以及评价财务报表的总体列报。

我们相信，我们获取的审计证据是充分、适当的，为发表审计意见提供了基础。

三、审计意见

我们认为，ABC 公司财务报表在所有重大方面按照企业会计准则的规定编制，公允反映了 ABC 公司 20×1 年 12 月 31 日的财务状况以及 20×1 年度的经营成果和现金流量。

××会计师事务所　　　　　　　　　　中国注册会计师：×××
（盖章）　　　　　　　　　　　　　　（签名并盖章）
　　　　　　　　　　　　　　　　　　中国注册会计师：×××
　　　　　　　　　　　　　　　　　　（签名并盖章）
中国××市　　　　　　　　　　　　　二〇×二年×月×日

2. 非标准审计报告

如果存在下列情形之一，注册会计师应当按照《中国注册会计师审计准则第 1502 号——在审计报告中发表非无保留意见》的规定，在审计报告中发表非无保留意见：

第一，根据获取的审计证据，得出财务报表整体存在重大错报的结论；

第二，无法获取充分、适当的审计证据，不能得出财务报表整体不存在重大错报的结论。

（1）带强调事项段的无保留意见审计报告。

当注册会计师出具无保留意见审计报告时，如果根据职业判断认为有必要在审计报告中增加强调事项段或其他事项段，通过明确提供补充信息的方式，提醒财务报表使用者关注下列事项：

1）尽管已在财务报表中恰当列报或披露，但对财务报表使用者理解财务报表至关重要的事项；

2）未在财务报表中列报或披露，但与财务报表使用者理解审计工作、注册会计师的责任或审计报告相关的其他事项。

如果认为有必要提醒财务报表使用者关注已在财务报表中列报或披露，且根据职业判断认为对财务报表使用者理解财务报表至关重要的事项，注册会计师在已获取充分、适当的审计证据证明该事项在财务报表中不存在重大错报的条件下，应当在审计报告中增加强调事项段。强调事项段是指审计报告中的一个段落，该段落提及已在财务报表中恰当列报或披露的事项，根据注册会计师的职业判断，该事项对财务报表使用者理解财务报表至关重要。

如果在审计报告中增加强调事项段，注册会计师应当采取下列措施：

1）将强调事项段紧接在审计意见段之后；

2）使用“强调事项”或其他适当标题；

3）明确提及被强调事项以及相关披露的位置，以便能够在财务报表中找到对该事项的详细描述；

4）指出审计意见没有因该强调事项而改变。

带强调事项段的无保留意见审计报告的格式和内容见范例 9—2。

【范例 9—2】

审计报告

ABC 股份有限公司全体股东：

我们审计了后附的 ABC 股份有限公司（以下简称 ABC 公司）财务报表，包括20×1年 12 月 31 日的资产负债表，20×1 年度的利润表、股东权益变动表和现金流量表以及财务报表附注。

一、管理层对财务报表的责任

编制和公允列报财务报表是 ABC 公司管理层的责任，这种责任包括：（1）按照企业会计准则的规定编制财务报表，并使其实现公允反映；（2）设计、执行和维护必要的内部控制，以使财务报表不存在由于舞弊或错误导致的重大错报。

二、注册会计师的责任

我们的责任是在执行审计工作的基础上对财务报表发表审计意见。我们按照中国注册会计师审计准则的规定执行了审计工作。中国注册会计师审计准则要求我们遵守职业道德守则，计划和执行审计工作以对财务报表是否不存在重大错报获取合理保证。

审计工作涉及实施审计程序，以获取有关财务报表金额和披露的审计证据。选择的审计程序取决于注册会计师的判断，包括对由于舞弊或错误导致的财务报表重大错报风险的评估。在进行风险评估时，注册会计师考虑与财务报表编制和公允列报相关的内部控制，以设计恰当的审计程序，但目的并非对内部控制的有效性发表意见。审计工作还包括评价管理层选用会计政策的恰当性和作出会计估计的合理性，以及评价财务报表的总体列报。

我们相信，我们获取的审计证据是充分、适当的，为发表审计意见提供了基础。

三、审计意见

我们认为，ABC公司财务报表在所有重大方面按照企业会计准则的规定编制，公允反映了ABC公司20×1年12月31日的财务状况以及20×1年度的经营成果和现金流量。

四、强调事项

我们提醒财务报表使用者关注，如会计报表附注中×所示，ABC公司在20×1年发生亏损×万元，在20×1年12月31日，流动负债高于资产总额×万元。ABC公司已在财务报表附注×中充分披露了拟采取的改善措施，但其持续经营能力仍然存在重大不确定性。本段内容不影响已发表的审计意见。

××会计师事务所　　　　　　　　　　　　中国注册会计师：×××

（盖章）　　　　　　　　　　　　　　　　　（签名并盖章）

　　　　　　　　　　　　　　　　　　　　中国注册会计师：×××

　　　　　　　　　　　　　　　　　　　　　（签名并盖章）

中国××市　　　　　　　　　　　　　　　二〇×二年×月×日

（2）保留意见审计报告。

当存在下列情形之一时，注册会计师应当发表保留意见：

1）在获取充分、适当的审计证据后，注册会计师认为错报单独或汇总起来对财务报表影响重大，但不具有广泛性；

2）注册会计师无法获取充分、适当的审计证据以作为形成审计意见的基础，但认为未发现的错报（如存在）对财务报表可能产生的影响重大，但不具有广泛性。

保留意见审计报告的格式和内容见范例9—3。

【范例9—3】

审计报告

ABC股份有限公司全体股东：

我们审计了后附的ABC股份有限公司（以下简称ABC公司）财务报表，包括20×1年12月31日的资产负债表，20×1年度的利润表、股东权益变动表和现金流量表以及财务报表附注。

一、管理层对财务报表的责任

编制和公允列报财务报表是ABC公司管理层的责任，这种责任包括：（1）按照企业会计准则的规定编制财务报表，并使其实现公允反映；（2）设计、执行和维护必要的内部控制，以使财务报表不存在由于舞弊或错误导致的重大错报。

二、注册会计师的责任

我们的责任是在执行审计工作的基础上对财务报表发表审计意见。我们按照中国注册会计师审计准则的规定执行了审计工作。中国注册会计师审计准则要求我们遵守职业道德守则，计划和执行审计工作以对财务报表是否不存在重大错报获取合理保证。

审计工作涉及实施审计程序，以获取有关财务报表金额和披露的审计证据。选择的审计程序取决于注册会计师的判断，包括对由于舞弊或错误导致的财务报表重大错报风险的评估。在进行风险评估时，注册会计师考虑与财务报表编制和公允列报相关的内部控制，以设计恰当的审计程序，但目的并非对内部控制的有效性发表意见。审计工作还包括评价管理层选用会计政策的恰当性和作出会计估计的合理性，以及评价财务报表的总体列报。

我们相信，我们获取的审计证据是充分、适当的，为发表审计意见提供了基础。

三、导致保留意见的事项

ABC 公司 20×1 年 12 月 31 日的应收账款余额×万元，占资产总额的×%。由于 ABC 公司未能提供债务人地址，我们无法实施函证以及其他审计程序，以获取充分、适当的审计证据。

四、保留意见

我们认为，除了前段所述未能实施函证可能产生的影响外，ABC 公司财务报表已经按照企业会计准则和《××会计制度》的规定编制，在所有重大方面公允反映了 ABC 公司 20×1 年 12 月 31 日的财务状况以及 20×1 年度的经营成果和现金流量。

××会计师事务所　　　　中国注册会计师：×××
（盖章）　　　　（签名并盖章）
　　　　中国注册会计师：×××
　　　　（签名并盖章）
中国××市　　　　二〇×二年×月×日

（3）否定意见审计报告。

注册会计师在获取充分、适当的审计证据后，如果认为错报单独或汇总起来对财务报表的影响重大且具有广泛性，注册会计师应当发表否定意见。

否定意见审计报告的格式和内容见范例 9—4。

【范例 9—4】

审计报告

ABC 股份有限公司全体股东：

我们审计了后附的 ABC 股份有限公司（以下简称 ABC 公司）财务报表，包括20×1 年 12 月 31 日的资产负债表，20×1 年度的利润表、股东权益变动表和现金流量表以及财务报表附注。

一、管理层对财务报表的责任

编制和公允列报财务报表是 ABC 公司管理层的责任，这种责任包括：（1）按照企业会计准则的规定编制财务报表，并使其实现公允反映；（2）设计、执行和维护必要的内部控制，以使财务报表不存在由于舞弊或错误导致的重大错报。

二、注册会计师的责任

我们的责任是在执行审计工作的基础上对财务报表发表审计意见。我们按照中国注册会计师审计准则的规定执行了审计工作。中国注册会计师审计准则要求我们遵守职业道德守则，计划和执行审计工作以对财务报表是否不存在重大错报获取合理保证。

审计工作涉及实施审计程序，以获取有关财务报表金额和披露的审计证据。选择的审计程序取决于注册会计师的判断，包括对由于舞弊或错误导致的财务报表重大错报风险的评估。在进行风险评估时，注册会计师考虑与财务报表编制和公允列报相关的内部控制，以设计恰当的审计程序，但目的并非对内部控制的有效性发表意见。审计工作还包括评价管理层选用会计政策的恰当性和作出会计估计的合理性，以及评价财务报表的总体列报。

我们相信，我们获取的审计证据是充分、适当的，为发表审计意见提供了基础。

三、导致否定意见的事项

如财务报表附注×所述，ABC 公司的长期股权投资未按企业会计准则的规定采用权益法核算。如果按权益法核算，ABC 公司的长期投资的账面价值将减少×万元，净利润将减少×万元，从而导致 ABC 公司由盈利×万元变为亏损×万元。

四、否定意见

我们认为，由于受到前段所述事项的重大影响，ABC 公司财务报表没有按照企业会计准则和《××会计制度》的规定编制，未能在所有重大方面公允反映 ABC 公司20×1 年 12 月 31 日的财务状况以及 20×1 年度的经营成果和现金流量。

××会计师事务所　　　　　　　　　　　　中国注册会计师：×××

（盖章）　　　　　　　　　　　　　　　　（签名并盖章）

中国注册会计师：×××

（签名并盖章）

中国××市　　　　　　　　　　　　　　　二〇×二年×月×日

（4）无法表示意见审计报告。

注册会计师如果无法获取充分、适当的审计证据以作为形成审计意见的基础，但认为未发现的错报（如存在）对财务报表可能产生的影响重大且具有广泛性，注册会计师应当发表无法表示意见。此外，在极其特殊的情况下，可能存在多个不确定事项。尽管注册会计师对每个单独的不确定事项获取了充分、适当的审计证据，但由于不确定事项之间可能存在相互影响，以及可能对财务报表产生累积影响，注册会计师不可能对财务报表形成审计意见。在这种情况下，注册会计师应当发表无法表示意见。

当由于无法获取充分、适当的审计证据而发表无法表示意见时，注册会计师应当修改对注册会计师责任和审计范围的描述，并仅能作出如下说明："我们的责任是在按照中国注册会计师审计准则的规定执行审计工作的基础上对财务报表发表审计意见。但由于导致无法表示意见的事项段中所述的事项，我们无法获取充分、适当的审计证据以为发表审计意见提供基础。"

无法表示意见审计报告的格式和内容见范例 9—5。

【范例 9—5】

审计报告

ABC 股份有限公司全体股东：

我们审计了后附的 ABC 股份有限公司（以下简称 ABC 公司）财务报表，包括20×1 年 12 月 31 日的资产负债表，20×1 年度的利润表、股东权益变动表和现金流量表以及财务报表附注。

一、管理层对财务报表的责任

编制和公允列报财务报表是ABC公司管理层的责任，这种责任包括：（1）按照企业会计准则的规定编制财务报表，并使其实现公允反映；（2）设计、执行和维护必要的内部控制，以使财务报表不存在由于舞弊或错误导致的重大错报。

二、注册会计师的责任

我们的责任是在按照中国注册会计师审计准则的规定执行审计工作的基础上对财务报表发表审计意见。但由于导致无法表示意见的事项段中所述的事项，我们无法获取充分、适当的审计证据以为发表审计意见提供基础。

三、导致无法表示意见的事项

ABC公司未对20×1年12月31日的存货进行盘点，金额为×万元，占期末资产总额的40%。我们无法实施存货监盘，也无法实施替代审计程序，以对期末存货的数量和状况获取充分、适当的审计证据。

四、无法表示意见

由于上述事项使审计范围受到限制可能产生的影响非常重大和广泛，我们无法对ABC公司财务报表发表意见。

××会计师事务所　　　　　　　　　　　　　　中国注册会计师：×××
（盖章）　　　　　　　　　　　　　　　　　　　　（签名并盖章）
　　　　　　　　　　　　　　　　　　　　　　中国注册会计师：×××
　　　　　　　　　　　　　　　　　　　　　　　　（签名并盖章）
中国××市　　　　　　　　　　　　　　　　　　二〇×二年×月×日

三、详式审计报告

（一）详式审计报告的含义和特点

详式审计报告又称为长文式审计报告。详式审计报告文体较长，通常对被审计单位存在的所有重要问题的情况都要作详细说明和分析（包括总的情况和各项具体情况）。

（二）详式审计报告的种类和内容

详式审计报告没有规范的格式，一般根据被审计事项的具体情况而定。在国家审计机关实施的财务审计和经济效益审计中，常采用详式审计报告。下面简要说明这两种详式审计报告的主要内容。

1. 财务审计详式审计报告

财务审计详式审计报告的内容通常包括以下几个方面：

（1）审计范围、内容、方式、起讫、时间；

（2）被审计单位的基本情况，财政、财务隶属关系，财政、财务收支状况等；

（3）被审计单位对提供的会计资料的真实性、完整性的承诺情况；

（4）实施审计的有关情况，如与审计事项有关的事实，对被审计单位遵守国家规定的财政收支、财务收支情况的揭示，审计人员采取的审计方法和有关情况的说明等；

（5）审计评价意见，如对已审计的财政收支、财务收支相关资料的概括表述，对被审计单位应负的经济责任的评价；

(6) 对违反国家规定的财政收支、财务收支的定性，处理、处罚建议及其依据；

(7) 对被审计单位提出改进财政收支、财务收支管理的意见、建议。

财务审计详式审计报告的格式见范例 9—6。

【范例 9—6】

审计报告

××局领导：

根据我局 12 号文件的要求，我处于 20××年 2 月 10 日至 20 日对××公司进行了财务支出审计。我们抽查了 20××年 1 月份的支出明细账，核对了凭证，并向有关人员进行了询证。现将审计结果报告如下：

一、在审计中我们发现的问题

该公司制造费用比去年同期增加 15%，管理费用增加 120%。除了价格变动因素的影响外，以下事项影响较大：

1. 该公司以劳动保护的名义向员工发放非工作服装共计价值 292 000 元，计入制造费用的劳动保护费项目。

2. 公司交纳行业协会会费 8 000 元，计入管理费用的工会经费项目内。

3. 向××汽车厂支付轿车租用费 25 000 元，计入管理费用。

二、对上述问题审核结果的意见

我们认为：

1. 发放的非工作服装不属于劳动保护用品，不得计入制造费用。

2. 该公司交纳所属行业协会会费与企业经营活动没有直接关系，不应由管理费用开支。

3. 经查实该公司与××汽车厂订有五年租车合同，合同期满后所用租车归该公司所有，租金不能计入管理费用。

上述情况说明，该公司存在财务支出管理混乱，违反财务制度、财经纪律的违纪情况。

三、审计建议

该公司财务支出方面违纪严重，其内部审计人员曾指出这些违纪行为，但未受重视。对此应追究该公司领导责任。

××审计局工业审计处
二〇××年二月二十一日

2. 经济效益审计详式审计报告

由于经济效益审计的目的是为了改进管理，提高被审计单位的经济效益，审计报告往往要提出改进措施和建议，供被审计单位参考和采纳，因此，经济效益审计的报告更宜于采用详式审计报告的形式。

经济效益审计详式审计报告的内容主要包括：

(1) 基本评价。通常说明被审计单位的生产经营特点、生产经营的条件、主要经济指标的完成情况，并对被审计单位的经济效益状况进行分析、评价。

（2）主要经验。说明被审计单位提高经济效益的主要措施和办法，总结出提高经济效益的经验。

（3）存在问题。说明被审计单位还有哪些潜力没有被充分挖掘，提高经济效益的途径哪些还没有被开发，管理上还存在哪些漏洞，并进一步指出产生这些问题的主要原因。

（4）改进措施。根据存在的问题，提出各种提高经济效益的方案，并分析采用这些方案对被审计单位提高经济效益所带来的益处。

四、审计报告的编写要求

审计报告是审计人员用以表明审计意见、提出审计结论的书面文件，是审计工作的最终成果。它既是一种信息报告，又是一种证明文件。为便于审计报告使用者判断被审计单位的财务状况、经营成果及现金流量情况，发挥审计报告的作用，审计人员在编制审计报告时应符合下列基本要求：

（1）语言明确简练。审计报告是表达审计意见的书面文件。因此，编制审计报告时，文字必须明确、简练，易于理解，不能似是而非、模棱两可，以免引起报告阅读者和使用者的歧义或误解。

（2）证据确凿充分。审计报告是审计工作的最终成果，是对被审计事项所作出的结论。这种结论具有法律效力，必须有可靠、充分的证据支持。

（3）判断准确无误。审计报告是审计人员运用专业判断的结果，正确的判断是发表正确审计意见的前提。审计人员应该以应有的职业谨慎态度对各种审计证据作出合理的、准确的判断。

五、审计报告的编写步骤

审计报告通常由审计项目负责人编写。编写审计报告时，审计项目负责人应当仔细审核其他审计人员在审计过程中形成的审计工作底稿，确定审计证据是否充分、审计程序执行是否到位。一般说来，审计人员编制审计报告需要经过下述几个步骤。

（一）整理和分析审计工作底稿

在执行审计过程中，审计小组成员所收集、积累的记录审计证据和情况的审计工作底稿是分散的、不系统的。在编写审计报告时，审计小组的每位成员都要整理自己编制的审计工作底稿，详细列举查出的问题，并注意是否有遗漏的项目和内容。审计项目负责人应对全部审计工作底稿中的记录、证据和有关结论进行检查、复核和分析，并对审计小组成员在审计过程中是否严格遵循了审计准则的要求进行检查，进而全面汇总审计结果，作出初步的总体结论。

（二）提请被审计单位进行账项调整

在整理和分析审计工作底稿的基础上，向被审计单位通报审计情况、初步的审计结论和对会计事项及报表项目的调整意见，提请被审计单位予以调整。一般来说，对于被审计单位会计记录确认与计量上的错误，审计人员应提请被审计单位更正，并相应调整会计报表中的有关项目。对于被审计单位处理不当的期后事项和或有事项，审计人员应区别不同情况提请被审计单位调整会计报表，或在会计报表附注中予以披露，有时还需要审计人员在审计报告中加以说明。

（三）确定审计意见的类型和措辞

审计人员在了解被审计单位是否接受提出的调整意见、是否已经作了调整以后，可以确定审计意见的类型和措辞。在民间审计中，如果被审计单位会计报表已根据审计人员的调整意见作了调整，对其合法性、公允性和一贯性予以确认后，除必要说明外，审计报告不必将被审计单位已调整的事项再作说明。如果被审计单位不接受调整建议，审计人员应当根据需要调整事项的性质和重要程度，确定审计意见的类型和措辞。对于被审计单位资产负债表日与审计报告日之间发生的期后事项及其影响，除被审计单位已调整报表附注或予以说明之外，审计人员还应根据其性质和重要程度，确定是否在审计报告或其附件中进行说明。对于被审计单位截至审计报告日仍然存在的未确定事项，审计人员应根据其性质、重要程度和可预知的结果对会计报表反映的影响程度，确定是否在审计报告或其附件中进行说明。

（四）拟定审计报告提纲，编制和出具审计报告

审计人员在整理、分析审计工作底稿和提请被审计单位调整会计报表，并根据被审计单位会计报表调整情况确定审计意见的类别和措辞后，应拟定审计报告提纲，概括和汇总审计工作底稿所提供的资料。审计报告提纲必须在占有大量资料并对这些资料进行认真研究与分析的基础上，根据审计的内容和目的拟定。拟定的审计报告提纲，应当全面、有说服力。因此，在审计报告提纲中，既要总结和肯定成绩，又要列明发现的问题。对于查清的问题，既要正确定性并按不同的性质加以归纳，又要准确量化，并进行具体的数量表示。

审计报告提纲没有固定的格式，审计人员应根据审计报告的种类确定其结构与内容。审计报告一般由审计项目负责人编写，如由其他人员编写，则须经审计项目负责人复核、审查。民间审计的简式审计报告应按前述规定的审计意见类型、措辞和结构加以表达，便于审计报告使用人理解。审计报告完稿后，应经审计机构业务负责人的复核，并根据其修改意见修改定稿。如果审计证据不足以支持发表审计意见，则应要求有关审计人员追加审计程序，以确保审计证据的充分性与适当性，确保审计意见客观、公正和实事求是。审计报告经复核、修改定稿并完成签署后，正本报送委托人，副本归档留存。

第二节　管理建议书

一、管理建议书的意义

管理建议书是指审计人员在完成审计工作后，针对审计过程中已注意到的可能导致被审计单位财务报表产生重大错报的内部控制重大缺陷提出的书面建议。审计人员既可以接

受委托，对内部控制进行专门审核并提出管理建议，也可以在实施会计报表审计过程中，针对所发现的被审计单位内部控制重大缺陷，以管理建议书的形式提出改进建议。本节主要阐述后者。

现行审计准则要求，审计人员对审计过程中注意到的内部控制重大缺陷应当告知被审计单位管理当局，对审计过程中注意到的内部控制的一般问题，可以口头或以其他适当方式向被审计单位有关人员提出。必要时，审计人员可根据对被审计单位内部控制的观察、了解，运用其执业经验和职业判断，向被审计单位出具管理建议书，以期通过提出改进建议，帮助被审计单位完善内部控制，改进会计工作，提高经营管理水平。

提交管理建议书大多不作为审计业务约定的内容。就其性质而言，管理建议书既不是审计的委托事项，也不是承接会计咨询业务的报告。编制和出具管理建议书是审计人员的职业责任，是对被审计单位提供的一种服务。管理建议书不对外公布，一般只向被审计单位管理当局提供，其所提出的问题及改进建议不具有公证性和强制性，只是一种有价值的咨询意见。一方面，通过管理建议书，审计人员可以针对被审计单位内部控制的缺陷和弱点，提出改进的参考意见，从而促使被审计单位注意完善内部控制，加强经营管理，以防错弊的发生。另一方面，通过管理建议书，审计人员事先提出对被审计单位内部控制的改进建议，从而有助于把审计人员的法律责任减少到最低限度。可见，管理建议书对于被审计单位及其管理当局和审计机构及其审计人员都具有重要的作用。

二、管理建议书的内容

管理建议书一般包括下列基本内容：

（1）标题。管理建议书的标题为“管理建议书”。

（2）收件人。收件人是管理建议书应送达的对象。管理建议书的收件人应为被审计单位管理当局。

（3）会计报表审计目的及管理建议书的性质。审计报告应当指明审计人员进行会计报表审计的目的，是对被审计单位会计报表发表客观、公正的审计意见；而管理建议书只是针对与审计相关的内部控制提出的改进建议，不是审计的必然结果。编制和出具管理建议书，不是一种法定业务，没有法定责任。审计人员在管理建议书中提及的内部控制缺陷及改进建议，仅供被审计单位管理当局完善内部控制、强化相关内部管理参考之用，不具有鉴证作用。因此，管理建议书不应被视为对内部控制发表的鉴证意见，所提建议不具有公证性和强制性。

（4）内部控制重大缺陷及其影响和改进建议。管理建议书应当指明审计人员在审计过程中注意到的内部控制设计及运行方面的重大缺陷，管理建议书还应当指明内部控制重大缺陷对会计报表可能产生的影响以及相应的改进建议。

（5）使用范围及使用责任。管理建议书应当指明其使用范围，要求被审计单位合理使用。由于管理建议书使用不当造成的后果，与审计人员及其所在审计机构无关。

（6）签章。管理建议书应当由审计人员签章，并加盖审计机构公章，以表明管理建议书是以审计机构的名义向被审计单位管理当局提供的。

（7）日期。管理建议书应当注明日期以表明所进行工作的责任期限。该日期应为外勤工作完成日。

本章小结

本章主要以注册会计师审计实务为例，介绍了审计报告的基本内容和不同审计意见类型报告的内容及编制方法和范例；以民间审计为例介绍了简式审计报告，并以国家审计为例介绍了详式审计报告；最后介绍了管理建议书的编制。

复习题

1. 简式审计报告应包括哪些内容?
2. 简述民间审计意见的类型及各类型审计意见提出的条件。
3. 编写审计报告的要求有哪些?
4. 简述管理建议书的内容及编制方法。

第十章 资产审计

【本章要点】

◇ 资产审计的目标和依据

◇ 流动资产各主要项目实质性测试的内容

◇ 固定资产实质性测试的内容

◇ 对外投资实质性测试的内容

【本章引言】

资产的审计，是企业财务收支审计的重要内容之一。通过资产审计，对从法律意义上归属于企业的各项资产是否确实存在、资产的价值是否正确、资产的增减变动是否合法等方面加以审查，取得证据。这样不仅对资产负债表中有关资产内容的真实性加以证实，而且对损益表和现金流量表的真实性、正确性同样起到一定的证实作用。

第一节 资产审计的目标和依据

一、资产审计的目标

资产审计的目标主要有以下几个方面：

（1）审查和测试各项资产的增加（或购入）、减少（或领用）、结存等各业务流转环节的内部控制制度是否健全、合理和有效，评价其内部控制制度的整体强弱和各个部分的强弱，判断其可依赖程度及控制风险的大小。

（2）查证各项资产的存在性。根据账面记录的结存额与盘点清查结果进行核对，证实各项资产是否确实存在及其完好程度。

（3）查证各项资产的所有权归属。存放于本企业的各种实物性资产，有些不一定是企业的资产，如可能是代其他单位储存或代管的资产，也可能是租入资产。同样，企业本身也可能有存放于企业之外的资产。因此应取得反映资产所有权的各种证明资料，以验证其所有权归属。

(4) 审查各项资产的计价、核算是否符合有关会计制度的规定，审查各种计算是否正确，有无随意改变计价、核算方法的情况。

(5) 审查各项资产的会计记录是否真实、正确、合规和完整，进行账表、账账、账实、账证、证证核对，查明有无漏计或多计资产等问题。

(6) 确定各项资产的期末余额是否正确。

(7) 确定各项资产在会计报表中的披露是否恰当。

二、资产审计的依据

资产审计的依据是指用来判断资产及其相关经济活动的真实性、正确性、合法性和有效性的审计依据。资产审计依据的范围很广，在实务工作中主要运用以下标准：《会计法》、《企业会计准则》、《企业会计制度》及其他相关的法律、法规、制度和规定。

第二节　货币资金的实质性测试

一、库存现金的实质性测试

(一) 库存现金常见的错误、弊端

库存现金是货币资金的重要组成部分，它是流动性最强的一种货币资金，必须对其进行严格的管理和控制。库存现金常见的错误、弊端有：

(1) 现金收入不入账。如截留各种收取款项；虚列支出，虚报冒领；擅自将对外投资或联营所得转移，转入其他单位或境外；隐匿佣金、回扣、好处费；截留企业的各项罚没款收入；利息收入不入账，将收取的现金以个人储蓄形式存入银行；截留债券利息收入等。

(2) 挪用现金。如白条抵充库存现金，挪用公款；有上缴现金业务的单位，有意拖延、不按时上缴而将现金挪作他用；私办信用卡，长期挪用资金等。

(3) 贪污现金。如利用收入现金不出具发票或不出具规定的发票贪污现金；以涂改、撕毁发票或收据的手段贪污现金；利用假发票、假收据、失效发票贪污现金；利用凭证副本重复报销或用白条虚报支出的手段贪污现金；以开具现金支票从银行提取现金不入账的手段贪污现金等。

(二) 库存现金实质性测试的内容

对库存现金的实质性测试应从下述几方面进行。

1. 将现金日记账与现金总账进行核对

将现金日记账与现金总账进行核对，确定二者是否相符。

2. 审阅现金日记账

审阅现金日记账时，应注意以下几点：

（1）现金收付是否超出规定的结算范围。国家对现金结算的范围有明确的规定，现金结算方式只能用来办理与员工之间款项的结算；不能转账的单位或个人之间款项的结算；不足转账起点的小额款项的结算。不属于现金结算范围的款项，则应通过银行办理转账结算。审查时要注意是否有超出规定结算范围的情况，特别是对摘要记录不清的，要追查凭证，看是否属于此类问题。

（2）现金收付数额是否超过规定的限额。国家对现金结算的限额也有明确的规定，超过限额的业务应通过银行转账结算。审查时要注意是否有超过规定限额收付现金的情况，如有此类问题应查明原因和情况。

（3）每日库存现金余额是否超过规定的限额。为了加强现金管理并便于企业支付日常零星开支，银行对每个企业都核定其库存现金的限额。库存现金限额一般是按照企业三天至五天平均日常零星开支所需的现金核定的。各企业超过库存限额的现金，应及时存入银行。审查时要注意每日库存现金余额是否超过限额，若超过限额，应督促企业送存银行。

（4）是否有以收入坐抵支出的情况。企业收入的现金，按规定应及时送存银行，不准用来直接支付自身的支出，需要动用现金时，应另外从银行支取。审查时要注意收入的现金是否及时送存银行，有无以收入坐抵支出的情况。

（5）现金收付业务是否顺序入账。审查时如发现有前后日期颠倒的情况，要注意有无任意调剂以掩盖不当行为的情况，有无挪用现金的情况。

3. 会同被审计单位主管会计人员盘点库存现金，并取得库存现金盘点表

盘点库存现金是证实资产负债表所列现金是否存在的一项重要程序。盘点库存现金的时间和参加盘点的人员应视被审计单位的具体情况而定，但必须有出纳员和被审计单位主管会计人员参加，审计人员要监督盘点。盘点库存现金的步骤和方法如下：

（1）制定库存现金盘点程序，实施突击性检查。盘点时间最好选择在上午上班前或下午下班时进行，盘点范围一般包括财会部门出纳员经管的现金和企业各部门经管的现金。在进行现金盘点前，应由出纳员将全部现金集中起来存入保险柜。必要时可加以封存，然后由出纳员把已办妥现金收付手续的收付款凭证登入现金日记账。如企业的现金存放部门有两处或两处以上者，应同时进行盘点。

（2）审阅现金日记账，并与现金收付凭证相核对。一方面检查日记账的记录与凭证的内容和金额是否相符，并着重检查凭证有无刮、擦、勾、抹、涂等现象；另一方面了解凭证日期和日记账记账日期是否相符或接近。

（3）由出纳员结出现金日记账余额。

（4）盘点保险柜的现金实存数，同时编制“库存现金盘点表”，分币种、面值列示盘点金额。

（5）对未能在资产负债表日进行盘点的，则须在审计日确定盘点余额，然后倒推计算、调整至资产负债表日的金额。计算公式如下：

$$\begin{matrix}\text{资产负债表日}\\\text{现金余额}\end{matrix}=\begin{matrix}\text{审计日盘点}\\\text{现金余额}\end{matrix}+\begin{matrix}\text{资产负债表日至}\\\text{审计日现金支出数}\end{matrix}-\begin{matrix}\text{资产负债表日至}\\\text{审计日现金收入数}\end{matrix}$$

（6）将盘点金额与现金日记账余额进行核对，如有差异，应查明原因，并作出记录或适当调整。

（7）若有充抵库存现金的借条、代保管的工资、未提现支票、未报销的原始凭证，应

在“库存现金盘点表”中注明或作出必要的调整。

（8）编制“库存现金审定表”，确认资产负债表日的库存现金实有数。

4. 抽查大额现金收支事项

审计人员应抽查大额现金收支事项的原始凭证，着重查明经济业务的内容是否完整、有无授权批准，并核对相关账户的进账情况，如有与被审计单位生产经营业务无关的收支事项，应查明原因，并作相应的记录。

5. 审查现金收支的正确截止期

被审计单位资产负债表上的现金数额，应以结账日实有数额为准。因此，审计人员必须验证现金收支的截止日期。通常，审计人员可以对结账日前后一段时期内现金收支凭证进行审计，以确定是否存在跨期事项。

6. 审查外币现金的折算是否正确

对于有外币现金的被审计单位，审计人员应审查被审计单位对外币现金的收支是否按所选定的汇率折合为记账本位币金额；外币现金期末余额是否按期末市场汇率折合为记账本位币金额；外币折合差额是否按照规定记入相关账户。

7. 确定现金在资产负债表上披露的恰当性

根据会计制度的规定，企业资产负债表上“货币资金”项目，反映企业库存现金、银行结算户存款、外埠存款、银行汇票存款、银行本票存款、信用证存款和在途资金等各项现金的合计数。所以，审计人员应确定“库存现金”、“银行存款”、“其他货币资金”账户的期末余额合计数是否与资产负债表上“货币资金”项目的数额相符，据以确定现金是否在资产负债表上被恰当披露。

二、银行存款的实质性测试

（一）银行存款常见的错误、弊端

银行存款是企业存入银行或其他金融机构的货币资金。银行存款常见的错误、弊端有：

（1）利用各种手段从银行套取现金挪作他用；

（2）出借银行存款账户，从事违法活动；

（3）涂改、变造“银行对账单”，掩盖问题的真相；

（4）利用银行存款账户的一收一支，挪用或贪污；

（5）少计、漏计、重计银行存款收入或支出；

（6）开设“黑户”截留存款；用外汇价差调节利润。

（二）银行存款实质性测试的内容

对银行存款的实质性测试应从下述几方面进行。

1. 审查银行存款日记账并核对日记账余额与总账余额

审查银行存款日记账，将日记账余额与总账余额核对，如果不相符，应查明原因，要求被审计单位作出适当调整。在核对过程中，应认真加计银行存款日记账的收入合计数与支出合计数，查明有无人为地增加支出数、减少收入数，以掩盖挪用或贪污的情况。

2. 审阅银行存款日记账

审阅银行存款日记账时，要注意以下几点：

（1）有无出借银行账户的情况。审查时要注意银行存款日记账上是否有与被审计单位经济业务无关的收付事项；是否有只记金额而无详细摘要的收付事项；是否有一收一付、一收多付、多收一付或数额相等而日期相差不远的收付事项，遇有这类情况，往往存在出借银行账户情况。

（2）有无套取现金的情况。审查时要注意有无不属于现金结算范围的业务，而开出现金支票支取现金的情况。银行存款收付凭证是否顺序记账，审查时要注意有无任意调剂以掩盖不正当行为的情况。

3. 取得并审查银行存款余额调节表

审查银行存款余额调节表是证实资产负债表所列银行存款是否存在的重要程序。银行存款余额调节表通常应由被审计单位根据不同的银行账户及货币种类分别编制。如果经调节后的银行存款余额仍有差异，审计人员应查明原因，并作出记录或作适当的调整。取得银行存款余额调节表后，审计人员应检查调节表中未达账项的真实性，以及资产负债表日后的进账情况，如果存在应于资产负债表日前进账的事项，应作出相应调整。审查的程序一般包括：

（1）验算调节表的数额。

（2）对于金额较大的未提现支票、可提现的未提现支票以及审计人员认为重要的其他未提现支票，列出未提现支票清单，注明开票日期和收票人姓名或单位。

（3）追查截止日银行对账单上的在途存款，并在银行账户调节表上注明存款日期。

（4）审查直至截止日仍未提现的大额支票和其他已签发的一个月以上的未提现支票。

（5）审查直至截止日银行已收、企业未收款项的性质及款项的来源，应重点核对与现金有关的银行往来业务和银行对账单有一收一付、企业日记账上却没有相应记载的情况；注意审查银行存款余额调节表所有未达账项是否合理、合法，对于长期未达账项（一般超过 2 个月以上的）应进行重点审查。

（6）核对银行存款总账余额与银行对账单加总金额。

4. 函证银行存款余额

函证是证实资产负债表所列银行存款是否存在的另一重要程序。通过向往来银行的函证，审计人员不仅可以了解企业银行存款的可用数，同时，还可以了解企业欠银行的债务，函证还可用于发现企业银行存款和虚增的未登记的银行借款。函证时，审计人员应向被审计单位在本年度内存过款（含外埠存款、银行汇票存款、银行本票存款、信用证存款）的所有银行发出，其中包括企业存款账户已结清的银行，因为可能存款账户虽已结清，但仍有银行借款或其他负债存在。同样的，虽然审计人员已直接从某一银行取得了银行对账单和所有已付支票，但仍有必要向银行进行函证。

5. 审查 1 年以上的定期存款或限定用途的银行存款

1 年以上的定期银行存款或限定用途的银行存款不属于企业的流动资产，在资产负债表中应列入“其他资产”项目。对此，审计人员应查明有无将 1 年以上定期存款列入“货币资金”项目的情况。

6. 抽查大额银行存款的收支

审计人员应抽查大额银行存款（含外埠存款、银行汇票存款、银行本票存款、信用证存款）收支的原始凭证，着重查明内容是否完整，有无授权批准，并核对相关账户的进账情况。如有与被审计单位生产经营业务无关的收支事项，应查明原因。

7. 审查银行存款结算凭证

审核被审计单位的现金支票、转账支票、付款委托书和汇出款项等银行结算凭证的存根及回单，查明被审计单位是否按规定使用支票和其他银行结算凭证。应着重查明：有无签发空头支票和随意将支票出借的问题；签发的支票和其他银行结算凭证，是否符合国家的有关规定，是否及时入账；签发支票的存根是否妥善保管，是否连续编号，有无脱号、伪造印鉴向银行冒领款项等舞弊行为；作废支票是否仍保留在支票簿内并加盖“作废”戳记；支票丢失是否及时向银行挂失等。

8. 审查银行存款收支的正确截止

企业资产负债表上银行存款数应当包括当年最后一天收到的所有存放于银行的款项，而不得包括其后收到的款项；同样，企业年终前开出的支票，不得在年后入账。为了确保银行存款收付的正确截止，审计人员应当在清点支票及支票存根时，确定各银行账户最后一张支票的号码，同时查实该号码之前的所有支票均已开出。

9. 审查外币银行存款的折算是否正确

对于有外币银行存款的被审计单位，审计人员应审查被审计单位对外币银行存款的收支是否按所选定的汇率折合为记账本位币金额；外币银行存款期末余额是否按期末市场汇率折合为记账本位币金额；外币折合差额是否按照规定记入相关账户。

10. 确定银行存款在资产负债表上披露的恰当性

根据会计制度的规定，银行存款在企业资产负债表上是通过“货币资金”项目反映的。审计人员应在实施一定的审计程序后，确定“库存现金”、“银行存款”、“其他货币资金”账户的期末余额合计数是否与资产负债表上“货币资金”项目的数字相符，据以确定银行存款是否在资产负债表上恰当披露。

三、其他货币资金的实质性测试

其他货币资金的实质性测试主要包括对外埠存款、银行汇票和银行本票存款及在途货币资金等的审查。对这类资金主要审查其真实性和合法性，在方法上一般采用核对法和盘点法。

（一）外埠存款的审查

审计人员一般运用详查法，审查以外埠存款购进的全部商品、材料及其他物品，看其有无超出采购存款用途范围的情况；审查“其他货币资金——外埠存款”明细账余额，查明有无长期挂账的现象，若挂账时间过长，应进一步分析查证被审计单位有无挪用资金或者不及时办理结算的问题。

（二）银行汇票和银行本票存款的审查

审查银行汇票和银行本票存款的一般程序和方法是：

（1）审查银行汇票和银行本票申请书，查明被审计单位与收款单位有无业务往来；审查购销合同规定的结算方式是否采用银行汇票或银行本票结算。

（2）在分析上述结算方式是否合理的基础上，分析“其他货币资金——银行汇票存款”、“其他货币资金——银行本票存款”明细账，审查被审计单位是否及时办理结算，有无长期挂账而挪用或侵占款项的情况。

（3）核对银行存款和银行对账单，审查其款项是否与银行对账单相一致。若不一致，应分析是否为未达账项；若不是未达账项，应查明是否收到无效或过期票据。

（三）在途货币资金的审查

审查在途货币资金的一般程序和方法是：

（1）审查“其他货币资金——在途货币资金”明细账，分析其入账时间及占用时间，若发现占用时间过长的账项，则应重点进一步审查。

（2）调阅有关凭证，追踪调查付款单位，并在此基础上，审查银行对账单，查明有无已收款未转账，或收到的银行存款已转出去的情况；若付款单位确实付款，但在银行存款日记账和对账单未作任何记载，则应审查付款单位付出款项时填写的收款单位是否有误。

第三节　应收及预付款项的实质性测试

一、应收账款的实质性测试

应收账款是指企业因销售商品、产品或提供劳务而形成的债权。应收账款常见的错误、弊端有：“应收账款”账户核算的业务内容不真实，如不设应收账款明细账；“应收账款”账户入账金额不正确；利用“应收账款”账户调节当期损益；应收账款回收期过长、周转速度过慢等。

对应收账款的实质性测试应从下述几方面进行。

（一）应收账款的函证

所谓应收账款函证，是指直接发函给被审计单位的债务人，要求核实被审计单位应收账款的记录是否正确的一种审计方法。审计人员对应收账款进行函证，是为了证实应收账款账户金额的真实性、正确性，防止和揭露被审计单位及其有关人员在销售收款业务中发生的差错和舞弊行为。函证是应收账款审计中具有决定性和最重要的一项审计程序。

1. 应收账款询证函的编制和控制

询证函由审计人员依据被审计单位提供的应收账款明细账户名称及地址编制，并要直接控制询证函的发送和回收。被审计单位的会计人员根据应收账款账龄分析表或应收账款明细账期末余额，协助办理询证函、信封、贴邮票等事项。询证函一般以被审计单位的名义签发，但回复函寄给会计师事务所，以保证所有复函能直接到审计人员手中，避免被审计单位有关人员借机更改。如果函证因无从投递而被退回时，审计人员必须仔细分析，了解其中的原因，有可能是一笔不存在的假账。

为了充分发挥函证的作用，审计人员应安排好发函的时间，最好安排在与资产负债表日即结账日较为接近的时间。同时，也要考虑对方复函的时间，尽可能做到在审计人员的审计工作结束前取得函证的全部资料。一般来说，可选择在结账日前的某一天发函，这时，审计人员有必要对函证日与结账日之间发生的有关赊销业务进行审计，以免发生遗漏事项。但是，如果被审计单位的应收账款内部控制较为薄弱，则应将函证时间定在结账日，以防止被审计单位有关人员在函证日与结账日之间作弊。

2. 应收账款函证的范围和对象

审计人员通常不需要对所有的应收账款发询证函，选择多少账户及对哪些账户进行函证，涉及应收账款函证的范围和对象，也关系到所取得的证据是否具有代表性和可靠性，能否支持审计人员对应收账款总体作出有效的推断。审计人员在确定函证金额的大小和函证范围时，通常应考虑如下因素：

(1) 应收账款在全部资产中的重要性。如果应收账款在全部资产中所占的比重较大，函证范围应相应大一些。

(2) 被审计单位内部控制的强弱。如果内部控制较健全，可相应缩小函证范围，反之，则应扩大函证范围。

(3) 以前年度的函证结果。若以前年度函证中发现重大差异或欠款纠纷较多，则函证范围应相应地扩大一些。

(4) 函证方式的选择。若选择肯定式函证，可相应减少函证量；若选择否定式函证，则相应增加函证量。

在一般情况下，账龄长、金额大的应收账款是审计人员必须向债务人函证的对象。

3. 应收账款函证的方式

应收账款函证的方式有两种：肯定式函证和否定式函证。

(1) 肯定式函证，又称正面式或积极式函证，是指要求被询证者直接向注册会计师回复，表明是否同意询证函所列示的信息，或填列所要求的信息的一种询证方式。肯定式询证函的格式见范例 10—1。

【范例 10—1】

企业询证函

××（公司）：　　　　编号：

本公司聘请的××会计师事务所正在对本公司××年度财务报表进行审计，按照中国注册会计师审计准则的要求，应当征询本公司与贵公司的往来账项等事项。下列数据出自本公司账簿记录，如与贵公司记录相符，请在本函下端“数据证明无误”处签章证明；如有不符，请在“数据不符”处列明不符金额。回函请直接寄至××会计师事务所。

回函地址：

邮编：　　　　电话：　　　　传真：

1. 本公司与贵公司的往来账项

截止日期	贵公司欠	欠贵公司	备　　注

2. 其他事项

本函仅为复核账目之用，并非催款结算。若款项在上述日期之后已经付清，仍请及时函复为盼。

（公司盖章）
年　　月　　日

结论：

1. 数据证明无误。

（公司盖章）
年　　月　　日
经办人：

2. 数据不符，请列明不符金额。

（公司盖章）
年　　月　　日
经办人：

（2）否定式函证，又称反面式或消极式函证，是指要求被询证者只有在不同意询证函所列示的信息时才直接向注册会计师回复的一种询证方式。否定式询证函的格式见范例10—2。

【范例10—2】

企业询证函

××（公司）：　　　　　　　　　　　　　　　　　　　　编号：

本公司聘请的××会计师事务所正在对本公司××年度财务报表进行审计，按照中国注册会计师审计准则的要求，应当征询本公司与贵公司的往来账项等事项。下列数据出自本公司账簿记录，如与贵公司记录相符，则无须回复；如有不符，请直接通知会计师事务所，并在空白处列明贵公司认为正确的信息。回函请直接寄至××会计师事务所。

回函地址：

邮编：　　　　　　电话：　　　　　　传真：

1. 本公司与贵公司的往来账项

截止日期	贵公司欠	欠贵公司	备　注

2. 其他事项

本函仅为复核账目之用，并非催款结算。若款项在上述日期之后已经付清，仍请及时函复为盼。

（公司盖章）

年　月　日

××会计师事务所：

上面的信息不正确，差异如下：

（公司盖章）

年　月　日

经办人：

审计人员采用哪种函证方式比较适宜，可以根据下述情形作出选择：

其一，当债务人符合下列情况时，采用肯定式函证较好：个别账户的欠款金额较大；有理由相信欠款可能会存在争议、差错或问题。

其二，当债务人符合以下所有条件时，可以采用否定式函证：相关的内部控制是有效的；预计差错率较低；欠款余额小的债务人数量很多；审计人员有理由确信大多数被函证对象能认真对待询证函，并对不正确的情况作出积极反映。

其三，有时候两种函证方式结合起来使用可能更适宜：对于大金额账项，采用肯定式函证；对于小金额账项，采用否定式函证。

4. 对应收账款函证结果的分析

询证函发出后，审计人员可编制函证结果汇总表，对函证结果进行分析。应收账款函证结果汇总表的格式见表10—1。

表10—1　　应收账款函证结果汇总表

被审计单位名称：　　制表：　　日期：

结账日：　年　月　日　　复核：　　日期：

询证函编号	债务人名称	债务人地址及联系方式	账面金额	函证方式	函证日期		回函日期	替代程序	确认余额	差异金额及说明	备注
					第一次	第二次					
		合　计									

审计人员应对函证结果作出如下分析：

（1）如果债务人认可询证函中的应收账款金额，则说明被审计单位期末应收账款余额总体上是真实的，审计人员可将收回的询证函汇总编入审计工作底稿，作为审计证据。

（2）如果收回的询证函有差异，则审计人员应进一步查明原因，在必要时，与债务人直接联系加以核实。产生差异的原因：可能是由于购销双方记账时间不同；可能是由于一方或双方记账错误；可能存在舞弊行为。由于记录的时间不同而产生的差异主要表现为：

1）询证函发出时，债务人已付款而被审计单位尚未收到货款；

2）询证函发出时，被审计单位的货物已经发出并已作销售记录，但货物仍在途中，债务人尚未收到或未验收入库；

3）债务人由于某种原因将货物退回，而被审计单位尚未收到；

4）债务人对收到货物的数量、质量及价格等有争议而全部或部分拒付货款。

以上四种情况都会使函证结果小于应收账款账面金额，审计人员应针对不同的情况作进一步审查。

如果函证结果大于应收账款账面金额或出现日期不符，审计人员必须追查被审计单位是否有低估或人为操纵应收账款期末余额的不适当行为，并建议被审计单位作必要的调整。

（3）如果肯定式询证函一直未得到回复，审计人员应考虑采用必要的替代审计程序。替代审计程序如下：

第一，检查结账后的现金日记账和应收账款明细账，以查明债务人是否在结账日后至收到询证函期间实际支付了欠款。

第二，检查与收款业务有关的文件，包括销售合同、顾客订货单、货运文件及销售发票副本等，以验证销售业务的真实性。

第三，向独立于被审计单位之外的机构查询。如向工商企业注册机构、资信咨询机构等进行调查询问，以验证债务人的地址、信用及财务状况以及是否确有其人。如果查明债务人是虚构的，应予以披露。

值得注意的是，即使应收账款得到了债务人的确认，也不等于债务人一定会付款。而且，函证也不能发现所有的问题，如果被审计单位与其债务人相互串通舞弊的话，函证就会失效。虽然如此，应收账款的函证仍不失为一种必要的、有效的审计方法。审计人员通过对应收账款的函证，并执行其他实质性测试的审计程序，可以对有关债权收回的可能性作出合理的结论，并向被审计单位管理当局指出有关债权情况所面临的风险和应采取的措施。

（二）应收账款的账龄分析

1. 应收账款账龄分析表的编制与取得

应收账款的账龄，是指资产负债表中的应收账款从销售实现产生应收账款之日起，至资产负债表日止所经历的时间。应收账款可收回程度与其账龄成反比，即应收账款过期未收回的时间越长，其收回的可能性就越小。因此，为了确定应收账款的可收回程度，审计人员应向被审计单位索取或自行编制结账日应收账款账龄分析表。

审计人员在编制应收账款账龄分析表时，可以选择重要的顾客及其余额列示，不重要的或余额较小的，可以汇总列示。应收账款账龄分析表的合计数应等于资产负债表中的应收账款数。审计人员通过审查该表，可以分析各项应收账款的可收回性，还可用以确定和控制函证对象。应收账款账龄分析表的一般格式如表10—2所示。

表10—2 应收账款账龄分析表

20××年12月31日 单位：千元

顾客名称	顾客数量	期末余额	账龄				备注
			0～30天	31～180天	181天～3年	3年以上	
A公司	1	80	80				
B公司	1	40		20	20		
C公司	1	20		5	15		
D公司	1	20		20			
E、F等公司	4	10				10	
合　计	8	170	80	45	35	10	

2. 分析结果的处理

根据应收账款账龄分析表分析各项应收账款的可收回性。对于超过一定时间的应收账款，应建议被审计单位积极催收；对于已经发生坏账的，应建议被审计单位按规定及时处理；遇到应收账款中冲销坏账准备的情况，应查明是否经过批准并附有足够的证据证明坏账损失的发生。

(三) 坏账准备计提和冲销的审计

1. 坏账准备计提的审查

除了应收账款外，企业持有的未到期应收票据，当有确凿证据证明不能够收回或收回的可能性不大时，应将其账面余额转入应收账款，并计提相应的坏账准备。

企业的预付账款如有确凿证据表明其不符合预付账款性质，或者因供货单位破产、撤销等原因已无望再收到所购货物的，应将原计入预付账款的金额转入其他应收款，并计提相应的坏账准备。

坏账准备计提的审查，主要应查明坏账准备计提的范围、方法和比例是否符合会计准则、会计制度的规定；计提的数额是否恰当；会计处理是否正确。

2. 坏账准备冲销的审查

对有确凿证据表明确实无法收回的应收款项，如债务单位已撤销、破产、资不抵债、现金流量严重不足等，企业应根据管理权限，经股东大会或董事会，或者经理（厂长）会议或类似机构批准作为坏账损失，冲销提取的坏账准备。

审计人员对于被审计单位在被审计期间内发生的坏账损失，应检查其原因是否清楚，是否符合有关规定，有无授权批准，有无已作坏账处理后又重新收回的应收款项，相应的会计处理是否正确。

(四) 应收账款和坏账准备报表披露的审计

1. 审查应收账款在报表上的披露

应收账款应在资产负债表上单独列示，该项目应根据“应收账款”科目所属各明细科目的期末借方余额合计，减去“坏账准备”科目中有关应收账款计提的坏账准备期末余额后的金额填列。如果被审计单位设置有“预收账款”账户，其明细账户的借方余额也应并入“应收账款”项目。审计人员应确定资产负债表中的“应收账款”项目数额的填列是否正确。

2. 审查坏账准备在报表上的披露

企业应当在会计报表附注中清晰地说明坏账的确认标准、坏账准备的计提方法和计提比例，并应区分应收账款和其他应收款项目，按账龄披露坏账准备的期末余额。另外，上市公司除按会计制度规定应披露坏账准备的计提方法等外，还应在会计报表附注中分项披露如下事项：

（1）本期全额计提坏账准备或计提坏账准备比例较大的（计提比例一般超过40%及以上的，下同），应说明计提的比例以及理由。

（2）以前期间已全额计提坏账准备或计提坏账准备的比例较大，但在本期又全额或部分收回的，或通过重组等其他方式收回的，应说明其原因、原估计计提比例的理由以及原估计计提比例的合理性。

（3）对某些金额较大的应收款项不计提或计提坏账准备比例较低（一般为5%或低于5%）的理由。

（4）本期实际冲销的应收款项及其理由，其中，实际冲销的关联交易产生的应收款项应单独披露。

案例分析 10—1

资料：2006 年 11 月 1 日，审计人员决定在决算日前对 A 公司先实施某些审计程序，包括对截至 2006 年 10 月 31 日的应收账款进行函证。复函中有 6 个客户分别提出了以下意见：

（1）本公司资料处理系统无法复核贵公司的对账单。

（2）所欠余额 10 000 元已于 2006 年 10 月 25 日付讫。

（3）大体一致。

（4）经查贵公司 10 月 28 日的第 25050 号发票（金额为 7 500 元）系目的地交货，本公司收货日期为 12 月 5 日，因此询证函所称 10 月 31 日欠贵公司账款之事与事实不符。

（5）本公司曾于 9 月份预付货款 2 500 元，足以抵付对账单中所列两张发票的金额1 500元。

（6）所购货物从未收到。

要求：针对客户复函中提出的这些意见，审计人员应当采取何种步骤进行处理？

分析：

（1）此种情况下应采取替代审计程序，主要是审查客户订货单、购销合同、发票副本、货运文件、收款凭证等文件、资料，验证构成应收账款的销货交易是否确实发生。

（2）这种情况可能是由于时间差异造成的，审计人员应审查收款凭证，看货款是否收到及收到的日期。如果货款函证日之前已收到则可能是记账错误，即收到货款时贷记另一客户的明细账户，审计人员应审查账户记录并对贷记的账户进行函证。

(3) 该客户的回答很不清楚。审计人员应重新函证，请该客户给予具体、准确的答复。

(4) 此种情况很有可能是客户在货物所有权尚未转移前就认定为销售实现。审计人员应审查销货发票的副本和有关的购销合同、协议。

(5) 审计人员应查明预收货款是否确实收到并已入账，如查明确能抵付，应提请客户进行相应的账务处理。

(6) 审核货运文件等资料以查明货物是否确已运出。如确已运出，应将货运文件影印件送请顾客重新查证；如确未运出，应提请被审计单位作调账处理。

二、应收票据的实质性测试

应收票据是企业持有的、尚未到期兑现的商业汇票。应收票据常见的错误、弊端有："应收票据"账户设置不合理；核算内容不正确；不按规定及时结转，长期挂账；虚增或虚减，调节当期损益；计提坏账准备；使用不合规定等。

对应收票据的实质性测试应从下述几方面进行。

（一）监盘应收票据

监盘库存票据，注意票据的种类、号数、签收的日期、到期日、票面金额、合同交易号、付款人、承兑人、背书人姓名或单位名称、利率、贴现率、收款日期、收回金额等是否与应收票据登记簿的记录相符，是否存在已作抵押的票据和银行退回的票据。清点后，应将清点结果填入"应收票据清点表"。并与应收票据明细表相核对，确定是否相符。对于存放于其他处所的应收票据，如提交银行贴现、交由律师代收的也应查询核实。

（二）函证应收票据

由于应收票据是一种债权凭证，确认其真实价值，须得到出票人或债务人的确认。所以在清点基础上，应采用函证的方式进行询证核实。对于存放他处的应收票据，如作为抵押、贴现、委托律师或其他单位代收的，也要向持有人询证核实。其发函询证及回函结果的分析方法与应收账款基本相同。

（三）审查应收票据的账务处理

(1) 审计人员应审查企业对收到的应收票据是否已及时、全部入账，与其对应科目"主营业务收入"账户及其他账户是否相符；"应收票据"到期收回时，是否及时转入"银行存款"或其他账户，并在备查簿内将已兑现票据注销；兑现的带息票据，是否将收到的利息收入贷记"财务费用"科目。

(2) 审查票据贴现的计算是否正确。票据的贴现应由负责登记和保管票据以外的主管负责人批准后方可办理。票据贴现收入应等于票据到期价值减去贴现息。审计人员应采用复算的方法，核实票据的贴现金额是否正确。

(3) 审查票据贴现的款项是否及时、足额入账。票据贴现后应由负责登记和保管票据的人员及时登记备查簿，同时会计人员要及时编制记账凭证登记入账。审计人员应检查应收票据登记簿，对已贴现的票据，特别是金额较大的，逐笔核对银行存款与应收票据账户，检查是否已及时入账，防止利用票据贴现舞弊。

(四) 审查应收票据在资产负债表上的披露

被审计单位如果是一般企业，其已贴现的商业承兑汇票应在报表下端补充资料内的“已贴现的商业承兑汇票”项目中加以反映；被审计单位如果是上市公司，其会计报表附注通常应披露贴现或用作抵押的应收票据的情况和原因说明、持有其5%（含5%）以上股份的股东欠款情况。审计人员应检查被审计单位资产负债表中“应收票据”项目的数额是否与审定数相符，是否剔除了已贴现票据，有关信息的披露是否充分、全面。

三、待摊费用的实质性测试

待摊费用是指企业已经支付应在本期或以后各期摊销的费用。待摊费用常见的错误、弊端是：“待摊费用”账户的核算内容不真实、不合理；将属于“待摊费用”核算的内容列入其他期间费用账户；待摊费用未按费用项目的受益期限分期摊销。

对待摊费用的实质性测试应从以下几方面进行。

(一) 审查待摊费用发生的真实性和合规性

待摊费用的发生，在有关的原始记录中都有记载。审查时，应通过审阅“待摊费用”明细账及有关会计凭证，注意查明企业发生的待摊费用是否真实，是否属于待摊费用的范围，有无应一次计入成本费用的支出，计入“待摊费用”，或应由本年度负担的成本费用，列入“待摊费用”在下年摊销等问题。

(二) 审查待摊费用摊销的期限是否符合规定

待摊费用的摊销期限一般不超过一年；摊销期限超过一年的开办费、固定资产修理支出、租入固定资产改良支出以及摊销期限在一年以上的其他费用，应在“长期待摊费用”科目核算。审查时，应查明待摊费用是否在一年内摊销完毕，有无随意延长或缩短摊销期限的情况。

(三) 审查待摊费用各期摊销的数额是否正确和合理

待摊费用的摊销期限不应超过一年，各期摊销的数额应是基本一致的，不能轻易变动各期摊销的数额，更不能利用待摊费用任意调节成本和利润，审查时，应查明摊销的数额是否均衡，有无随意变动数额、调节成本和利润的情况。

(四) 审查待摊费用的账务处理是否正确、合规

待摊费用分配时，其对应账户一般为“制造费用”、“管理费用”及“营业费用”等。在审查待摊费用时，应注意查明有无将待摊费用分配计入“在建工程”、“固定资产”等账户的情况。

另外，对于其他应收账款、预付账款的实质性测试可参照应收账款项目进行。

第四节 存货的实质性测试

一、存货常见的错误和弊端

存货是指企业在日常生产经营过程中持有的以备出售，或者仍然处在生产过程，或者在生产或提供劳务过程中将消耗的各项有形资产。存货常见的错误和弊端主要有：

(1) 存货出入库手续制度不健全，收发业务失控；

(2) 材料质量把关不严；

(3) 存货的数量、成本账目记录不真实；

(4) 存货核算范围划分不清；

(5) 产成品成本计算方法不合理、不正确；

(6) 发出存货计价方法选用不当、运用不正确，故意多转或少转成本；

(7) 有些存货成本摊销方法不合理，数字计算不正确；

(8) 存货的短缺、溢余、毁损，会计处理不正确；

(9) 存货保管不善、管理水平差，导致积压、丢失、贪污、盗窃等。

二、存货实质性测试的内容

对存货的实质性测试应从下述几方面进行。

(一) 核对各存货项目明细账与总账的余额是否相符

企业存货的种类很多，审计人员在进行存货的实质性测试时，首先应核对“材料采购”、“原材料”、“周转材料”、“材料成本差异”、“委托加工材料”、“自制半成品”、“产成品”、“生产成本”等账户，验证其明细账与总账的余额是否相符，如不相符，应查明原因，并作记录和相应的调整。

(二) 实地观察存货盘点

年末存货的结存数量直接影响会计报表的存货金额。实地观察存货盘点是存货审计的必要审计程序，除非审计人员无法实施实地观察盘点程序，且有可以依赖的替代审计程序选择，否则，审计人员应对未实施监盘抽点的存货提出保留意见。

尽管对存货的期末盘点是存货内部控制的基本要求，盘点工作是企业管理当局应尽的责任，存货盘点工作理所当然地应由企业进行规划、组织和实施，但是，审计人员仍有责任参与企业的存货盘点工作，并对盘点工作进行适当的监督和抽查。为了搞好盘点工作，审计人员应该同企业一起进行规划和组织，以便共同完成盘点工作。

1. 存货实地盘点前的规划

有效的存货盘点工作，必须建立在事前周密计划的基础上。为了满足审计的要求，审计人员应该同企业一起制订盘点计划，这样，一方面使企业了解审计对存货盘点的要求，另一方面也有利于审计人员掌握企业存货管理的基本情况和企业对存货盘点的初步安排。制订盘点计划时，审计人员应特别关注以下几点：

(1) 安排盘点的时间。在可能的情况下，盘点时间应尽量安排在企业休息日或接近年终结账日，前者的目的在于使盘点工作在机器停止运转、在产品处于静止状态中无干扰地进行，后者的目的在于使盘点的结果与会计报表日尽量接近。

(2) 确定盘点参与人员。盘点是整个企业的一件大事，企业各级领导、主管人员，包括供应、存储、财务及生产等部门的有关人员都应给予协助。

(3) 停止存货流动。为了保证存货数量的准确性，盘点时，如非特殊情况，企业各库房、各车间的存货必须停止流动，并分类摆放。

(4) 编制连续编号的盘点标签、填写盘点清单，有条件的企业还应绘制存货摆放示意图，规划盘点路线。

(5) 召开盘点预备会议，将盘点计划或指令通知到每一位参与人员。

2. 盘点问卷调查

审计人员在参与实地盘点前，应对企业的盘点组织与准备工作进行调查，以确定企业是否按照盘点计划的要求进行盘点准备工作。若认为企业的盘点准备工作达不到事前规划的要求，审计人员可以拒绝实地观察存货盘点，并要求企业另定时间，重新准备盘点问卷表的主要内容。问卷调查的对象主要应是参与盘点的人员，如果存货主要集中在某几个仓库或车间，问卷调查亦可分仓库或车间进行。

3. 实地观察与抽点

盘点开始时，审计人员应亲临盘点现场，密切注意企业的盘点现场以及盘点人员的操作程序和盘点过程。观察盘点现场的存货是否摆放有序并停止流动；盘点人员的盘点程序是否符合盘点计划和指令的基本要求；计量器具是否准确，有无重计或漏计的错误；盘点标签或盘点清单是否按要求填制。如果发现问题，审计人员应及时指出，并督促企业纠正。如果审计人员认为盘点程序和过程有问题，导致盘点结果严重失实，应要求企业组织人员重新盘点。

企业盘点人员盘点过后，审计人员应根据观察的情况，在盘点标签尚未取下之前，选择数额较大、收发频繁的存货项目进行复盘抽点，并将抽查结果填入“存货抽查表”。抽点的样本一般不得低于存货总量的10%。在比较抽点结果与盘点单上的记录时，不仅要核对数量，还应核对存货的编号、品种规格及产品质量。在抽点在产品时，还应关注其完工程度是否适当。抽点如发现差异，为了降低检查风险，除应督促企业及时更正外，还应扩大抽点范围；如发现差错过大，则应要求企业重新盘点。

4. 索取、编制并审查盘点汇总表

抽点结束后，审计人员应会同盘点人员一道将全部盘点标签或盘点清单按编号顺序汇总，并据以登记盘点表。汇总时，审计人员应注意盘点标签或盘点清单编号的连续性，以免有缺号、重号现象。所有的盘点标签、盘点清单均应由参与盘点的人员和监督盘点的审计人员签名，并一式两份，企业与会计师事务所各留一份。同时，审计人员还应向企业索取存货盘点前的最后一张验收报告单（或入库单）、最后一张货运文件（或出库单），以便审计时作年底截止期测试之用。

5. 查明存货的完整性

在观察盘点和抽点过程中，审计人员还应检查有无代人保存和来料加工的存货，有无未作账务处理而寄存他处的存货，这些存货是否正确列示于存货盘点表中。同时，审计人员还应注意观察存货的残次冷背情况，确定其对所审年度损益的影响。对于企业存放或寄销在外地的存货，亦应纳入盘点的范围，但盘点的方式可以选择，如委托当地会计师事务所负责监盘抽点或本所审计人员亲自前往监盘，如存货量不大，亦可以向存放单位函证或采用其他替代审计程序予以确认。

6. 编写盘点备忘录，编制审计工作底稿

盘点工作结束后，审计人员应根据企业存货的盘点情况，编写盘点备忘录，将盘点程序、盘点中的重大问题及处理、盘点结果等予以记载并连同企业的盘点计划或指令、盘点表、问卷调查资料以及取得的其他资料一起整理成审计工作底稿，形成存货盘点的审计档案。

如果由于各种原因，审计人员未能参与年末盘点，则应在审计外勤工作时对存货进行抽查。通常审计人员应获取并检查被审计单位期末存货盘点计划及盘点清单、盘点表，评价被审计单位盘点的可信度，并据此选择重点的存货项目进行抽查盘点或全额盘点，从而倒推计算出资产负债表日存货数量。

（三）审查存货盘亏调整和损失处理

对于被审计单位发生的存货盘亏和存货损失，审计人员应获取存货盘点盘亏调整和损失处理记录，对于重大存货盘亏和损失情况，应该查明原因，分析有无充分合理的解释，重大存货盘亏和损失的会计处理是否已经授权审批，是否正确及时入账。

（四）审查存货跌价准备

对于被审计单位的存货跌价准备，审计人员应检查计提和结转的依据、手续和会计处理是否正确，是否经过授权批准，前后各期是否一致。

（五）进行存货截止测试

存货截止测试主要是检查截至当年 12 月 31 日止，企业所购存货是否已包括在 12 月 31 日存货盘点范围内，其对应的会计记录是否一并记入当年会计报表内。审计人员一般应以截止日为界限，分别向前倒推和向后顺推若干日，按顺序选择金额较大的购货业务发票或验收单进行审查。如果 12 月底入账的发票附有 12 月 31 日或之前日期的验收报告或入库单，则货物肯定已经入库，并已包括在本年的实际盘点存货范围内。如果验收报告或入库单日期为次年 1 月份的日期，则货物不会列入年底实地盘点的存货中；反之，如果仅有验收报告或入库单而无购货发票，则应认真审核每一份验收报告或入库单是否盖有暂估入库印章，并以暂估价记入当年存货账内，待次年初以红字冲销。

存货截止测试的审查还可通过审阅验收部门的业务记录来进行。凡是结账日前后购入的货物，审计人员必须查明其相应的购货发票是否在同期入账；对于未收到的购货发票但已入库的存货，应查明是否将入库单分开存放并暂估入账。

（六）进行存货计价测试

为了验证会计报表上“存货”项目余额的真实性，还必须对年末存货的计价进行测试。若存货以计划成本计价，还应检查“材料成本差异”账户的发生额、转销额是否正确，年末余额是否恰当。存货计价测试可以利用存货计价测试表来进行。

1. 测试样本的选择

计价测试样本，应从存货数量已经盘点、单价和总金额已经记入存货汇总表的结存存货中选择。选样时应着重选择结存余额较大且价格变化比较频繁的项目，同时考虑所选样本的代表性，抽样方法一般采用分层抽样法，抽样规模应足以推断总体的情况。

2. 计价方法的确认

存货计价的方法有加权平均法、移动加权平均法、个别计价法、先进先出法等，企业可选择适合自身特点的方法。审计人员除应了解掌握企业存货的计价方法外，还应对所选计价方法的合理性与一致性予以关注。

3. 计价测试

进行计价测试时，审计人员首先应对存货价格的组成内容予以审核，然后按照所了解的计价方法对所选择的存货样本进行计价测试。测试时，应排除企业已有计算程序和结果的影响，进行独立测试。待测试结果出来后，再与企业账面记录对比，编制对比分析表，分析形成差异的原因。如果差异过大，应扩大范围继续测试，并根据测试结果作出审计调整。

（七）分析性复核

实施存货分析性复核的目的，是审查存货总体上的合理性，以发现年度内存货项目的重大波动与异常现象，判断存货审计的重点。存货分析性复核的主要方法有：

（1）分类编制与上年对应的存货比较表，查找重大增减变动项目，并审查其变动原因。

（2）按年、月编制全年各月存货产销计划与执行情况对照表，对于重大波动及异常变动进行调查与分析。

（3）计算存货周转率，分析存货周转速度，审查是否存在残次、过时存货和超额库存等不合理现象。

（4）计算、分析企业的毛利率与盈利水平，并与同行业比较，以推算企业的生产经营活动是否正常，期末存货的计算与存货价值的计算是否正确。

（5）按供货商或货物分类比较各期（通常按月或季）的购货数量，分析购货量的异常变动是否与特定的存在利害冲突的供应商有关，或是判断各类存货之间的存储比例是否合理。

（八）确认存货在会计报表中的反映是否恰当

存货是资产负债表中流动资产项下的一个重要项目。审计人员应依据企业会计准则和企业会计制度的要求，对资产负债表中存货余额列示的合理性进行审查。除此之外，还应就会计报表附注中所披露的存货计价与产品成本计算方法及其变更情况、变更原因、变更结果等进行审计，以查明这些事项的恰当性。

案例分析 10—2

资料：审计人员在对 A 公司 20×1 年度会计报表的存货项目进行审计时，发现存在以下错误：

(1) 某项存货实际有 910 件，年终盘点时误认为 901 件；

(2) 某项购货的发票已到而货未到，年末已依据发票入账，但未计入期末存货；

(3) 某项购货的货到而发票未到，年末未予入账，但已计入期末存货中；

(4) 某产品销售时，未作销售记录，因其实物尚存在仓库，已将其列入期末存货当中；

(5) 某产品销售时，未作销售记录，亦未包括在期末存货中。

要求：逐一分析这些错误对本期财务报表所产生的影响。

分析：

(1) 由于盘点少计存货，造成存货项目的低估；

(2) 由于仅依据发票入账并未收到货物，最终使应付账款项目高估；

(3) 由于收到货物而没有及时估计入账，最终使应付账款项目低估；

(4) 由于未及时记录销售收入和结转销售成本，并将所有权已转移的货物列入期末存货，最终影响到应收账款项目低估，存货项目高估，销售收入、销售成本和本期利润虚减；

(5) 由于仅结转了销售成本而未记录销售收入，最终影响到应收账款项目低估，销售收入和本期利润同时虚减。

第五节　固定资产的实质性测试

一、固定资产常见的错误、弊端

固定资产是指企业使用期限超过一年的房屋、建筑物、机器、机械、运输工具以及其他与生产、经营有关的设备、器具、工具等。不属于生产经营主要设备的物品，单位价值在 2 000 元以上，并且使用年限超过两年的，也应当作为固定资产。固定资产是企业的劳动手段，也是企业赖以生产经营的主要资产。固定资产常见的错误、弊端有：

(1) 固定资产增减数量和价值不真实，如购建固定资产手续不全、成本不实，报废、毁损固定资产不及时进行账务处理；

(2) 盈利企业多计提折旧，调减当期利润；

(3) 亏损企业少计提或不计提折旧，虚减亏损；

(4) 将已提足折旧继续使用的固定资产原值与累计折旧对冲，严重影响固定资产的管理；

（5）固定资产类别划分不准确，累计折旧的计算因此发生错误等。

二、固定资产实质性测试的内容

对固定资产的实质性测试应从下述几方面进行。

（一）索取或编制固定资产累计折旧分类汇总表

固定资产的累计折旧分类汇总表的内容主要包括：固定资产的类别，固定资产和累计折旧的期初余额，本期增减发生额和期末余额，折旧方法等。

（二）确定固定资产明细分类账与总分类账是否相符

审计人员在进行实质性测试时，应当核对固定资产明细分类账和总分类账账户的余额是否相符，如果不相符，应查出从何时起不相符，并将从此时起的明细分类账与有关的原始凭证进行核对，查明不符的原因，予以调整。同样，对各项固定资产的累计折旧也要加计汇总并与总分类账核对。

（三）审计期初余额

审计人员对期初余额进行审计时应分以下三种情况：

（1）在连续常年审计情况下，应注意与上年审计工作底稿中的固定资产和累计折旧的期末余额审定数核对相符。

（2）在被审计单位变更委托会计师事务所时，后任审计人员应借调、参阅前任审计人员有关工作底稿。如果以前年度均由具有良好信誉的会计师事务所审计，则后任审计人员的审核范围通常仅限于一般性复核。

（3）如果被审计单位以往未经审计人员审计，即在初次审计情况下，审计人员应对期初余额进行较全面的审计，最理想的方法是彻底审计自开业起的“固定资产”和“累计折旧”账户中的所有重要的会计记录。这样，既可核实期初余额的真实性，又可从中加深对被审计单位固定资产管理和会计核算工作的了解。

（四）审查固定资产的增减变动

1. 审查固定资产的增加

固定资产增加的原因有购入、自制自建、投资者投入、融资租入、接受捐赠和盘盈等多种方式。对于后几种情况的审计，一般只需核对有关的会计记录、合同文件、验收报告等，并注意固定资产的计价是否符合规定。按企业会计准则、企业会计制度规定，对固定资产原则上采用历史成本计价，但投资转入的固定资产可按评估确认或合同、协议约定的价格入账；融资租入的固定资产按租赁开始日租赁资产的原账面价值与最低租赁付款额的现值两者中较低者作为入账价值；接受捐赠的固定资产有发票的按发票金额加上必要的安装、调试费入账，无发票的可按同类资产的市场价格入账；盘盈固定资产则按同类或类似固定资产的市场价格，减去按该项资产的新旧程度估计的价值损耗后的余额，作为入账价值。

由于购入和自制自建固定资产涉及的环节较多，容易发生错误与舞弊，因此，审计人员应把重点放在购入和自制自建增加固定资产的审计上。购入固定资产的审计要点是：

（1）审查购入的固定资产是否列入预算并经授权批准。对于实际成本超预算幅度较大的资产项目应追查原因。

（2）审核采购发票等凭据。固定资产采购业务比较复杂，金额较大，审计人员应根据对被审计单位固定资产内部控制风险程度的评价和重要性原则，确定审核采购发票等凭据的范围。常见的审核方法是将采购发票上的价格和采购合同及账面记录的金额进行对比，根据所了解的被审计单位的资本化政策判断各项采购是否按会计制度的规定合理计价，其处理方法和以前年度是否一致。对于从关联企业购进的固定资产，还需注意其价格是否严重偏离正常市价。

（3）审核固定资产的验收报告。

（4）审查固定资产的所有权。

（5）对购入的固定资产进行实地观察，以确定其存在性。

（6）确定被审计单位估计的固定资产使用期限和残值是否合理。

对于已经交付使用但尚未办理竣工结算等手续的固定资产，应检查其是否已暂估入账，并按规定计提折旧，相关的资本性支出与收益性支出的划分是否恰当。

2. 审查固定资产的减少

固定资产减少的原因主要包括出售、报废、毁损、向其他单位投资转出、盘亏等。固定资产减少的审计要点如下：

（1）审查减少固定资产授权批准文件。

（2）审查减少固定资产的会计记录是否符合有关规定，验证其数额计算的准确性。

（3）审查出售和报废处置固定资产的净损益，验证其真实性与准确性，并与银行存款、营业外收支等有关账户相核对。

（4）审查是否存在未作会计记录的固定资产减少业务。具体方法是：1）复核是否有本年新增加的固定资产替换了原有固定资产的情况；2）分析营业外收支等账户，查明有无处置固定资产所带来的收支；3）若某种产品因故停产，追查其专用生产设备等的处理情况；4）向被审计单位的固定资产管理部门查询本年有无未作会计记录的固定资产减少业务。

（五）审查固定资产折旧的提取

1. 审查折旧政策和方法

（1）审查被审计单位所制定的折旧政策和方法是否符合国家有关财务会计制度的规定，确定其所采用的折旧方法能否在固定资产使用年限内合理分摊其成本。

（2）在索取或编制固定资产及累计折旧汇总表的基础上注意将期初余额和上年工作底稿中的审定额相核对，同时应查明汇总表所列累计折旧合计数是否与累计折旧明细账所载数额的总和核对相符、是否与累计折旧总账核对相符。

2. 审查折旧额的计算

（1）审查固定资产预计使用年限和预计净残值是否符合国家规定，在当时情况下是否合理。

（2）确定本年度所采用的折旧方法和折旧率是否合理并与以前年度一致。

（3）抽查各类固定资产中的重要项目，确定其折旧的计提是否正确无误，并追查至固定资产登记卡。特别应注意有无已提足折旧的固定资产继续提折旧的情况和在用固定资产不提或少提折旧的情况。

（4）对折旧计提的总体合理性进行计算，是测试折旧正确与否的一个有效方法。计算的方法是用被折旧的固定资产乘以本年的折旧率。计算之前，审计人员应对本年增加和减少的固定资产、使用年限长短不一的和折旧方法不同的固定资产作适当调整。如果总的计算结果和被审计单位的折旧总额相近，且当固定资产及累计折旧的内部控制较健全时，则可以适当减少累计折旧的实质性测试工作量。

（5）将“累计折旧”账户贷方的本年度计提折旧额与相应的成本费用中的折旧费用明细账户的借方发生额相比较，以查明所计提折旧金额是否已全部摊入本年产品成本或费用。一旦发现差异，应及时追查原因，并作适当调整。

（六）实地观察固定资产

实地观察固定资产，有助于审计人员深入了解、熟悉被审计单位的生产经营情况，有助于理解增加、减少固定资产的会计处理。当被审计单位固定资产的内部控制较为薄弱时，实地观察就显得更为必要。

实施实地观察审计程序时，审计人员可以采用顺查法，即以固定资产明细分类账为起点，进行实地追查，以证实会计记录中所列的固定资产确实存在，并了解其目前的使用状况；也可以采用逆查法，即以实地观察为起点，追查至固定资产明细分类账，以获取实际存在的固定资产均已入账的证据。实地观察的结果可以填入“固定资产抽查表”。

当然，审计人员实地观察的重点是本年度增加的重要固定资产。必要时，观察的范围也可以扩展到以前年度增加的固定资产。具体观察范围的确定需要依据被审计单位内部控制的强弱、固定资产的重要性和审计人员的经验来判断。

（七）验证固定资产的所有权

对于以下各类固定资产，审计人员应分别获取、汇集不同的证据以确定其是否归被审计单位所有：

（1）对外购的机器设备等固定资产，通常审核采购发票、购货合同等即可确定；

（2）对于房地产类固定资产，需查阅有关的合同、产权证明、财产税单、抵押贷款的还款凭据、保险单等书面文件；

（3）对融资租入的固定资产，则应验证有关租赁合同；

（4）对汽车等运输设备，则应验证有关购货发票、执照等；

（5）对受留置权限制的固定资产的审查，通常审核被审计单位的有关负债项目即可证实。

（八）进行分析性复核

固定资产审计时常用的分析性复核方法是比率分析法和趋势分析法。具体做法如下：

（1）计算单位产量所含的固定资产总成本比率。将此比率与以前年度相比较，可能发现闲置固定资产或已减少固定资产未在账户上注销的问题。

（2）计算本年计提折旧额与固定资产总成本的比率。将此比率同上年比较，可能发现本年折旧额计算中存在的错误。

(3) 计算累计折旧与固定资产总成本的比率。将此比率同上年比较，可能发现累计折旧核算的错误。

(4) 比较本年各月间和本年度与以前各年度间的修理及维护费用，可能发现在资本性支出和收益性支出区分上存在的错误。

(5) 比较本年与以前各年度的固定资产增加和减少。由于被审计单位的生产经营情况在不断变化，各年度间固定资产增加和减少的数额可能相差很大。审计人员应当深入分析差异，并根据被审计单位以往和今后的生产经营趋势，判断差异产生的原因是否合理。

(九) 确定固定资产及累计折旧是否已在资产负债表中恰当披露

固定资产在资产负债表上应作为非流动资产列示，具体项目有：固定资产原价、累计折旧、固定资产净值、固定资产清理、固定资产减值准备、固定资产净额。

审计人员应依据前述多项审计内容确定会计报表上有关固定资产的各项数据的真实性，并注意固定资产的折旧方法、固定资产的分类情况等是否已在会计报表附注中作恰当披露。

第六节　对外投资的实质性测试

一、对外投资常见的错误和弊端

对外投资是指企业为通过分配来增加财富，或为谋求其他利益，而将资产让渡给其他单位所获得的另一项资产的活动。对外投资包括交易性投资、可供出售金融资产、持有至到期投资和长期股权投资，这些资产的状况对企业资产和收益具有重大影响。

对外投资经常出现以下错误和弊端：

(1) 对外投资不符合企业实际经营状况，导致投资失败；

(2) 投资控制不严，常常出现损失或不正当流失；

(3) 投资计价不正确；

(4) 投资收益的会计处理不正确；

(5) 投资减值准备计提不合理。

这些弊端都会导致企业资产和收益信息失真。通过审计，可以查明上述问题，提高企业会计信息的质量。

二、对外投资实质性测试的内容

(一) 获取或编制对外投资明细表

获取或编制对外投资明细表，可以了解全部对外投资的总体合理性。根据该明细表，复核其加计数是否正确，并与明细账和总账的余额核对相符。对于股票投资和联营投资，还需列示该投资占被投资企业股本或实收资本的份额及会计核算方法。

（二）对有价证券进行实地盘点

对有价证券进行实地盘点，目的是查明账实是否相符。

（三）审查对外投资业务的合规性及合法性

审查对外投资业务的合规性及合法性，查明对外投资是否符合国家有关规定。审计的主要内容有：

（1）查明股票等有价证券投资是否经过授权批准，有无违反国家规定擅自进行违法交易的行为等。

（2）审查长期投资业务是否合规。

（3）审查资金来源是否合规。

（4）审查资金的投向是否合法，投资的范围是否符合有关国家规定；是否有以投资为名转移资金的弊端。

（5）审查对外投资处置或转让是否符合规定等。

（四）交易性金融资产的审计

审计交易性金融资产时应查明以下内容：

（1）交易性金融资产在取得时和期末是否按公允价值计价；交易费用和持有期间的价值变动是否计入当期损益。

（2）取得这些金融资产时支付的价款中包含的已宣告但尚未发放的现金股利，或已到付息期但尚未领取的债券利息是否单独确认为应收项目。

（3）在持有期间取得的利息或现金股利是否确认为投资收益。

（4）处置时公允价值和初始入账金额之间的差额是否确认为投资收益。

（五）持有至到期投资的审计

持有至到期投资审计的主要内容包括：

（1）查明持有至到期投资的分类是否正确，有无将不符合持有至到期投资确认条件金融资产纳入该账户。

（2）评价在资产负债表日企业对该金融资产持有至到期的意图和能力。如果企业没有意图或没有能力将金融资产持有至到期，则应将其归为可供出售金融资产。

（3）查明初始入账时是否按取得时的公允价值和相关交易费用之和作为初始确认金额，支付的价款中包含的已到付息期但尚未领取的债券利息是否单独确认为应收项目。

（4）查明持有期间是否按面值和票面利率计算应收利息；是否按摊余成本和实际利率计算确认利息收入、确认投资收益；应收利息和确认的投资收益之间的差额，是否计入溢折价。

（5）查明处置时是否将取得价款与该投资账面价值之间的差额计入投资收益。

（6）查明持有至到期投资的减值提取是否合理，价值恢复后原已确认的减值损失的转回是否符合会计准则的规定。

（六）可供出售金融资产的审计

审计可供出售金融资产时应查明以下内容：

（1）分类是否正确，有无将持有至到期投资确认为可供出售金融资产。

（2）初始计量是否正确；可供出售金融资产是否按取得该金融资产的公允价值和相关交易费用之和作为初始确认金额；支付的价款中包含的已到付息期但尚未领取的债券利息或已宣告但尚未发放的现金股利，是否单独确认为应收项目。

（3）在持有期间取得的利息或现金股利，是否计入投资收益。

（4）在资产负债表日，可供出售金融资产是否按公允价值计量；公允价值变动是否计入其他资本公积项目。

（5）处置时取得的价款与该金融资产的账面价值之间的差额是否计入投资损益，同时，是否将原计入资本公积的公允价值变动累计对应处置部分的金额转出，计入投资损益。

（6）可供出售金融资产的减值提取和会计处理是否正确。

（七）长期股权投资的审计

长期股权投资的审计应按以下程序进行：

（1）查明长期股权投资适用的会计准则是否正确；

（2）查明长期股权投资的初始投资成本的计量是否正确；

（3）查明长期股权投资核算是否正确；

（4）查明权益法改按成本法的处理是否正确，不允许将成本法改为权益法核算。

另外，还要查明长期股权投资的信息披露是否恰当、合理，有无虚假或遗漏。

（八）审查对外投资的减值提取及会计处理是否正确

按成本法核算的、在活跃市场中没有报价、公允价值不能可靠计量的长期股权投资，其减值按《企业会计准则第 22 号——金融工具确认和计量》准则处理，其他长期股权投资的减值按《企业会计准则第 8 号——资产减值》准则处理。

本章小结

本章在明确资产审计的目标和依据的基础上，主要阐述了对企业货币资金、应收款项、存货、固定资产和对外投资进行实质性测试的依据、方法和内容。即依据会计准则、会计制度运用审计的一般方法和针对特殊项目的专门方法，对各项资产的存在性、完整性、所有权、计价和报表披露进行审计。

复习题

1. 简述库存现金盘点的步骤和方法。
2. 简要说明如何对银行存款业务进行截止测试。
3. 简要说明肯定式函证与否定式函证的异同，并解释说明函证是应收账款审计的重要程序。
4. 对外投资实质性测试的要点有哪些？
5. 审计人员应该采取哪些措施对存货进行测试？

第十一章 权益审计

【本章要点】

◇ 权益审计的目标和依据

◇ 流动负债主要项目实质性测试的内容和方法

◇ 长期负债各项目实质性测试的内容和方法

◇ 所有者权益各项目实质性测试的内容和方法

【本章引言】

加强对负债和所有者权益的审计，对于确保企业全面、真实反映债务，揭示其实际偿债能力，促使企业按期偿还债务，维护所有者的合法权益，保证企业相关信息的真实、可靠，具有重要的作用。

第一节 权益审计的目标和依据

一、权益审计的目标

权益审计的目标主要有：

（1）审查和测试各项负债的发生、偿还及计息的有关内部控制制度是否健全、合理和有效，重点审查各种手续是否齐全完备。

（2）审查各所有者权益项目的增（或提取、形成）减（或使用、分配）变动是否符合法律、法规和合同、章程的规定。

（3）审查各项权益的来源是否真实、正确、合规，有无转移、隐匿的现象。

（4）审查各项权益会计记录的正确性、合规性和完整性。进行账表、账账、账证的核对，以查证核算中是否存在错弊。

（5）确定各项权益的期末余额是否正确。

（6）确定各项权益在会计报告中的披露是否恰当。

二、权益审计的依据

用来评判权益及其相关经济活动的真实性、正确性、合法性、合规性和有效性的审计依据，范围很广。审计实务中主要运用《会计法》、《企业会计准则》、《企业会计制度》及相关的法律、法规、制度和规定等。

第二节　流动负债的实质性测试

流动负债是指将在一年或者超过一年的一个营业周期内必须偿还的债务，其中包括短期借款、应付票据、应付账款、预付账款、应付职工薪酬、应交税费、应付利润、其他应付款和预提费用等。本节主要说明流动负债的几个主要项目的实质性测试。

一、应付账款的实质性测试

（一）应付账款常见的错误、弊端

应付账款常见的错误和弊端有：

（1）控制制度不健全，无严格职务分离制度；

（2）利用“应付账款”账户，截留收入；

（3）应付账款长期挂账，忽视清理；

（4）利用应付账款，贪污现金折扣；

（5）应付账款记账不及时，低估负债。

（二）应付账款实质性测试的内容

应付账款的实质性测试应从下述几方面进行。

1. 取得或编制应付账款明细表

审计人员在对应收账款余额进行实质性测试时，首先应向被审计企业取得或自行编制应付账款明细表，明细表应包括债权人的姓名、日期、购货数量、金额。审计时，应将明细表上的数额汇总并与总分类账相核对，如果二者不符，应查明原因，并作出相应的调整。还可以抽查明细表中的一些项目，同应付账款明细账和总分类账相核对，检查其内容是否一致。应付账款明细表也是审计人员函证和抽取样本的依据。

2. 抽取应付账款的会计记录和原始凭证

由于测试目的不同，抽取样本的范围和追查的方向也会有所不同。一般来说，有如下几种方式：

（1）为了检查应付账款的记录和过账是否正确以及是否少计应付账款，审计人员可以抽取一定数量的发票，从发票追查至应付账款的明细账和总账，检查债权人的姓名、金额和日期是否正确。

（2）为了检查应付账款的真实性，审计人员可以抽取部分应付账款的记录，由明细账追查至发票。审计人员尤其要注意那些金额较大、异常的记录。

（3）审计人员在检查应付账款、其他流动负债和长期应付款账户时，要注意分类是否正确。如果应付账款的明细账户出现借方余额，应进行重分类。为了执行好这一审计步骤，审计人员必须清楚了解被审计单位的行业特点和经营方式。

3. 查找未入账的应付账款

由于负债账户的审计重点是防止低估，所以查找未入账的应付账款具有非常重要的意义。而执行这一审计程序的广度和深度，取决于审计人员对控制风险的评估结果和应付账款余额的重要性水平。这一步骤的审计程序也可应用于应付账款余额低估（而非漏记）的情况。

（1）检查会计年度后银行存款支付的记录。这一审计程序的目的是查出漏记的应付账款业务。审计人员通过检查会计年度结束后正常信用期内的银行存款支出日记簿中的记录，找出偿付的应付账款，然后检查与该应付账款有关的凭证，包括发票、订货单、验收报告，以确定应付账款正确的归属期。如果发现与某一应付账款有关的存货验收报告的日期在资产负债表日之前，则表明该应付账款应包括在所审计的会计年度内。如果被审计单位的内部控制制度非常薄弱，应付账款经常要推迟到付款时才予以确认，则执行这一审计程序就非常有必要。

（2）检查期末的验收报告。所有验收入库的存货都要填制验收报告。通过审查会计年度结束前几周内的验收报告，并追查至供应商的销售发票和应付账款账簿，审计人员可以查明是否所有收到的存货和相关应付账款均已入账。如果存货已验收入库，但直到资产负债表日仍未收到发票，被审计单位应以最近同类存货的购买价格暂估入账。

（3）检查供应商的对账单。如果被审计单位和供应商定期对账，审计人员可以审查供应商的对账单，并分析对账单和被审计单位所列示的期末余额的差异。产生该差异的原因可能是未达账项和记账错误。

4. 截止测试

截止测试的主要目的是检查资产负债表日前后发生的经济业务是否正确地列入其所属的会计期间。在如何查找未入账的应付账款中介绍的三种方法实际上也可用于截止测试。下面介绍与截止测试有关的另外两个方面的问题。

（1）截止测试和存货盘点之间的关系。购货业务的截止测试必须和存货的盘点结合起来进行才能达到理想的效果。存货盘点开始时，所有的存货停止流动，审计人员首先应检查验收报告的记录，确保盘点前收到的所有存货均列入盘点范围。然后在工作底稿中记录下存货的最后一张验收报告的号码，与该验收报告有关的存货已列入盘点范围。在随后的应付账款审计中，审计人员根据该验收报告和有关的发票追查至应付账款明细账，确认与该笔购货业务有关的应付账款是否已入账。例如，假设与已列入盘点范围的存货有关的最后一张验收报告的号码是 3167。审计人员应将这个号码记入存货盘点的工作底稿中。然后追查这个号码，以及在它前面和后面的几个号码至相关的发票和应付账款明细账、总账，检查在 3167 之前（包括 3167）的购货业务是否均已在所审的会计期间内入账，而在 3167 之后的购货业务是否均记入下一会计期间。当存货的盘点时间早于资产负债表日时，审计人员仍有必要执行同样的审计程序。此外，审计人员还应该执行额外的审计程序，以确定从盘点日到资产负债表日之间的所有购货业务均已列入正确的会计期间。比如，被审计单位在12月27日执行存货盘点，审计人员应执行同样的审计程序以确定截止12月27日所有的购货业务已正确入账，此外审计人员还应审查12月27日之后到12月31日所有的购货业务，检查其归属期间是否正确。

(2) 在途存货。查找未入账的应付账款和截止测试，实际上都涉及一个问题，就是如何确定购销业务中存货所有权和风险转移的时点问题。存货所有权和风险的转移基本上可以分为两种方式：一种是销售方在办妥运输手续，将存货装上运输工具以后，存货的所有权和风险就转移给买方；另一种方式是直到存货运抵目的地、由购买方验收后，与存货相联系的所有权和风险才转移给买方。无论在何种方式下，只有在存货的所有权和风险转移给购买方后，购买方才能够将应付账款入账，所以，不同的方式入账的时点有所不同。审计人员只有通过对购销合同的认真分析，才能够准确识别应付账款的归属期间。

5. 应付账款的函证

一般来说，应付账款的函证不像应收账款的函证那样已经成为公认的审计程序。函证对于应付账款并不是必须要执行的审计程序。这是因为应付账款的审计重点是防止低估，如果整个购货业务都被漏掉了，那么审计人员就不可能向该债权人函证，所以函证对于发现应付账款低估的作用有限。另外，审计人员可以取得供应商的销货发票、对账单等证明力较强的外部证据。但这并不是说应付账款的函证起不到任何作用，如果仅仅漏记了与债权人有关的部分业务，函证仍然有助于发现这种错报。此外，函证对于期末截止测试也能起到校验作用。

如果被审计单位的内部控制制度较为薄弱，没有定期与供应商对账，或者审计人员认为被审计单位的职员有舞弊嫌疑，就有必要进行函证。在选择函证对象时应注意，由于应付账款的审计重点是防止低估，所以应选择那些金额较大、平时往来业务发生频繁、期末余额为零的账户进行函证。当然函证抽取的样本应具有代表性。函证日期的选择一般在资产负债表日后的几天，越接近资产负债表日越好。

审计人员应分析函证结果，一般来说，双方的金额总会存在一些差异。一些正常的差异是由于在途存货、未达账项和业务处理过程中的迟延造成的。

6. 确定应付账款在会计报表中的表达与披露是否恰当

资产负债表的“应付账款”项目应根据“应付账款”和“预付账款”科目所属明细科目的期末贷方余额的合计数填列。如果由于重复付款、付款后退货、预付货款等导致某些应付账款的明细账户出现较大的借方余额，应将其重分类，相应地列入“其他应收款”、“预付账款”等资产类账户。

案例分析 11—1

资料：审计人员正在对A公司的应付账款项目进行审计。根据需要，决定对下列四个明细账户中的两个进行函证，见表11—1。

表 11—1 应付账款余额明细表 单位：元

公司名称	年末余额	本年度进货总额
甲公司	23 080	52 300
乙公司	0	2 250 000
丙公司	56 800	85 600
丁公司	250 000	3 562 000

要求：

（1）审计人员应选择哪两个公司进行函证，为什么？

（2）如果上述四个公司均为A公司的购货人（债务人），表11—1中后两项分别是应收账款年末余额和本年度销货总额，审计人员应选择哪两家公司进行函证，为什么？

分析：

（1）函证应付账款的对象应为乙公司和丁公司。因为应付账款的函证目的不是要验证金额较大的账户余额，而是寻找未入账的负债。因此，函证应付账款时，应选择那些年度有大量交易金额的账户，而不是在结账日当天有较大余额的账户。

（2）审计人员应选择丙、丁两家公司作为应收账款的函证对象。因为应收账款函证的目的在于证实账户余额的真实性，防止资产的高估，所以常常选择年末余额较大的账户。

二、应交税费的实质性测试

应交税费常见的错误、弊端有：隐瞒销售收入、偷漏税款；购销双方直接交换产品，偷漏税款；转卖销售退回的产品，偷漏税款；应交税费各账户期末余额与有关报表不符；应缴纳的各种税款计算依据不正确，采用的税率与规定不符；应缴纳的各种款项拖延不交或被占用。

应交税费的实质性测试应从下述几方面进行。

（一）应交增值税的实质性测试

增值税是对在我国境内销售货物或者提供加工、修理修配劳务以及进口货物的单位和个人征收的一种流转税。由于应交增值税与销售收入和购货有直接关系，因此，应结合销售和购货业务进行审计。

1. 增值税计税依据的审查

对增值税计税依据进行审查时应注意的问题主要有：

（1）作为计税依据的销售额是否包括销售货物或提供劳务时向购买方收取的全部价款和价外费用。

（2）经国家税务机关确定为混合销售行为的，纳税人应分别计算货物或应税劳务和非应税劳务的销售额，不能准确计算的，其非应税劳务应与货物或应税劳务一并征收增值税。

2. 增值税税率的审查

根据我国现行税法的规定，增值税税率分为基本税率、低税率和零税率三档以及适用于小规模纳税人的通用税率。对企业是否按规定税率计征税款的审查应注意：一是兼营不同税率的货物或应税劳务的企业，是否分别核算其销售额；二是企业有无随意采用低税率或零税率的问题。

3. 增值税纳税时间的审查

审计人员应注意审查企业有无采用延迟确认纳税义务时间、推迟纳税等行为；企业是否根据不同的销售方式正确地确认纳税义务发生的时间。企业如果有进口货物，则应检查企业是否将报关进口的当天作为纳税义务发生的时间。

4. 增值税销项税额的审查

增值税销项税额的审查，包括对企业的对外销售产品业务、自产自用产品业务和委托加工业务进行的审查。

(1) 对外销售产品业务销项税额的审查。对外销售产品业务销项税额的查证应从三个方面进行：第一，企业确认销售额是否及时；第二，企业取得的价外收入是否全部并入销售额；第三，企业有无漏计销售额的问题，特别是对单独计价的包装物和逾期没有退回的包装物的押金收入是否漏计。

(2) 对自产自用产品业务销项税额的审查。对企业的产成品、在产品明细账和在建工程等明细账及产品出库单进行核对，查明企业有无将自制产品用于在建工程、职工福利设施等非生产项目而未计入或少计销项税额的问题。

(3) 对委托加工业务销项税额的审查。对委托加工业务销项税额的查证应从两个方面进行：第一，查清是否属于委托加工业务；第二，查清委托加工单位是否属于一般纳税人，并与增值税纳税申报表和委托加工产品证明单进行核对，查明有无漏计销售额。

5. 增值税进项税额的审查

(1) 在未取得增值税扣税凭证，或者增值税扣税凭证上未按照规定注明增值税及其他有关事项的情况下，企业是否作为进项税额抵扣了销项税额。

(2) 企业的预付款业务及货到账单未到业务是否存在未取得增值税专用发票的情况下抵扣销项税额的问题。

(3) 通过对企业实收资本、资本公积和原材料等账户的核对，查明接受投资和捐赠转入货物的进项税额核算是否正确。

6. 增值税退（免）税的审查

审计人员根据取得的《出口货物退（免）税申报表》及办理出口退税的有关凭证，复核出口货物退税的计算是否正确，是否按规定进行了会计处理。

7. 小规模纳税企业增值税的审查

小规模纳税企业增值税的查证主要应从两个方面进行：一是小规模纳税企业购进货物，或者应税劳务支付的增值税额是否直接计入有关货物或劳务成本，有无冲减应交税费的问题；二是小规模纳税企业是否按照规定的税率计算应交增值税额，计算是否正确。

(二) 应交营业税的实质性测试

营业税是对在我国境内提供《营业税暂行条例》规定的应税劳务、转让无形资产或销售不动产的单位和个人，就其所取得的营业额征收的一种税。对应交营业税的审查主要包括下述几个方面。

1. 营业税征收范围的审查

营业税的征收范围包括：在我国境内有偿提供交通运输业、建筑业、金融保险业、邮电通信业、文化体育业、娱乐业、服务业等应税劳务、有偿转让的无形资产和销售的不动产。由于我国目前增值税和营业税并立，在征收范围上存在相互交叉的现象。因此对营业税征收范围的查证，应注意下列问题：

（1）审查混合销售行为的划分是否清楚。例如，从事生产、批发或零售的企业、企业性质的单位及个体经营者的混合销售行为，应一律视为销售货物，对其征收增值税，而不征收营业税；其他单位或个人的混合销售行为，则视为提供应税劳务，对其征收营业税，而不征收增值税。

（2）审查企业同时兼营属于营业税和增值税征收范围的项目，是否分别进行核算、分别申报纳税；如果存在未分别进行核算或不能准确进行核算的经营项目，其应税劳务与货物或非应税劳务是否一并征收了增值税，而不是一并征收营业税。

2. 营业税计税依据的审查

对营业税计税依据的审查主要是审查纳税人提供应税劳务、转让无形资产或者销售不动产，是否按照营业额和规定的税率计算应纳税额。

3. 营业税税率的审查

对营业税税率的审查主要包括：

（1）企业营业税的税目、税率的选用是否符合税法的规定，有无故意选用低税率而少交税的问题，有无擅自调整税目、税率的行为。

（2）兼营不同税率应税项目的企业，是否按不同税率分别核算应税项目的营业额，是否从高选用营业税的税率。

4. 营业税纳税时间的审查

对营业税纳税时间的审查主要包括：

（1）企业转让土地使用权或销售不动产采用预收款方式的，是否以收到预收款的当天作为纳税义务发生的时间。

（2）企业将不动产无偿转让给他人，是否以不动产所有权转让的当天作为纳税义务发生的时间。

（3）企业自建建筑物的销售，是否以销售自建建筑物并收到价款或取得索取价款凭证的当天作为纳税义务发生的时间。

（三）应交消费税的实质性测试

消费税是对我国境内从事生产、委托加工和进口《消费税暂行条例》规定应税消费品的单位和个人而征收的一种税。对应交消费税的审查主要包括下述内容。

1. 消费税征收范围的审查

对消费税征收范围的审查主要是审查企业是否按规定的征收范围缴纳消费税，有无应缴税而未缴的项目。

2. 消费税计算依据的审查

消费税计征有从价定率计征和从量定额计征两种方法。对消费税计征依据的查证，应注意下列问题：

（1）作为计税依据的销售额包括销售货物时向购买方收取的全部价款和价外费用。价外费用的范围与增值税价外费用的范围基本相同。以外币结算销售额的，可按销售额发生当天或当月 1 日的国家外汇牌价（原则上为中间价）折合人民币进行计算。

（2）企业自产应税消费品用于生产非应税消费品和在建工程、管理部门、非生产机构、职工福利、馈赠、广告、奖励等，如果实行从价定率计征，是否按企业所生产的同类消费品的销售价格计算纳税；如果实行从量定额计征，是否按应税消费品移送使用数量计算纳税。

（3）企业应税消费品连同包装销售的，是否均计入应税消费品的销售额中计征消费税。如果包装不作价而是收取押金，则该押金不计征消费税。

（4）企业委托加工的应税消费品，是否按受托方同类消费品的销售价格计算纳税；如果实行从量定额计证，是否按收回的应税消费品的数量计算纳税。

3. 消费税税率的审查

对消费税税率的审查主要包括：

（1）企业是否按照消费税的税目、税率、税额正确计算，有无故意采用低税率而少交税的问题。

（2）当企业兼营不同税率的应税消费品时，是否分别核算不同税率的应税消费品的销售额和销售数量；如果企业未分别核算不同税率的应税消费品的销售额和销售数量，是否从高选用消费税的税率。

4. 消费税纳税时间的审查

审查企业确认纳税义务发生的时间是否正确。其中企业采用收款销售方式销售货物的，是否为收到销售款项或收到收取款项的凭据并将提货单交给买方的当天；采用托收承付和委托银行收款方式销售货物的，是否为发出货物并办妥托收手续的当天；采用分期收款方式销售货物的，是否为按合同约定的收款日的当天。企业自产自用的应税消费品，其纳税义务发生的时间是否为移送使用的当天；企业委托加工的应税消费品，其纳税义务发生的时间是否为纳税企业提货的当天。

审计人员可以从销售发票、产成品出库单上查明发出商品的时间，并与销售明细账和消费税申报表相核对，查明有无不及时结转销售、漏计销售的问题。

（四）应交所得税的实质性测试

1. 企业所得税纳税义务人的审查

我国税法规定，除个人独资企业、合伙企业以外，凡在我国境内实行独立经济核算的企业或组织，为企业所得税纳税义务人。独立经济核算的企业或组织是指纳税人同时具备在银行开设结算账户；独立建立账簿，编制财务会计报表；独立计算盈亏等条件的企业或者组织。对企业所得税纳税义务人的审查，应依据上述条件衡量，由税务机关确认。

2. 企业所得税征税对象和范围的审查

审查征税对象的范围是否包括了在中国境内从事物质生产、商品流通、交通运输、劳务服务及其他盈利业务取得的全部所得，有无遗漏。

3. 企业所得税计税依据的审查

（1）应纳税所得额确定的审查。企业所得税的计税依据为应纳税所得额，企业应纳税所得额是指纳税人每一纳税年度的收入总额减去准予扣除项目后的余额。其计算公式为：

应纳税所得额＝企业账面利润总额±应调整差异额

审查企业所得税纳税义务人在计算、确定应纳税所得额时，计算是否正确；用于计算收入总额项目的依据是否齐全、合法，有无转移、截留或遗漏问题；用于计算的扣除项目，是否符合截至目前的所有规定，有无漏掉扣除项目、擅自扩大扣除范围，以及提高扣除标准的问题。

（2）应纳税所得额不允许扣除项目的审查。按照有关税法规定，在计算纳税义务人应纳税所得额时，下列支出项目不得在收入总额中扣除：

1）资本性支出；

2）无形资产受让、开发支出；

3）违法经营的罚款和被没收的财物损失；

4）各项税收的滞纳金、罚金和罚款；

5）自然灾害或者意外事故损失有赔偿的部分；

6）超过国家规定允许扣除的公益性、救济性捐赠范围和渠道的捐赠，以及超过年度应纳税所得额12%以内标准的捐赠；

7）赞助支出，是指企业发生的与生产经营活动无关的各种非广告性质支出；

8）与取得收入无关的各项支出。

对以上列举的不允许扣除项目的审查，主要是核查纳税义务人在计算应纳税所得额时有无擅自扣除的问题，如有这种问题，应予以调整。

4. 企业所得税税率及其运用的审查

（1）企业所得税税率的审查。企业所得税的基本税率为25%，内资企业和外资企业一致。非居民企业在中国境内未设立机构、场所的，或者虽设立机构、场所但取得的所得与其所设机构、场所没有实际联系的，应当就其来源于中国境内的所得缴纳企业所得税，适用税率为20%，现在减按10%的税率征收；符合条件的小型微利企业，减按20%的税率征收所得税；国家需要重点扶持的高新技术企业，减按15%的税率征收。

（2）企业所得税税率运用的审查。查证企业所得税纳税义务人计算税额所运用的税率是否符合上述规定的级次税率，在计算应纳税所得额时有无擅自降低税率的问题；高新技术开发区的企业，有无未经批准擅自按15%的税率计算、缴纳所得税的问题。

5. 企业所得税计算与缴纳的审查

（1）企业所得税计算的依据。企业应纳所得税额的计算公式为：

应纳所得税额＝应纳税所得额×适用税率

（2）企业所得税计算的审查。审查企业所得税的计算，是否符合规定的计算公式，有无计算错误；查证企业所得税按月、季预缴时，是否按规定程序换算，有无换算错误。

（3）企业所得税缴纳的审查。根据我国税法的规定：缴纳企业所得税，按年计算，分月或分季预缴。月份或季度终了后的15日内预缴，年度终了后的45日内进行年度申报，税务机关在5个月内进行汇算清缴，多退少补。

对企业所得税缴纳的审查主要是：平时是否按期预缴，有无不按期预缴拖欠税款的问题；年终是否按规定进行汇算清缴，有无不按期申报的问题。

案例分析 11—2

资料：A 公司 20×1 年度利润总额为 300 000 元，审计人员于 20×2 年 2 月对该企业进行审计。发现以下情况：

(1)"固定资产清理"账户尚有贷方余额 5 000 元；

(2) 以前年度亏损已连续弥补四年，尚有 60 000 元没有弥补；

(3) 投资收益包括国库券利息收入 25 000 元，投资其他企业分回利润30 000元（税前利润）已在被投资企业按 15%税率缴纳所得税；

(4) 20×1 年度营业外支出中，包括滞纳增值税被处罚的滞纳金和罚款18 800元。

假定该企业适用的所得税率为 25%。

要求：

(1) 根据上述资料分析各种会计处理是否得当。

(2) 计算 20×1 年度企业的应纳税所得额和应纳所得税额。

分析：

(1) 分析各种会计处理：

1)"固定资产清理"账户贷方余额应结转到营业外收入中，结转后无余额。所作的会计分录为：

借：固定资产清理　　5 000

　贷：营业外收入　　5 000

企业未作此分录，虚减利润 5 000 元。

2) 因距五年的弥补期限还有一年，因此，应将 60 000 元未弥补亏损从利润总额中扣减后，再计算应纳税所得额。

3) 会计处理没问题。由于国库券利息收入免征企业所得税，因此在计算应纳税所得额时，应将国库券利息收入扣除；由被投资企业分回的利润，由于两企业税率不同，需补交所得税：30 000×(25%－15%)＝3 000(元)。

4) 会计处理正确。但在计算应纳税所得额时，应在会计收益的基础上增加18 800元。

(2) 20×1 年度企业的应纳税所得额和应纳所得税额计算如下：

应纳税所得额＝30 0000 ＋5 000－60 000－25 000－30 000＋18 800
＝208 800(元)

应纳所得税额＝208 800×25%＋3 000＝55 200(元)

(五) 其他应交税费的实质性测试

1. 应交城市维护建设税的审查

城市维护建设税是按增值税、营业税、消费税的实际纳税额计算征收的专门用于城市维护建设的一种税。其税率根据纳税企业所在地市（区）、县、镇的情况分别确定为 7%、5%和 1%。审计人员应结合被审计单位增值税、营业税、消费税的查证，对城市维护建设税计税依据的计算是否正确、税率的选用是否符合规定进行验证。

2. 应交资源税的审查

资源税是国家对在我国境内从事矿业资源开发的单位和个人就其开发资源征收的一种税。资源税实行从量定额计征的办法。

（1）资源税计税依据的审查。对应交资源税的查证，主要应从以下几方面进行：一是企业开采或者生产应税产品用于销售的，是否以销售数量作为课税数量；二是企业开采、生产应税产品自用的，是否以自用数量作为课税数量；三是企业如不能准确地提供应税产品销售数量或者移送使用数量的，是否以应税产品的产量或者主管税务机关确定的折算比换算的数量作为课税数量。

（2）资源税税目及税额计算的审查。由于我国对资源税实行从量定额计征办法，根据纳税企业开采或所生产的应税产品的不同资源品种、不同产地在规定幅度内确定税额。因此，审查时应注意：企业是否按《几个主要品种的矿山资源等级表》规定的税额计算资源税；表中未列举应税矿产品名称的纳税企业是否按照所在省（自治区、直辖市）人民政府规定的税额计算缴纳资源税；开采或生产不同税目应税矿产品和盐的纳税企业是否分别计算不同税目应税矿产品和盐的课税数量；未分别计算或不能准确提供不同税目应税矿产品和盐的课税数量的，是否从高确定税额。

3. 其他应交款的审查

（1）其他应交款期末余额正确性的审查。主要审查企业“其他应交款明细表”所反映的教育费附加、矿产资源补偿费、住房公积金的年初未交款、本年应交款、本年已交款、年末未交款是否正确；期末余额与明细账、总账、会计报表是否相符。

（2）其他应交款计算是否正确的审查。审查时应注意其计算依据是否正确，费率是否符合规定。应通过与有关明细账以及记账凭证、原始凭证进行核实后加以确认。对个人负担的住房公积金，应查阅企业按个人设置的“备查簿”，并与其他应交款明细账的相关项目进行核对，验证其是否正确。

（3）其他应交款交纳情况的审查。从“其他应交款明细表”中可以查看企业的教育费附加、矿产资源补偿费、住房公积金的应交及未交纳情况，应查明拖欠及企业占用原因，督促其及时交纳。

三、其他流动负债的实质性测试

（一）应付票据的实质性测试

应付票据常见的错误、弊端有：内部控制制度不健全，无严格职务分离制度；商业汇票的签发不合理、不合规；应付票据长期挂账；应付票据金额与发票金额不一致。

应付票据的实质性测试应从下述几方面进行。

1. 应付票据内部控制制度健全、有效性的审查

企业应付票据内部控制制度是否健全、有效的查证，主要应包括以下内容：

（1）票据的经办人、记账人、署名人是否实现了职务分离、是否由不同的人员经办；

（2）所有签发的应付票据是否均由有关负责人批准；

（3）空白应付票据是否建立了领用制度，已作废的票据是否单独保管、统一归档备查；

(4) 是否设置了"应付票据备查簿"，详细登记每一应付票据的种类、号数、签发日期、到期日、票面金额、票面利率、合同交易号、收款人姓名或单位名称、付款日期和金额以及应付票据到期结清在备查簿内逐笔注销等。

2. 应付票据真实性的审查

(1) 查账人员应向被查证单位索取或编制"应付票据明细表"。该表应列示以下内容：票据种类、号数、签发日期、票面金额、到期日、收款人姓名或名称、票面利率、付息条件、抵押品名称、数量、金额。

(2) 核实期末余额，即核实企业持有尚未到期的应付票据本息。应采取会计报表、总账、明细账、"应付票据备查簿"、"应付票据明细表"相互核对的办法，看其是否相符，如不符，应进一步查明原因。

(3) 向应付票据持有人发函，询证应付票据实有数是否正确。

3. 应付票据使用合法性的审查

查证企业有无签发无合同的商业汇票或非法的商业汇票，有无以应付票据为壳体而行其他之目的的问题，如甲企业向乙企业借出资金，甲企业为保证资金安全收回，乙企业为获得甲企业的借款，甲、乙两企业共同伪造购货合同，由乙企业向甲企业签发银行承兑汇票，其开户银行未进行认真审查即同意承兑。这就是通过承兑汇票掩盖企业间拆借资金的行为。

4. 应付票据长期挂账的审查

查证企业有无应付票据长期挂账、名实不符，导致应付票据信息失真的问题。应付票据超过其付款期后，企业不及时进行有关账务处理，其原因可能有：一是利用"应付票据"账户转移收入，导致无法处理；二是购销双方存在经济纠纷，拖延不处理；三是企业无力支付货款，不及时进行有关账务处理或转为应付账款。

5. 应付票据计息正确性的审查

审计人员应注意审查从购买商品、材料和接受劳务开始，至用银行存款支付票据款的付款日为止，应付利润的计算和账务处理是否正确，支付银行承兑汇票的手续费是否计入财务费用。

(二) 短期借款的实质性测试

短期借款常见的错误和弊端有：短期借款计划编制不合理；使用不当；不能按期归还；利息计算不正确。

短期借款的实质性测试应从下述几方面进行。

1. 短期借款计划编制的审查

短期借款计划存在的问题有：计划项目、内容不全，有关数据的确定缺乏科学依据，甚至"宽打窄用"等。对此，审计人员应向被审计单位索取短期借款计划的编制依据，通过核对、分析，并将其与现金流量表中的"筹资活动产生的现金流量——取得借款所收到的现金"及其计算依据相核对，从而查证借款计划是否必要、是否科学合理。

2. 短期借款物资保证的审查

企业的短期借款，必须有相应的物资作保证，否则将不能取得借款。审计人员应根据企业提出的物资保证依据进行复查，其中包括：

（1）企业所提供的物资和财产保证在会计报表、总账及明细账中的反映是否正确，与实物是否一致；

（2）企业所提供的物资保证，其质量是否经过鉴定，是否达到质量标准要求；

（3）企业所提供的物资保证，在市场上是否适销、适用；

（4）企业所提供的物资保证，其价格是否合理，所计算的金额是否正确，有无有意多计的问题。

3. 短期借款使用的审查

企业在取得短期借款后，可能不是按借款合同、协议规定的用途使用，而是挪作他用。对此，审计人员应根据短期借款有关明细账的记录取得借款的具体种类及金额，追踪核对相应时期的会计资料，并调查了解该项借款的实际使用情况，查证企业对取得的有关短期借款是否按规定的用途使用。

4. 短期借款归还的审查

企业的短期借款是否及时、足额归还，审计人员可根据短期借款有关明细账记录的还款时间与借款计划和银行规定的还款时间进行核对，以查证其还款是否及时；根据借款金额与还款金额的核对，可以确定其是否足额还款。

5. 短期借款利息的审查

企业的短期借款利息，是企业当期损益中的一个重要项目。企业的短期借款，一般是按季支付利息，按月预提当期应负担的利息。因此，审计人员在审计过程中应注意：企业是否按月预提利息，并计入财务费用；利息金额的计算是否正确，有无多提或少提，从而调节当期损益的问题。

案例分析 11—3

资料：20×2 年 5 月审计人员审查 A 公司 20×1 年度“短期借款”时发现：A 公司于 20×1 年 12 月 1 日借入一笔半年期银行借款，利息总额为 12 万元，借款合同规定到期一次归还本息。由于借款利息数额较大，而且又是到期一次归还本息，本应采取预提利息的办法，每月计入财务费用 2 万元，但 A 公司并未采取按月预提的办法，而是借机将 12 万元一次预提，全部计入财务费用，致使企业当年虚减利润 10 万元，调节了当年损益。

分析：

经过核实应调整上年利润并作如下会计分录：

借：预提费用　　100 000

　贷：以前年度损益调整　　100 000

调整上年利润后，应补交所得税（税率为 25%），补提盈余公积：

补交所得税：

借：以前年度损益调整　　25 000

　贷：应交税费——应交所得税　　25 000

借：以前年度损益调整　　75 000

　贷：利润分配——未分配利润　　75 000

借：利润分配——未分配利润　　11 250
　贷：盈余公积　　11 250

补提20×2年1月至5月份应计提的财务费用：

借：财务费用　　100 000
　贷：预提费用　　100 000

(三) 应付职工薪酬的审计

1. 应付职工薪酬的审计范围

应付职工薪酬、职工福利、社会保险费、住房公积金、工会经费、职工教育经费、非货币性福利、辞退福利、股份支付等设置科目进行明细核算；职工薪酬发生后，按照职工的工作性质分别计入生产成本、制造费用、劳务成本、管理费用、销售费用、在建工程、研发成本等账户；支付职工薪酬时，涉及银行存款、库存现金等账户。这些账户及相关事项，构成了应付职工薪酬的审计范围。

2. 应付职工薪酬的审计内容

对应付职工薪酬进行审计时，不仅要审计其会计处理是否合法和公允，还要审计其发放依据是否符合相关法律法规的规定，是否符合企业制度的规定。因此，应付职工薪酬的审计内容应当包括以下几个方面：

(1) 关于职工薪酬的内部控制是否规范；

(2) 职工薪酬的范围、依据、标准、来源和金额是否合法；

(3) 职工薪酬的会计处理是否正确；

(4) 职工薪酬的披露是否恰当。

3. 应付职工薪酬的审计程序

(1) 了解有关职工薪酬的内部控制，查明其设计是否健全和运行是否有效。对职工薪酬的内部控制进行测试，确认其可信赖程度。

(2) 审查应付职工薪酬总额的内容是否符合规定；有无冒领工资行为，有关未领工资是否属实；工资的计算及会计处理是否正确和得当；应付职工薪酬贷方发生额累计数与相关的成本、费用账户是否一致，在资产负债表上的披露是否充分等。

(3) 审查职工福利费、职工教育经费、工会经费，查明这些费用的计提标准是否符合有关规定，计提金额及会计记录是否正确；抽查这些经费的使用情况，确定其使用是否符合规定用途，有无超范围使用情况，有无舞弊现象。

(4) 检查养老保险、医疗保险、失业保险等各项社会保险费，以及企业年金、住房公积金等，查明这些费用的提取范围、提取标准是否符合法律规定，计提金额及会计记录是否正确，有无舞弊现象。

(5) 审计非货币性福利的发放是否符合法律法规及政策的规定，会计处理是否有“寅吃卯粮”的现象。

(四) 预收账款的实质性测试

预收账款常见的错误、弊端有：利用“预收账款”账户虚构销售收入，调节企业当期损益；利用“预收账款”账户截留收入；预收账款长期挂账等。

对于上述问题，审计人员应调阅相关合同、协议进行核实。

流动负债的其他项目，如应付职工薪酬的实质性测试可体现在成本和相关费用项目的审查当中；其他应付款项目一般业务量较少，又不经常发生，且金额不大，可结合相关账目进行审计，亦可按照应付账款项目的实质性测试进行。

第三节　长期负债的实质性测试

长期负债是指偿还期限在一年以上或者超过一个营业周期的债务，包括长期借款、应付债券和长期应付款。

一、长期借款的实质性测试

长期借款常见的错误、弊端主要有：虚拟借款数额，挪用借款；利用借款利息调节损益；支付利息挂账，隐瞒企业亏损。

对长期借款的实质性测试应从下述几方面进行。

（一）长期借款条件的审查

按有关规定，借款企业必须符合下列条件才可申请贷款：

（1）借款企业必须实行独立核算，自负盈亏，具有法人资格，有健全的管理机构和相应的企业管理和技术人才；

（2）借款企业的经营方向和业务范围符合国家政策，借款用途属于银行贷款管理规定的范围，并能提供有关借款项目的可行性报告和相关文件；

（3）借款企业具有一定的物资和财产保证，担保单位具有相应的经济实力；

（4）借款企业具有偿还贷款本息的能力；

（5）借款企业具有良好的财务管理和经济核算制度，资金使用效益和企业经济效益良好；

（6）借款企业在贷款银行开立账户，办理结算。

审计人员应对借款企业是否符合上述条件进行查证。

（二）长期借款程序的审查

（1）查证企业的长期借款是否向金融机构提出申请，说明借款原因、借款用途、借款金额、使用时间、使用计划、归还期限和归还计划等。

（2）查证企业的长期借款是否签订了借款合同。查证借款申请获得批准后，是否按有关规定明确借贷双方的权利和义务，订立有关保证条款，即规定借款企业必须以适销、适用的物资和财产作为借款的保证。借款企业无力归还借款时，金融机构有权处理作为企业借款保证的物资、财产。必要时还应规定借款担保人，担保人应具有的财力、物力，以及担保人连带承担归还借款本息的责任等条款。

（三）长期借款使用的审查

借款合同签订后，在金融机构核定的借款规模范围内，企业可以根据用款计划和实际需要，一次或分次将借入资金转入企业的存款账户。为查证企业有无未按批准使用借款或将借款挪作他用的问题，审计人员应将长期借款中规定用途的明细账，如“在建工程”等账户的借方发生额或累计数额与实际借款额相核对，判明借款使用是否存在问题。建设单位在工程竣工交付使用办理交接手续后，由企业会计继续处理归还长期借款本息的业务，两者的核算可能不衔接、不一致，在查证时应调阅两种核算资料，以验证其有无违反规定用途使用借款或被挪用的问题。

（四）长期借款本息归还的审查

企业长期借款本息的归还涉及三个方面：一是按期还本付息；二是以一定的还款来源归还；三是按一定的还款顺序归还。因此，查证也应从这三个方面入手，查阅长期借款明细账的借方记录，并核对相应的还款原始凭证，在此基础上，按长期借款所使用的项目和提供的还款来源总额，结合还款顺序逐项扣除，查明长期借款归还是否及时、合法。在查证中应注意的错弊主要有：

（1）长期借款的归还不及时，存在拖欠长期借款本息，甚至不能归还的情况。

（2）新增利润或超计划利润与其他利润相互混淆，还款来源不清楚；企业在借入多种用途借款时，不按规定还款顺序归还借款；当企业无力归还长期借款时，利用短期借款归还长期借款。

（五）长期借款费用的审查

企业发生的借款费用（包括利息、汇兑损失等），应按规定分别列入有关科目：属于筹建期间的，计入长期待摊费用，借记“长期待摊费用”科目，贷记“长期借款”科目；属于生产经营期间的，计入财务费用，借记“财务费用”，贷记“长期借款”科目；属于发生的与固定资产购建有关的借款费用，在固定资产达到可使用状态前，按规定应予以资本化，借记“在建工程”科目，贷记“长期借款”科目；固定资产达到可使用状态后所发生的借款费用，以及按规定不能予以资本化的借款费用，借记“财务费用”科目，贷记“长期借款”科目。审计人员应注意查证企业长期借款费用的处理是否符合规定。

案例分析 11—4

资料：审计人员对A公司20×1年会计报表进行审计。当年公司向银行借入一笔长期贷款，贷款合同规定：（1）公司以固定资产和存货为贷款担保；（2）公司债务总额与所有者权益之比不得高于2∶1；（3）非经银行同意，公司不得派发股利；（4）自20×2年7月1日起分期归还贷款。

要求：审计人员对上述借款项目进行审计应采用哪些审计程序？

分析：

应采取的审计程序：（1）查阅该公司有关会议记录，查明借款是否经有关的负责人批准；（2）取得该长期借款合同，核实合同的所有限制性条件；（3）复核长期借款利息的计算；(4) 计算公司债务与所有者权益的比例，查明其是否低于2∶1；(5) 计算并重新分类长期借款中一年内到期的部分，查实资产负债表对负债反映的适当性；(6) 审阅资产负债表附注，查实对借款限制条款的披露；(7) 询证管理部门，了解存货与固定资产有无充当其他担保（重复担保）的情况。

二、应付债券的实质性测试

应付债券审计时应查明：应付债券的发行及偿还和计息的记录是否正确；其年末余额是否正确；在会计报表上的披露是否充分。

第一，获取或编制应付债券明细表，并与明细账和总账的余额核对。根据明细表查明：

(1) 企业债务结构是否合理，发行方式是否可行，债券的抵押资产是否真实可靠。

(2) 在企业内部发行的记名债券，其优惠条件是否合理，转让时是否办理了过户手续。

(3) 债券价值的计算是否正确；债券价格的确定是否合理。

第二，向债权人或受托人函证，证实应付债券期末余额的真实性。

第三，审查债券发行的授权批准手续是否齐全；检查债务契约的履行情况，并作出必要记录。

第四，检查应计利息、债券溢价或折价摊销、利息资本化的计算是否正确；其会计处理是否正确、会计记录是否完整、账户间的勾稽关系是否相符。

第五，检查企业“债券发行备查簿”的设立及记录情况，检查有关会计凭证，如债券交易副本、抵押或担保契约、发行债券时收到的现金收据、汇款通知单和银行对账单、偿还本息时已支付的支票，并与会计记录核对，查明有无应付而未付的情况及其原因。

第六，审查可转换公司债券，是否将负债和权益分拆并记录。

第七，查明应付债券是否已在资产负债表上充分披露。

三、长期应付款的实质性测试

（一）长期应付款常见的错误和弊端

长期应付款常见的错误、弊端有：

(1) 引进设备不符合国家和主管部门的规定，未办理必要的商检手续，导致引进的设备陈旧、过时；

(2) 引进过程中收取回扣，或借引进设备之名行出国观光旅游之实，导致引进设备质次价高；

(3) 账户设置不合理，会计记录不正确；

(4) 每期支付款项与合同规定不相符；

(5) 利息支出与外币折算差额的列支不合规、不正确；

(6) 利用虚假融资租赁合同转移国家、集体资产；

(7) 融资租入固定资产的租赁费不合理，故意多付租赁费，经办人员从中牟取私利；

（8）融资租入的账务处理不正确。

（二）长期应付款实质性测试的内容

对长期应付款的实质性测试应从下述几方面进行。

1. 应付补偿贸易引进设备款真实、合理、合法性的查证

应付补偿贸易引进设备款是企业依据与外商签订的来料加工、来料装配和中小型补偿贸易合同，而引进国外设备所发生的长期应付款项。它包括从国外引进的设备、随同设备一起进口的工具和零配件等价款，以及国外的运杂费等。审查的内容包括：

（1）企业引进设备是否签订了合同，合同条款的内容是否合规、合理；引进设备是否确实必要，即企业生产经营所必需、国内不能生产、在同类产品中具有先进性等；以签订的合同为依据，核对明细账的记录及记账凭证、原始凭证，验证引进的设备（包括随同引进的工具、零配件等）是否按期到货；价格是否符合合同规定，品种、数量、质量是否与合同规定一致，是否办理了验收手续。

（2）企业引进设备的账务处理是否正确，引进设备是否按设备、工具、零配件等价款，以及国外运杂费的外币金额和规定的汇率折合为人民币记账，借记“在建工程”、“原材料”等科目，贷记“长期应付款”科目；企业用人民币借款支付进口关税、国内运杂费和安装费等，是否借记“在建工程”、“原材料”等科目，贷记“银行存款”、“长期借款”等科目；按补偿贸易方式引进的国外设备交付验收使用时，是否将其全部价值借记“固定资产”科目，贷记“在建工程”科目。

（3）企业是否按合同规定的期限和方式归还应付引进设备的价款，以及归还款项时发生的外汇折合差额的列支是否合规、正确等。

2. 应付融资租赁款真实、合法性的查证

审计人员在对应付融资租赁款进行审查时，应查证以下内容：

（1）融资租入的固定资产是否确实必要，经济上是否合算，质量是否完好，利用率是否正常；租赁费的确定是否合理；有无抬高费用标准，个人牟取私利的问题。

（2）融资租入固定资产是否合法，即满足以下一项或数项条件：

1）在租赁期届满时，租赁资产的所有权转让给承租人；

2）租赁期为资产使用年限的大部分（75%及以上）；

3）租赁开始日最低租赁付款额的现值，几乎相当于租赁开始日租赁资产原账面价值。

（3）融资租入固定资产，是否按下列规定进行账务处理：融资租入固定资产，应按租赁开始日租赁资产的原账面价值与最低租赁付款额的现值两者中较低者作为入账价值，借记“在建工程”或“固定资产”科目；按最低租赁付款额，贷记“长期应付款——应付融资租赁款”科目；按其差额，借记“未确认融资费用”科目。

第四节　所有者权益的实质性测试

所有者权益是指企业投资者对企业净资产的所有权，是企业全部资产减去全部负债后

的余额。它包括实收资本(股本)、资本公积、盈余公积和未分配利润。

一、实收资本的实质性测试

(一) 实收资本概述

除股份有限公司的投入资本在“股本”科目中核算外，其他组织形式的企业，其投入资本集中在“实收资本”科目中核算。实收资本的增减变动主要是由于企业设立时投入资本、增资及必要减资等业务形成的。

我国法律对有限责任公司的相关规定：

(1) 企业申请开业，必须符合国家规定，并具有与其生产经营和服务规模相适应的资本数额。全体股东的货币出资额不得低于有限责任公司注册资本的30%，有限责任公司全体股东的首次出资额不得低于注册资本的20%，也不得低于法定注册资本的最低限额3万元，其余部分由股东自公司成立之日起2年内缴足。

(2) 股东可以采用货币资金、实物、无形资产等方式出资。股东以货币出资的，应将货币出资足额存入准备设立的有限责任公司在银行开立的临时账户；股东以实物、无形资产等作为出资的，必须进行评估作价，核实财产，不得高估或者低估作价，并依法办理其财产权的转移手续。

实收资本(股本)常见的错误、弊端有：投资者出资方式不合规；投资者出资比例不合规；投资者出资缴纳期限不合规；投资者投入资本作价不合理；投资者投入资本入账依据不正确。

(二) 实收资本实质性测试的内容

对实收资本的实质性测试应从下述几方面进行。

1. 索取被审计单位合同、章程、营业执照及有关董事会会议记录

审计人员应向被审计单位索取合同、章程、营业执照，以及有关董事会会议记录，并认真审阅其中的有关规定。企业合同、章程对投资各方的出资方式、出资期限及其他要求作了详细规定，一经有关部门批准，就具有法律效力，投资各方不得随意更改，应严格履行合同章程所规定的出资义务。国家授权有关部门的批准证书是批准企业成立的法律性文件，投资各方应遵照执行。营业执照是由国家工商行政管理机关批准发给企业的合法经营许可证，它规定企业成立和终止日期。

2. 索取或编制实收资本明细表

审计人员应向被审计单位索取或自行编制实收资本明细表，作为永久性档案，以供本年度和以后年度审查实收资本时使用。实收资本明细账应当包括实收资本变动的详细记载及有关的分析评价。编制时需将每次变动情况逐一记载，并与有关的原始凭证和会计记录进行核对。

3. 审查出资期限和出资方式、出资额

审计人员应检查投资者是否已按合同、协议、章程约定时间缴付出资额，其出资额是否经审计人员验证，已验资者，应查阅验资报告。

4. 审查投入资本的真实性

审计人员应通过对原始凭证、会计记录的审阅和核对，向投资者函证实缴资本额，对

有关财产和实物的价值进行鉴定，来确定投入资本的真实存在。审查时，审计人员应注意审查投入现金是否已确实存入企业的开户银行，并收到银行的收款通知单；投入的实物资产是否已办理了验收手续，并列入登记清单；对房地产类固定资产，应审查其所有权或使用权证明文件；对设备类固定资产，应审查采购发票；对融资租入的固定资产，应审查其租赁合同；投入的无形资产，应审查是否已办理了法律手续，接受有关技术资料。

5. 审查实收资本的增减变动

一般而言，企业不得随意增减实收资本，如有必要增减，首先应具备一定的条件。例如，企业减资需要满足三个条件：一是应首先通知所有的债权人，债权人无异议；二是经股东大会决议同意，并修改公司章程；三是减资后的注册资本不得低于法定资本的最低限额。对于实收资本的增减变动，审计人员应查明原因，查阅其是否与董事会纪要、补充合同以及有关法律文件的规定相一致。

6. 审查外币出资实收资本的核算

以外币出资的，根据有关制度规定，企业对实际收到的外币出资，可以采用合同约定的市场汇率折合为记账本位币记账；合同没有约定的，按收到时的市场汇率折合为记账本位币，有关资产账户与实收资本账户所采用的折合汇率不同而产生的记账本位币差额，作为资本公积处理。审计人员应审查企业所采用的汇率，以及会计处理的正确性。

7. 确定实收资本是否已在资产负债表中恰当披露

企业的实收资本应在资产负债表中单独列示，同时还应在会计报表附注中说明实收资本期初至期末间的重要变化，如所有者的变更、注册资本的增加或者减少、各所有者出资额的变动等。审计人员应在实施上述审计程序的基础上，确定被审计单位资产负债表上实收资本的反映是否正确，并确定有关投入资本是否在会计报表附注中予以分类揭示。

案例分析 11—5

审计人员在对A公司的货币资金审查时，发现银行存款日记账中一笔收入为150万元，系B公司的投资款，审计人员调阅“银行对账单”，经核对银行无此收入。

经调阅上述150万元的记账凭证，其分录的摘要为“收B公司投资”，借方：银行存款，贷方：实收资本，金额1 500 000元，但原始凭证为一张复印件，且模糊不清，无法辨明。为此，审计人员向开户银行进行函证，银行证实并未收到此款。

在事实面前，被查证的A公司领导及主管会计人员承认，因B公司资金紧张，虽已签订投资合同，但投资款暂时还无力存入，所作的账务处理是虚假的，因此应予以纠正并编制如下调整分录：

	借方	贷方
借：实收资本	1 500 000	
贷：银行存款		1 500 000

二、资本公积的实质性测试

（一）资本公积概述

资本公积是非经营因素形成的，不能计入实收资本或股本的所有者权益，主要包括投资者实际交付的出资额超过其资本份额的差额（如股本溢价、资本溢价）、可供出售金融资产公允价值变动、外币资本折算差额、拨款转入、其他资本公积等。资本公积准备项目不能转增资本。资本公积的审计，是指对资本公积的形成与使用的真实性、合法性所作的审计。

资本公积常见的错误、弊端有：

（1）资本公积账户内容不完整。如将资本溢价和股本溢价计入当期收益；将资本溢价列作实收资本；接受捐赠资产价值不入账。

（2）资本公积账户内容不真实。如资产盘盈列作资本公积；投资收益列作资本公积。

（3）资本公积使用不合理。如不符合增资条件，未经批准随意将资本公积转增资本；资本公积挪作他用。

（二）资本公积实质性测试的内容

对资本公积的实质性测试应从下述几方面进行。

1. 检查资本公积形成的合法性

审计人员应首先检查资本公积形成的内容及其依据，并查阅相关的会计记录和原始凭证，确认资本公积形成的合法性和正确性。

（1）审查资本溢价或股本溢价。对资本溢价应检查是否在企业吸收新投资时形成，资本溢价的确定是否按实际出资额扣除其投资比例所占的资本额计算，其投资是否经企业董事会决定，并已报原审批机关批准；对股本溢价应检查发行是否合法，是否经有关部门批准，股票发行价格与其面值的差额是否全部计入资本公积，发行股票支付的手续费或佣金、股票印制成本等减去发行股票冻结期间所产生的利息收入后的余额是否已从溢价中扣除。

（2）审查拨款转入。对于国家拨入的专门用于技术改造、技术研究等的拨款项目，审计人员应审查被审计单位是否按照国家的规定用途使用，有无挪作他用。

(3)审查外币资本折算差额。对外币资本折算差额应审查资本账户折算汇率是否符合合同约定;资本账户折算所采用的汇率是否是收到出资日的市场汇率。

2. 审查资本公积运用的合法性

审计人员应审查资本公积有无挪作他用；对于资本公积转增资本，应审查转增资本是否经董事会决定并经股东大会批准；获得批准后，资本公积运用的账务处理是否及时、准确。

3. 确定资本公积是否在资产负债表中恰当反映

审计人员应审查资本公积是否在资产负债表中单独列示，同时还应将资本公积明细账同“资产负债表附表2——股东权益增减变动表”中列示的资本公积的期末余额及期初余额对比相符。

案例分析 11—6

审计人员审查A公司的股票发行业务，查明情况如下：

A公司委托B证券交易所代理发行普通股100万股，每股面值2元，根据股东大会决议和双方签订的承销合同，每股发行价格为 2.60 元，发行手续费为发行收入的 3%；审计人员审查该公司“股本”账户，其余额为 2 000 000 元；审查“资本公积”账户并无记录；记账凭证已经找到，其会计分录如下：

借：银行存款　　2 522 000
　贷：股本　　2 000 000
　　　本年利润　　522 000

经询问 A 公司的会计主管人员情况并核实上述问题，其承认账务处理违反了会计制度的规定，同意进行如下账务调整：

借：本年利润　　522 000
　贷：资本公积——股本溢价　　522 000

三、盈余公积的实质性测试

(一) 盈余公积概述

盈余公积是指企业按规定从税后利润中提取的积累资金，是具有特定用途的留存收益。由于企业性质不同，盈余公积所包括的内容也不同。盈余公积的审计，主要是指对盈余公积的提取、使用以及在资产负债表上列示的盈余公积数额的合法性和真实性所进行的审计。

盈余公积常见的错误、弊端有：

(1) 将不应从盈余公积列支的款项，如非职工集体福利设施的购置，以及不应计入盈余公积的收入，如资产盘盈、罚没收入、营业外收入、投资收益等计入盈余公积，逃避缴纳所得税；

(2) 盈余公积的提取顺序和基数不正确；

(3) 盈余公积使用不合理，如用于发放奖金、实物，用于购置非集体福利设施，用于弥补应付福利费开支，用于修建、购置职工住房等。

(二) 盈余公积实质性测试的内容

对盈余公积的实质性测试应从以下几方面进行：

(1) 审查盈余公积提取的合法性，主要应审查盈余公积提取是否符合法律规定并经过批准，提取手续是否完备，提取的依据是否正确，有无多提或少提的现象。

(2) 审查盈余公积使用的合法性，主要应审查盈余公积的使用是否符合规定并经过批准，使用是否合理，有无挪作他用的情况。

(3) 审查盈余公积的提取、使用及其账面价值的真实性，主要应根据盈余公积提取使用的原始凭证、批准数额，逐步审查凭证和账簿记录，看其是否账证相符、账表相符。

(4) 确定盈余公积在资产负债表中是否恰当披露。企业的法定盈余公积、任意盈余公积、法定公益金应合并为盈余公积在资产负债表中反映，其中，法定公益金应在盈余公积下单独列示。同时还应在“资产负债表附表 2——股东权益增减变动表”中说明各项盈余公积项目的期末余额及期初余额。

四、未分配利润的实质性测试

未分配利润有两层含义：一是该部分净利润没有分配给投资者；二是该部分净利润未指定用途。未分配利润是企业当年税后利润在弥补以前年度亏损、提取盈余公积以后，加上上年末未分配利润，在扣除向所有者分配的利润后的结余额。对未分配利润的审计，实际上包括了对实现利润和分配利润的全部有关业务与数据的审计。因此，对未分配利润的审计应与对利润、利润分配的审计结合起来进行。

对于未分配利润的实质性测试应从以下几方面进行：

（1）审查未分配利润的真实性。审查期初未分配利润账户余额是否与上期资产负债表上所列数额一致。如果是未弥补亏损，审计人员应查明是税前补亏，还是税后补亏，应纳所得税的调整数是否正确。将利润分配的总账与明细账核对，审查本年度未分配利润结转的真实性。

（2）审查未分配利润的合法性。审查利润分配方案、分配方式，查明分配决定有无董事会提出的方案和股东会议的决议记录；利润分配方案有无与法律及公司章程规定相抵触之处。

（3）查明年终结账日后发生的损益调整项目的账务处理是否合法、正确。由于年终结账日后发生的损益调整项目直接调整有关资产、负债项目和“利润分配——未分配利润”科目，审计人员应着重审查利润分配的增加额，防止企业虚增未分配利润。

（4）审查未分配利润年终余额在资产负债表上的表达是否适当。审计人员应根据审计结果调整本年损益数，直接增加或减少未分配利润，从而确定调整后的未分配利润在资产负债表上的反映。

本章小结

本章在阐明权益审计的目标和依据的基础上，详细阐述了应付账款等流动负债的主要项目、长期负债各项目，以及所有者权益各项目实质性测试的依据、内容和方法。

复习题

1. 应付账款实质性测试的主要内容有哪些？每项测试内容的相关认定是什么？函证应付账款与函证应收账款有何异同？

2. 你认为“应交税费”审计的重点是什么？实务中“应交税费”常见的错误、弊端有哪些？

3. 审查实收资本需要运用哪些审计程序？其审计的主要目的是什么？

4. 比较负债审计与所有者权益审计的异同。

第十二章　损益审计

【本章要点】

◇ 损益审计的目标和依据

◇ 收入实质性测试的内容与方法

◇ 成本费用实质性测试的内容与方法

◇ 利润及利润分配实质性测试的内容与方法

【本章引言】

利润信息是否真实，直接影响国家财政收入水平及预算的真实性、客观性，对国民经济宏观调控、企业投资者和债权人的决策均有重大影响，同时，它也反映了企业生产经营的经济效益及发展潜力。因此，加强对企业损益的审计具有非常重要的意义。

第一节　损益审计的目标和依据

一、损益审计的目标

（一）收入审计的目标

第一，审查和测试收入内部控制制度是否健全、合理和有效。通过对收入内部控制制度的评审，确定收入审计的范围和重点，为具体业务的审计指明方向。

第二，查证收入项目的记录和会计处理是否正确、合规。依据会计准则和企业会计制度的规定，审查企业是否正确处理和记录各项收入。

第三，查证销售计划和合同的执行情况以及定期考核分析的情况。

第四，查证本期已实现收入是否均已入账。审查企业是否按权责发生制和配比性原则确认本期收入，并全部入账；有无为了偷漏税款，均衡各期收入、调节利润等目的，而人为转移、隐匿、截留收入或虚构收入的行为。

第五，查证对所有收入减项的处理是否适当。审查退货、折让、折扣等收入减项是否合理，其会计处理是否恰当、合规，有无人为任意调减，以及其他舞弊行为。

第六，查证产品销售收入与其他业务收入是否存在核算不清、相互混淆的问题。

第七，确定收入在损益表上的披露是否恰当。

（二）成本和费用审计的目标

第一，审查和测试成本和费用内部控制系统的健全、合理和有效性。通过查明成本和费用支出手续制度和分配系统，评价企业成本和费用内部控制系统的可依赖程度，从而提出改进建议。

第二，查证成本和费用计划与定额的执行情况。通过审查确定是否存在利用抬高或压低费用计划和定额进行作弊的行为，证实成本、费用计划和定额的执行情况。

第三，查证成本和费用支出的真实性。通过检查确定各项成本和费用支出是否来源可靠、内容真实，有无完整凭证，各项计算数据是否真实。

第四，查证成本和费用支出的合规性。审计人员应根据《企业会计准则》、《企业会计制度》等有关规定，查证各项成本和费用是否遵守了规定的开支标准、开支范围，揭露乱挤乱摊成本和任意转移成本调节利润，以及违纪列支等现象。

第五，查证成本和费用计算的合理性和正确性。成本计算方法的合理性取决于企业自身的生产特点和管理要求，成本计算的正确性取决于成本核算基础工作的健全、有效程度以及各项成本费用的归集、分配的正确性和合理性。因此，审计人员应分析和评价企业所选择成本计算方法的合理性，在此基础上证实有关成本对象、成本计算期、成本项目、成本费用的归集和分配，以及完工产品和在产品成本计算的正确性。

第六，确定各项成本和费用在会计报表上的披露是否恰当。

（三）损益审计的目标

第一，审查利润形成和与利润分配有关的内部控制制度是否健全、合理和有效。

第二，查证利润形成的真实性、合法性。

第三，查证企业利润会计处理的正确性。

第四，查证利润分配顺序是否符合有关财务会计制度的规定。

第五，查证利润分配数额是否按有关的规定计算和分配。

第六，查证利润分配账务处理的合规性和正确性。

第七，确定利润形成各项目及利润分配各项目在会计报表中的披露是否恰当。

二、损益审计的依据

损益审计的依据是指判断损益的真实性和正确性的相关规定。在审计实务中，主要依据《会计法》、《企业会计准则》、《企业会计制度》及其他有关的法律、法规、制度和规定。

第二节 收入的实质性测试

一、主营业务收入的实质性测试

(一) 主营业务收入常见的错误、弊端

主营业务收入是指企业在销售商品、提供劳务，以及让渡资产使用权等日常活动中所产生的收入。

主营业务收入常见的错误、弊端有：

(1) 相关内部控制制度不健全。

(2) 利用发票作弊：开“大头小尾”发票；以收款收据代替发票，或不开发票；涂改发票。

(3) 商品销售收入的确认不合规：未能按照《企业会计准则》的要求，对企业商品或产品销售收入予以正确确认。

(4) 商品销售收入会计处理不合规：已经实现的商品销售收入不计入“主营业务收入”账户，而挂在“应收账款”或“应付账款”等账户上；将以浮动价或议价销售的产品，按平价计入“主营业务收入”账户，将其差额列入“营业外收入”等账户或不入账；企业的在建工程或福利等部门领用本企业生产的产品，不通过销售进行核算而列为往来，从而偷逃税金。期末结账时，“主营业务收入”账户留有余额，或将余额转入“预提费用”等账户，从而虚减本期利润。

(5) 利用销售退回、折让和折扣调节主营业务收入和利润：对销售退回的产品不办理验收手续，不登记，形成账外物资；销售折让与折扣未及时足额提交对方，转入账外“小金库”。

(二) 主营业务收入实质性测试的内容

对主营业务收入的实质性测试应从下述几方面进行。

1. 进行分析性复核

审计人员应获取或编制主营业务收入项目明细表，复核加计其是否正确，并与报表数、总账和明细账合计数核对相符。在此基础上编制主营业务收入项目分析表，通常可以：

(1) 将本期与上期的主营业务收入进行比较，分析产品销售的结构和价格的变动是否正确，并分析异常变动的原因。

(2) 比较本期各月各种主营业务收入的波动情况，分析其变动趋势是否正常，并查明异常现象和重大波动的原因。

(3) 计算本期重要产品的毛利率，分析比较本期与上期同类产品毛利率变化情况，注意收入与成本是否配比，并查清重大波动和异常情况的原因。

(4) 计算重要客户的销售额及其产品毛利率，分析比较本期与上期有无异常变化。

2. 主营业务收入确认时间的审计

按照《企业会计准则》的要求，企业主营业务收入的确认时间，亦即产品销售的实现时间，取决于产品销售方式和货款结算方式。

(1) 采用交款提货销售方式，应于货款已收到或取得收取货款的权利的同时，将发票账单和提货单交给购货单位时确认收入的实现。对此，审计人员应着重检查被审计单位是否收到货款或取得收取货款的权利，发票账单和提货单是否已交付购货单位；应注意有无扣压结算凭证，将当期收入转入下期入账，或者虚计收入、开假发票、虚列购货单位，而将当期未实现的收入虚转为收入记账，在下期予以冲销的现象。

(2) 采用预收账款销售方式，应于商品发出时，确认收入的实现。对此，审计人员应重点检查被审计单位是否收到货款，商品是否已经发出；应注意是否存在对已收货款并已将商品发出的交易不入账、转为下期收入，或开具虚假出库凭证、虚增收入等现象。

(3) 采用托收承付结算方式，应于商品发出、劳务提供，并已将发票账单提交银行、办妥收款手续时确认收入的实现。对此，审计人员应重点检查被审计单位是否发货，托收手续是否办妥，货物发运凭证是否真实，托收承付结算回单是否正确。

(4) 委托其他单位代销商品的，如果代销单位采用视同买断方式，应于代销商品已经销售并收到代销单位代销清单时，按企业与代销单位确定的协议确认收入的实现。对此，审计人员应注意查明有无商品未销售、编制虚假代销清单、虚增本期收入的现象。如果代销单位采用收取手续费方式，应在代销单位将商品销售、企业收到代销单位代销清单时确认收入的实现。

(5) 采用分期收款结算方式，若在实质上具有融资性质，应当按照应收的合同或协议价款公允价值确定收入额。应收的合同或协议的公允价值，通常按照其未来现金流量的现值确定。审查时应注意计量金额的正确性。

(6) 长期工程合同收入，一般应当根据完工百分比法合理确认收入。审计人员应重点检查收入的计算、确认方法是否合乎规定，并核对应计收入与实际收入是否一致，注意查明有无随意确认收入、虚增或虚减本期收入的情况。

(7) 委托外贸代理出口、实行代理制方式的，应在收到外贸企业代办的发运凭证和银行交款凭证时确认收入。对此，审计人员应重点检查代办发运凭证和银行交款单是否真实，注意有无内外勾结，出具虚假发运凭证或虚假银行交款凭证的情况。

(8) 对外转让土地使用权和销售商品房的，通常应在土地使用权和商品房已经移交，将发票结算账单提交对方时，确认收入。对此，审计人员应重点检查已办理的移交手续是否符合规定要求，发票账单是否已交对方。注意查明被审计单位有无编造虚假移交手续，采用“分层套写”开具虚假发票的行为；有无高价出售、低价入账，从而贪污价款的行为。如果企业事先与买方签订了不可撤销合同，按合同要求开发房地产，则应按建造合同的处理原则处理。

对上述主营业务收入确认时间的审查，主要是采用抽查法、核对法和验算法，通常可按下列步骤实施：

其一，抽查部分主营业务收入原始凭证（如一定数量的销货发票、装运单、买方的汇票或支票等），与主营业务收入明细账相核对，核实已实现的收入，并检查是否已经如数入账；

其二，查阅各种收入明细账，从中抽出一部分与之相关的记账凭证、原始凭证相互核对，以证实所记录的收入是否均已实现并确属本期；

其三，检查企业的销售发票是否完整无缺、连续编号，核实有无涂改或“大头小尾”现象，抽取部分发票与产成品明细账、分期收款发出商品明细账，以及主营业务收入明细账相核对，检查其发出数量与销售数量是否一致；

其四，对于已确认，并已记录入账的收入，进一步与现金日记账、应收账款明细账，以及产成品明细账相核对，以确定销售数量、金额和时间是否相符。

3. 主营业务收入计价的审计

价格是影响主营业务收入的一个重要因素。审计人员在审查销售产品计价的合理性时，首先应向企业索取产品价格目录，以及等级品、等外品的计价方法，并抽查一部分销售发票及主营业务收入明细账，检查其售价是否符合价格政策。审查时，应特别注意以下几个问题：

（1）检查被审计单位是否遵守定价权限的规定，所定价格是否符合产品定价规定，实际执行是否与价格目录相符。

（2）检查企业执行浮动价格产品的价格浮动幅度是否合理，所发生的销售折让与折扣是否按规定程序审批，并按规定入账。

（3）检查被审计单位是否利用等级产品差价、等内等外产品差价，将一等品作为二等品、等内品充当等外品，低价将产品售给关联方或私分给内部职工；有无以次充好，任意提价，牟取暴利的情况。

（4）检查被审计单位是否有低价结算、低估收入或漏计收入的情况。

（5）检查被审计单位从购货方取得的价外收入是否按规定入账。

4. 主营业务收入截止期的审计

审计人员在审查销售截止期时，应该注意把握与主营业务收入确认有密切关系的日期：一是发票开具日期或者收款日期；二是记账日期；三是发货日期。检查三者是否归属于同一会计期间是营业收入截止期测试的关键所在。

围绕上述三个重要日期，在审计实务中，审计人员可以考虑选择三条审计路线实施营业收入的截止期测试：

（1）以账簿记录为起点。从报表日前后若干天的账簿记录追查至记账凭证，检查发票账单存根与装运凭证，目的是证实已入账收入是否在同一期间已开具发票并发货，有无多计收入。这种方法的优点是比较直观，容易追查至相关凭证记录，以确定其是否应在本期确认收入，特别是在连续审计两个以上会计期间时，检查跨期收入十分便捷，可以提高审计效率。其缺点是缺乏全面性和连贯性，只能查多计，无法查漏计，尤其是当本期漏计收入延至下期，而审计时尚未登账，不易发现应计入报告期收入而未计入的情况。使用这种方法主要是为了查明高估营业收入。

（2）以销售发票为起点。从报表日前后若干天的发票存根追查至装运凭证与账簿记录，确定已开具发票的货物是否已发货并于同一会计期间确认收入。具体做法是获取在报表日前后使用的若干张发票存根，追查至装运凭证和账簿记录，查明有无漏计收入现象。这种方法的优点是比较全面、连贯，容易发现漏计的收入；其缺点是较费时、费力，有时难以查找相应的发货及账簿记录，且不易发现多计的收入。使用该方法时应注意两点：一是相应的装运凭证是否齐全，特别注意有无报告期内已做收入，而下期期初用红字冲回，并且无发货、收货记录，以此来调节前后期会计利润的情况；二是被审计单位的发票存根是否已全部提供，有无隐瞒。为此，应查看被审计单位发票领购单的使用情况。使用这种方法主要是为了查明低估营业收入。

（3）以装运凭证为起点。从报表日前后若干天的装运凭证追查至发票存根与账簿记录，确认营业收入是否已列入恰当的会计期间。该方法的优缺点与以销售发票为起点的方法类似，具体操作中还应考虑被审计单位的会计政策，这样才能作出恰如其分的处理。使用这种方法主要也是为了查明低估营业收入。

上述三条审计路线在实务中均被广泛采用，它们并不是孤立的，审计人员可以考虑在同一被审计单位会计报表审计中并用这三条路线，甚至可以在同一营业收入项目审计中并用。

5. 主营业务收入会计处理的审计

为了进一步核实企业是否存在少计、虚计收入的行为，审计人员应对主营业务收入的会计处理是否真实、恰当予以审查，其要点包括：

（1）抽查部分销售业务，对记录销售业务的原始凭证、记账凭证、主营业务收入明细账进行全过程的审查，核实其记录、过账、加总是否正确。

（2）将主营业务收入明细账与总账及其他相关账簿、损益表及其附表相核对，审查是否账账相符、账表相符、表表相符。

（3）审阅结账日前后的主营业务收入记录，与销售发票、出库单和货运文件相核对，查明有无已计销售收入而销售尚未实现，或销售已实现而未计入本年销售收入的情况。

（4）检查与产成品账户有关的对应账户记录是否正确，同时检查销售收款凭证，核实其账务处理是否正确。

6. 退货、折让、折扣等特殊业务账务处理的审计

企业在销售过程中，往往会因为产品品种不符、质量不符合要求，以及结算方面的原因发生销售折扣、销售退回与折让业务。尽管引起销售折扣、退回与折让的原因不尽相同，其表现形式也不尽一致，但都是对收入的抵减，直接影响营业收入的确认和计量。审计时，应注意以下几点：

（1）销售折扣、退回与折让的原因和条件是否真实、合规，有无借销售折扣、退回之名行转移收入或贪污货款之实的舞弊行为。

（2）审批手续是否完备和规范，有无内外勾结、越权乱批、擅自折让和折扣而转利于关联方企业等情况。

（3）数额计算是否正确，会计处理是否恰当，退回的产品是否已验收入库，并登记入账，有无形成账外物资的情况。

（4）销售折扣与折让是否及时足额提交对方，有无虚设中介、转移收入、私设账外“小金库”等情况。

7. 主营业务收入在损益表中披露的审计

审计人员应审查损益表上的营业收入项目的数字是否与审定数字相符，主营业务收入确认所采用的会计政策是否已在会计报表附注中披露。

案例分析 12—1

资料：A公司在20×1年10月份与乙企业签订销售合同，在该合同中规定：由乙企业支付给A公司货款及增值税共计549 900元。其中，20×1年11月份预付219 960元，12月份补付274 950元，20×2年1月份补付54 990元。由A公司向乙企业提供机床10台，其中20×1年12月份6台，20×2年1月份4台。A公司增值税税率为17%。上述业务发生后，A公司的账务处理如下：

(1) 20×1年11月份预收款项时：

借：银行存款　219 960

　贷：主营业务收入　188 000

　　　应交税费——应交增值税　31 960

(2) 20×1年12月份收到款项时：

借：银行存款　274 950

　贷：主营业务收入　235 000

　　　应交税费——应交增值税　39 950

(3) 20×2年1月份收到款项时：

借：银行存款　54 990

　贷：主营业务收入　47 000

　　　应交税费——应交增值税　7 990

审计人员于20×2年2月对A公司进行审计。

要求：

(1) 说明审计方法；

(2) 指出存在问题；

(3) 提出处理意见。

分析：

(1) 审计方法：审计人员根据销售合同的规定，审阅与该项业务有关的“银行存款”、“主营业务收入”及“应交税费”等明细账户，抽查有关会计凭证，验算有关的销售收入与增值税额。

1) 10台机床的销售收入总额$=\frac{549\ 900}{1+17\%}=470\ 000$（元）

2) 20×1年12月份的销售收入$=6\times(470\ 000\div10)$

$=282\ 000$（元）

增值税额$=282\ 000\times17\%=47\ 940$（元）

3) 20×2年1月份的销售收入$=4\times(470\ 000\div10)$

$=188\ 000$（元）

增值税额$=188\ 000\times17\%=31\ 960$（元）

(2) 存在问题：

1) 20×1年11月份虽然预收款219 960元，但该月份并未发货，因此预收款应计入

“预收账款”账户，不应计入“主营业务收入”账户和“应交税费”账户。

2）20×1 年 12 月份发货 6 台，应结转销售收入 282 000 元，增值税额47 940元，实际少转产品销售收入 47 000 元及增值税额 7 990 元。

3）20×2 年 1 月份销售 4 台，应结转产品销售收入 188 000 元，增值税额31 960元，实际少转产品销售收入 141 000 元及增值税额 23 970 元。

（3）审计意见：

1）应将 20×1 年多计的产品销售收入141 000元（$=\frac{219\ 960+274\ 950}{1+17\%}-282\ 000$）和增值税额23 970元（=141 000×17%）予以调整，调账分录如下：

借：以前年度损益调整　141 000
　　应交税费——应交增值税　23 970
　贷：预收账款　164 970

借：应交税费——应交所得税　35 250
　贷：以前年度损益调整　35 250

借：利润分配——未分配利润　105 750
　贷：以前年度损益调整　105 750

借：盈余公积　15 862.5
　贷：利润分配——未分配利润　15 862.5

2）应将 20×2 年 1 月份少计的产品销售收入 141 000 元（=188 000－47 000）和增值税额 23 970 元（=31 960－7 990），予以调整，调账分录如下：

借：预收账款　164 970
　贷：主营业务收入　141 000
　　　应交税费——应交增值税　23 970

二、其他业务收入的实质性测试

其他业务收入具有偶发性和内容繁杂、数额较小的特点，因此，一般没有严格的内部控制制度，且容易产生错弊，其审计的主要内容如下所述。

（一）审查其他业务收入的内容、范围是否符合规定

企业必须划清产品销售收入、投资收益和营业外收入的界限。审计人员应审查企业对各种收入的分类是否合规，记账是否正确，有无故意将其他业务收入混入产品销售收入，以虚增企业盈利能力的问题，有无将受托加工和修理所取得的收入记入“其他业务收入”科目或将投资收益、营业外收入混入“其他业务收入”科目的错误。

（二）审查其他业务收入的入账是否及时

审查时，应注意检查其他业务收入的确认是否符合权责发生制原则，是否按规定及时入账，有无为了调节利润等目的有意拖延不入账或提前入账等问题。

（三）针对每类业务的特点进行重点审查

对其他业务收入进行审计时，还应针对每类业务的特点进行重点审查。

1. 材料销售收入的审查

就一般工业企业而言，因处理呆滞积压材料，或者为调剂余缺而发生的材料销售业务仅仅是附营业务，故其销售收入在企业收入中所占比重不会很大。因此，审计人员可以从分析材料销售收入占营业收入的比重入手，对所发现的异常现象进行深入审查。审查还应注意材料销售收入的计算是否正确，入账的时间是否及时，有无隐匿此类销售收入或在往来账户中长期挂账、私设“小金库”等问题；有无将材料或随同产品销售但单独计价的包装物的销售收入，直接冲减“原材料”或“包装物”账户，而漏计其他业务收入的问题；有无利用材料物资进行以物易物，不开发票隐匿销售收入，偷漏税金的问题；有无只计材料销售收入，不如实结转材料销售成本，随意分配销售材料应负担的成本差异的问题。

2. 技术转让收入的审查

应重点审查以下方面：技术转让双方是否签订转让合同或协议，合同、协议的内容是否齐备、明确，是否经公证机构公证；企业转让的技术商品是否经过国家有关机构的认定，有无弄虚作假，以欺骗手段享受国家优惠政策的情况；技术转让收入是否如实入账，有无隐匿或转移的问题；转让技术的成本、费用是否真实，有无将无关费用列入转让成本的问题。

3. 固定资产出租收入的审查

对于固定资产出租收入，应重点审查以下几个方面：固定资产出租业务是否有完备的审批手续，出租与承租双方是否签订有内容完整、手续合法的租赁合同。固定资产出租业务有无专人负责管理和负责登记“出租固定资产登记簿”，并定期进行核对、清理，有无管理不严、核算不全，造成固定资产流失的问题；固定资产出租收费是否合理，租金收入是否及时、足额入账，有无在长期往来账户挂账，或转入“小金库”的问题；固定资产出租合同是否被严格执行，出租、续租及出租期满收回是否严格按合同进行。

4. 运输劳务收入的审查

对于运输劳务收入，应重点审查以下方面：对外提供劳务是否经过有关部门批准，收费标准是否合理，有无擅自利用企业运输工具谋取个人或小集体利益的现象；运输劳务收入是否全部、及时入账，有无隐匿或转移收入的问题；运输成本在对内服务和对外提供劳务之间的分配是否合理、正确，有无将对外经营应分摊的运输劳务成本、费用计入对内服务的成本，从而影响当期损益的问题；有关账务处理是否正确。

三、投资收益的实质性测试

（一）交易性金融资产投资收益的审计

1. 审查投资收益的入账时点

按照企业会计准则的要求，交易性金融资产与投资收益直接相关的事项只存在于资产购入环节的交易费用和出售资产时实际收入与资产账面的差额；另外是出售之前记录的公允价值变动结转至投资收益的数额。因此，交易性金融资产投资收益的记录只能在其购入时和出售时，否则不应当发生记录投资收益的事项。

2. 审查投资收益的入账金额

按照企业会计准则的要求，交易性金融资产实际计入投资收益的内容应当分为三个部分，即本期收到的资产持有期间的现金股利等（购入时已宣布尚未支付的股票等冲减资产成本），持有期间资产公允价值变动的数额（在平时已经记录为公允价值变动，资产售出时结转投资收益）和售出资产时资产记录额与实际收入额之间的差额。因此，审计人员在进行审计时，要从这三个方面入手，确定投资收益额是否准确。

对交易性金融资产投资收益入账金额审查应主要采用核对法和复算法。对于股利收入，要与发行股票公司宣布的现金股利金额与支付日期进行核对；对于利息收入，应与发行债券单位规定的利率及兑付日期进行核对；对于证券转让、出售的损益，则应核实证券入账成本、出售金额与已记录的其他事项，并通过复算验证其投资损益计算是否正确。

（二）可供出售金融资产投资收益的审计

1. 审查在出售金融资产时确认的投资收益额是否真实可靠

审计人员要通过审查确定出售环节取得收入的真实性、已记录成本与公允价值变动数据的可靠性以确定记录的投资收益额是否真实、正确。在被审计单位拥有多项可供出售金融资产时，要特别注意被审计单位是否进行了可供出售金融资产的明细分类，冲减的资产项目是否准确，有无混淆出售资产的情况等。

2. 审查结转的已记录在资本公积的公允价值变动数额是否真实可靠

审计人员要通过审查确定，审计单位结转入本期投资收益的资本公积数额是否真实可靠。要注意被审计单位有无多转、少转资本公积，混淆由于公允价值变动形成的资本公积及由于其他原因形成的资本公积的情况。

（三）持有至到期投资收益的审计

在进行持有至到期投资收益审计时，审计人员首先应审查企业是否按权责发生制原则在每个月末如实记录了投资收益额。另外，以溢价或折价购入的债券是否按规定在债券存续期间内采用摊余成本和实际利率法对溢价和折价进行了摊销，摊销后，本期投资收益的确认额是否正确。对于溢价购入的债券，本期投资收益应为应计利息与溢价摊销额之差；对于折价购入的债券，本期投资收益额应为应计利息与折价摊销额之和；审计时应对本期的投资收益额进行复算，以确定其是否正确。

（四）长期股权投资收益的审计

1. 审查对采用成本法核算的长期股权投资收益

在进行审计时，审计人员应进行“投资收益”账户与“银行存款”、“应收股利”账户的对应审查，以查明企业收到或记录股利的会计处理是否正确，是否计入了当期的投资收益，有无漏计、少计或记入其他账户的情况。

2. 审查对采用权益法核算的长期股权投资收益

对采用权益法核算的长期股权投资收益的审查要注意：

（1）投资企业应按受资企业本期净利润（或净亏损）的实现情况，按其占受资企业股本总额的比例相应地增加投资收益（或损失）额，同时增加或减少长期投资的账面价值。

（2）投资企业从受资企业分得股利、利润时，要相应冲减长期投资的账面价值，但不增加投资收益。

（3）投资企业应当按照取得投资时被投资单位各项可辨认资产等的公允价值确定投资

收益，而不能按照其账面价值。因此，审计时既要注意审查投资企业投资收益增减额的正确性，即是否按其在受资企业的投资比例来分享投资收益；又要注意是否将实际分得的股利、利润再次计入了投资收益，从而多列收益额。

在进行实际审计工作时，还应从以下几点着手，以确实做好长期股权投资收益审计工作：

其一，审查联营协议所规定的利润分配办法是否符合国家有关规定。这主要是审阅联营双方订立的合同、协议，以弄清利润分配在时间、数额、结算方式等方面是否符合国家法规的规定。

其二，审查企业投资后未获得收益的情况是否严重。如果存在这种情况，要审查董事会会议是否对这样的事项有所记录、是否认可，还要进一步审查投资未取得收益的原因是什么，是受资单位经营无力，还是投资单位将已取得的收益挪作他用。

其三，审查在收回投资时投资收益的记录是否正确。

第三节　成本与费用的实质性测试

一、产品生产成本的实质性测试

（一）产品生产成本概述

产品生产成本的实质性测试主要包括产品生产过程中直接材料、直接人工、制造费用以及产成品的实质性测试。考虑到产成品是企业存货中的重要组成部分，有关产成品结存的实质性测试已在“资产审计”一章进行阐述，在本章中只是阐述与生产循环直接相关的产成品入库的实质性测试。

产品生产成本常见的错误、弊端有：

（1）利用在产品调节成本。如通过虚增或虚减在产品数量；在在产品的完工程度上作假，从而多计或少计完工产品成本。

（2）利用材料成本差异调节成本。如在计算上弄虚作假，按假分配率分配材料成本差异，从而多计或少计产品成本。

（3）利用退料、动力费、福利费、制造费用调节成本。如任意改变固定资产计提折旧的年限，而多提或少提折旧；不按规定计算摊销长期待摊费用，使制造费用虚减从而调节生产成本。

（二）产品生产成本实质性测试的内容

对生产成本的实质性测试应从下述几方面进行。

1. 直接材料成本的实质性测试

直接材料成本的审查一般应从审阅原材料和生产成本明细账入手，抽查有关的费用凭证，验证企业产品直接耗用材料的数量、计价和材料费用分配是否真实、合理。其主要内容包括：

（1）审查直接材料耗用量的真实性。耗用量的审查通常以审查材料用途的方式进行。在企业中，基本生产车间、基建部门、生活福利等部门都可能需要领用材料，有时也会发生将多余材料对外销售的业务。因此，领用材料时，必须在领料凭证上写明用途，以便将领用的材料分类汇总，分别记入有关账户。故审查时，可抽查（对耗用量大、单位价值高的材料和各部门共耗的材料可进行详查）领料凭证，并与有关的发料凭证汇总表核对，确定材料是否按用途分配。此外，还应注意：已领未用材料是否办理假退料；废料、边角料是否办理退库，并从本期耗用量中冲减等。

（2）审查直接材料的计价。直接材料计价有按实际成本和按计划成本两种方式。对按实际成本计价的，首先，应审查其计价方法是否前后期一致，有无利用任意改变材料计价方法人为地调节直接材料费用；其次，还应审查计价方法运用及有关计算的正确性。对按计划成本计价的，除进行上述审查外，还应重点审查材料成本差异率的计算是否正确，材料成本差异额的结转和分摊计算、账务处理是否正确。对采用定额成本或标准成本核算的企业，应检查直接材料成本差异的计算、分配与会计处理是否正确，并查明直接材料的定额成本、标准成本在本年度内有无重大变更。

（3）审查直接材料费用的分配。可通过核对、审阅、复算等方法，对发出材料汇总分配表、成本计算单、生产成本明细账等进行审查，证实其分配依据、分配方法和分配结果，以及有关账务处理的正确性。其中，特别要注意分配标准是否合理，是否符合材料消耗的内在规律，是否前后期一致；若有变动，其变动是否合理，是否必要。

（4）进行分析性复核。主要分析同一产品前后年度的直接材料成本，看有无重大波动，如有应查明原因。

2. 直接人工成本的实质性测试

直接人工成本实质性测试的内容主要包括：

（1）审查直接人工费用范围的合规性。审计人员可以在了解企业工资管理形式、政策的基础上，通过审阅、核对、分析有关劳动人事资料、工资结算表、工资及福利费用分配表，查明有无混淆直接从事产品生产的生产工人的工资与其他人员工资的界限。

（2）审查工资和职工福利费用计算的正确性。审计人员可通过审阅、复核工资结算表、工资结算汇总表、成本计算单等，并结合应付职工薪酬的审查，查明工资计算及汇总的正确性。对于职工福利费，重点是查明其计提的基础、计提的比例及计算的结果是否正确。

（3）审查直接人工费用分配的正确性。审计人员在审查应付职工薪酬和职工福利费分配正确性的基础上，应进一步查明直接人工费用在产品间分配的正确性。可抽查成本计算单和审阅人工费用分配表，检查人工费用的分配标准与计算方法是否合理、适当，分配率和分配结果的计算是否正确。

（4）审查工资和福利费用发放的真实性。审计人员可以抽查企业某一会计期间（月份）或几个会计期间内若干部分的工资费用，对其计算发放的全过程进行验证、核对。具体包括：员工姓名，工资标准及工资标准的批准文件，奖金计发依据、发放次数、金额与方式，员工考勤记录或产量记录与工资奖金的关系，领取手续与签章，工资实付金额与现金日记账的支付记录的一致性等。

（5）进行分析性复核。将本年度人工成本与上年度比较，将本年度各月份的人工成本进行比较，看有无异常变动，如有则查明原因。

（6）审查工资和福利费用会计处理的合规性。审计人员可以结合应付职工薪酬的审查，抽查人工费用会计记录及会计处理是否正确。对采用标准成本法核算的，应抽查直接人工成本差异的计算、分配与会计处理是否正确，并查明直接人工的标准成本在本年度内有无重大变动。

3. 制造费用的实质性测试

制造费用是企业为生产产品或提供劳务而发生的间接费用，即生产单位为组织和管理生产而发生的费用，包括分厂和车间管理人员的工资、提取的职工福利费、折旧费、修理费、办公费、水电费、取暖费、租赁费、机物料消耗、低值易耗品摊销、劳动保护费、保险费、设计制图费、试验检验费、季节性和修理期间的停工损失以及其他制造费用。制造费用实质性测试的基本要点包括：

（1）审查制造费用项目的合规性。重点查明企业所选用的折旧政策（尤其是当企业采用加速折旧法时）是否符合企业会计准则和企业会计制度的规定，计提折旧的基数是否正确，固定资产增加、减少时对折旧的会计处理是否正确等。通过审阅制造费用明细账及有关凭证，查明制造费用的组成项目是否符合有关规定。

（2）审查制造费用的真实性。由于制造费用项目繁多，审计人员应按重要性原则，有针对性地对数额较大、升降幅度大、易与其他费用相混淆的项目，以及制度规定有提取或开支标准的项目进行审查。审查时，审计人员可以通过追查原始凭证、进行复算、结合其他项目进行审查等方法予以核实。

（3）审查制造费用归集和分配的正确性。在核实制造费用合规性、真实性的基础上，通过复算等方法，对各项目进行加总，从而验证所归集的制造费用总额。对制造费用的分配，应重点查明其分配方法是否符合企业自身的生产技术条件，是否体现受益原则、是否保持稳定，有无随意变更；分配额的计算是否正确，有无以人为估计数代替实际分配数等情况；对按预定分配率进行分配的，还应查明预定的分配率是否合理，有关差异的计算和处理是否正确。对于采用标准成本法核算的，应抽查标准制造费用的确定是否合理，计入成本计算单的数额是否正确，制造费用差异的计算、分配与会计处理是否正确，并查明标准制造费用在本年度内有无重大变动。必要时，对制造费用实施截止日测试，即检查资产负债表日前后若干天的制造费用明细账及有关凭证，确定有无跨期入账的情况。

4. 产成品入库的实质性测试

产成品完工验收入库是生产循环的最后一个环节。在生产循环中，产成品的实质性测试主要就是产成品入库的实质性测试。产成品入库实质性测试的要点如下：

（1）审查产成品的入库凭证、入库手续的合法性。合法的入库凭证、手续不仅应真实反映入库产成品的名称、规格、数量，还要反映产成品实物从生产部门转至仓库过程中的实物与账簿记录的一致性。在审计过程中，应检查生产部门发出的产成品和仓库收入的产成品是否相符，仓库的实物记录和财务部门的产成品收入记录是否相符；检查产成品入库是否经过技术鉴定部门或质量检验部门认真鉴定或检验，是否有产品合格证明，以防止未经检验的产品充当合格产成品入库的情况发生。

（2）审查产成品入库数量的真实性。产成品数量是计算产成品成本的基础，在审查中应查证产品验收入库的业务处理过程是否严密，将产成品入库凭证与车间完工记录相核对，查明其数量是否相符；审查有无虚报产量，或将废品、半成品顶替入库，或虚减本期产量，将已完工的产品不入库、入库的产成品隐瞒不报，达到人为调节产品成本的目的；有无为了加大本期产量，将未完工的在产品和半成品，按约当量折算计入本期产量，达到虚降单位生产成本的目的。

(3) 审查入库产成品成本结转的真实性。审查入库产品的成本时，一般从审查产成品成本计算单入手，审查基本生产明细账、辅助生产明细账、制造费用明细账和计算底稿，查核成本计算方法的合理性，验证成本计算数据的正确性，并核实产品及工时资料、产品完工记录、产品入库单、产成品明细账、仓库实物账等。另外，还应对成本计算基础工作进行审计。

案例分析 12—2

资料：审计人员审查 20×1 年 6 月份 A 公司生产成本明细账和产品成本计算单时，发现下列问题：

(1) 20×1 年 6 月份明细账登记完工甲种产品 400 件，期末盘点其在产品 200 件，在产品投料率为 80%，加工程度为 50%，其成本计算单见表 12—1。

表 12—1 **甲种产品成本计算单**

20×1 年 6 月 单位：元

成本项目	期初在产成本	本期生产成本	生产成本合计	产成品成本	期末在产品成本
直接材料	28 800	167 600	196 400	157 120	39 280
直接人工	6 300	38 000	44 300	35 440	8 860
制造费用	8 000	76 400	84 400	67 520	16 880
合 计	43 100	282 000	325 100	260 080	65 020

(2) 在建工程领用原材料 15 000 元，计入产品成本。

(3) 公司保洁人员工资 5 200 元，计入产品成本。

(4) 本月应摊入的工具费 800 元，没有摊入。

(5) 月底办理假退料 9 000 元，经审查车间没有该种余料。

(6) 经审查本月产成品数量、月末在产品数量以及加工程度均正确无误。

要求：根据上述材料指出存在的问题，提出审计意见，并编制正确的成本计算单。

分析：

(1) 在建工程领用原材料 15 000 元不能计入产品成本，应在“在建工程”账户中记录。

(2) 公司保洁人员工资 5 200 元应由管理费用开支，不能计入产品成本，应在“管理费用”账户中记录。

(3) 将应摊入的工具费 800 元摊入产品成本中。

(4) 月底办理退料 9 000 元是虚假的，应增加产品成本中的直接材料费9 000元。

(5) 编制的利润调整分录如下：

1) 借：在建工程 15 000

贷：生产成本 15 000

2）借：管理费用 5 200

贷：生产成本 5 200

3）借：生产成本 800

贷：低值易耗品 800

4）借：生产成本 9 000

贷：原材料 9 000

（6）正确的产品成本计算单如下：

完工产品和在产品的成本分配：

直接材料费分配率＝(196 400－15 000＋9 000)/(400＋200×80％)

＝340

完工产品应分配的材料费＝400×340＝136 000(元)

在产品应分配的材料费＝200×80％×340＝54 400(元)

直接人工费分配率＝(44 300－5 200)/(400＋200×50％)＝78.2

完工产品应分配的人工费＝400×78.2＝31 280(元)

在产品应分配的人工费＝200×50％×78.2＝7 820(元)

制造费用分配率＝（84 400＋800）/（400＋200×50％）＝170.4

完工产品应分配的制造费用＝400×170.4＝68 160(元)

在产品应分配的制造费用＝200×50％×170.4＝17 040(元)

调整后的产品成本计算单见表12—2。

表12—2 **甲种产品成本计算单**

20×1年6月 单位：元

成本项目	期初在产成本	本月生产成本	生产成本合计	产成品成本	月末在产品成本
直接材料	28 800	161 600	190 400	136 000	54 400
直接人工	6 300	32 800	39 100	31 280	7 820
制造费用	8 000	77 200	85 200	68 160	17 040
合 计	43 100	271 600	314 700	235 440	79 260

二、主营业务成本的实质性测试

主营业务成本是指企业对外销售商品、产品，对外提供劳务等发生的实际成本。

对主营业务成本的实质性测试，应通过审阅产品销售（收入）明细账、产成品明细账等记录，并核对有关的原始凭证和记账凭证进行。其基本要点包括：

（1）获取或编制产品销售明细表，并与产品销售明细账和总账核对相符；

（2）编制生产成本及销售成本计算表，并与总账核对相符；

（3）分析比较本年度与上年度产品销售成本总额，以及本年度各月份的产品销售成本金额，如有重大波动和异常情况，应查明原因；

（4）结合生产成本的审计，抽查主营业务成本结转数额的正确性，并检查其是否与主营业务收入的计算口径相一致；

（5）检查主营业务成本账户中重大调整事项（如销售退回、委托代销商品）是否有充分理由；

（6）确定产品销售成本是否已在损益表上恰当披露。

案例分析 12—3

资料：根据A公司甲产品明细账记录，20×1年12月初结存产品一批100件，单位成本200元，12月份完工入库一批400件，单位成本210元，月末结转已销产品200件的销售成本40 000元，该企业该产品销售成本结转采用先进先出法。经查当月甲产品销售收入明细账记录，本月实际销售产品210件。

要求：分析该公司甲产品销售核算中存在的问题，并说明查明这些问题的基本方法。

分析：

存在的问题：一是已销产品结转的数量不正确。二是已销产品210件中，100件的成本应按每件200元计算销售成本，另110件按每件210元计算销售成本，该企业的处理少计销售成本3 100元，其计算过程为（100×200＋110×210）－40 000＝3 100元。

审计人员应采用复算法来进行审查。

三、期间费用的实质性测试

（一）销售费用的实质性测试

对销售费用的实质性测试，一般可从下述几个主要方面进行。

1. 获取或编制销售费用明细表

对于销售费用的实质性测试，审计人员首先应该获取或编制销售费用明细表，检查其明细项目的设置是否符合规定的核算内容与范围，并与明细账和总账核对相符。

2. 运用分析性复核的方法对主要费用项目的变动趋势进行分析

审计人员应将各类费用的主要项目编制“销售费用分析表”，分别将本年度营业费用与上年度的销售费用进行比较，并将本年度各个月份的销售费用进行比较，如有重大波动和异常情况应查明原因。

3. 审查计入销售费用项目的合法性与正确性

查阅有关记账凭证、原始凭证，检查计入销售费用的项目是否属于企业在销售产品和提供劳务过程中发生的运输费、装卸费、包装费、展览费、广告费、保险费以及为销售本企业产品而专设的销售机构的职工工资、福利费、业务费等；审阅销售费用明细表，检查销售费用是否按照规定的开支标准列支，并检查费用计算及会计处理的正确性。

4. 审查重要或异常的费用项目

审计人员应该选择重要或异常的销售费用项目，检查其原始凭证是否合法，会计处理是否正确；必要时，对销售费用实施截止日测试，检查有无跨期入账的现象，对于重大跨期项目应作必要调整。

（二）管理费用的实质性测试

对管理费用的实质性测试，可从下述几方面进行。

1. 获取或编制管理费用明细表

审计人员应该首先获取或编制管理费用明细表。检查其明细项目的设置是否符合规定的核算内容与范围，并与明细账、总账核对相符。

2. 运用分析性复核的方法对主要费用项目的变动趋势进行分析

审计人员应将管理费用的主要项目编制“管理费用分析表”，分别将本年度管理费用与上年度的管理费用进行比较，并将本年度各个月份的管理费用进行比较，如有重大波动和异常情况应查明原因。必要时，对管理费用实施截止日测试，检查有无跨期入账的现象，对于重大跨期项目，应作必要调整。

3. 审查费用的划分

重点查明各项费用是否按照划分资本性支出与收益性支出的原则明确、合理划分，处理是否正确；是否有将本来应该计入制造费用或其他业务支出、营业外支出的项目计入了管理费用的情况。

4. 审查重要或异常的管理费用项目

审计人员应该选择重要或异常的管理费用项目，检查其原始凭证是否合法，会计处理是否正确。通常业务招待费应作为审计人员审查的一个重点项目。审计人员要检查管理费用中交际应酬费的年度总额是否超过规定的限额，并将超过部分调增应纳税所得额。

（三）财务费用的实质性测试

财务费用的审计与管理费用的审计有许多类似之处，对财务费用的实质性测试，前两个方面与管理费用的实质性测试大致相同，重点应该放在下述两个方面。

1. 审查重要或异常的利息费用项目

利息费用是企业财务费用中最重要的组成部分，是财务费用中最具经常性和稳定性的项目。利息费用通常因借款而发生，对利息费用的审计应结合资产负债表审计中有关负债项目的审计来进行，可以采用顺查法，也可以采用逆查法。通常，审计人员应该选择重要或异常的利息费用等项目，检查其原始凭证是否合法，会计处理是否正确。在对利息费用进行审计时，应该注意以下几个问题：

（1）注意审查有无错记、漏记等情况，即查明企业是否对所有的利息费用全部及时、正确地记录、反映；

（2）查明借款合同或协议规定的利率与实际利率是否相符；

（3）对应付债券的应计利息，一方面应审查其数额计算是否正确无误，另一方面要对相应的溢价与折价摊销进行审查，确认利息费用的正确性；

（4）审查企业银行存款利息收入是否冲减财务费用，有无将其列入收入的现象；

（5）审查企业投资取得的股息、利息收入是否列入投资收益，有无冲减财务费用的现象；

（6）审查有无将股利支出作为利息费用处理的不当行为。

2. 审查汇兑损益明细账

重点检查汇兑损益计算方法是否正确，核对所用汇率是否正确，对于从筹建期间汇兑损益转入的，应查明其摊销方法在前后期是否保持一致，摊销金额是否正确。

四、其他业务成本的实质性测试

其他业务成本是企业为取得其他业务收入而发生的成本和费用。其他业务成本实质性测试的内容包括：

（1）审计人员通过审阅“其他业务成本明细账”，并核对有关会计凭证，查明所载业务的真实性和合规性，注意有无主营业务成本、营业税金及附加混入其中，有无营业外支出等列入其中的问题。

（2）审计人员通过将“其他业务成本明细账”与“其他业务收入明细账”中所载业务进行核对，检查当期其他业务成本与其他业务收入是否配比。

（3）审计人员将“其他业务成本明细账”与有关对应账户，如原材料、包装物、累计折旧、应交税费、应付职工薪酬等进行核对，验证有关成本、费用分摊的合理性和正确性，查明是否有人为调节其他业务利润、违反配比原则、任意多计或少计其他业务成本的情况。

五、营业外支出的实质性测试

营业外支出是指企业发生的与其生产经营无直接关系的各项支出，包括固定资产盘亏、处置固定资产净损失、出售无形资产损失、债务重组损失、计提的固定资产减值准备、计提的无形资产减值准备、计提的在建工程减值准备、罚款支出、捐赠支出、非常损失等。

（一）营业外支出合法性查证

审计人员应注意：有的企业违反营业外支出范围，擅自提高开支标准，虚增支出、挤列支出以虚减当期利润。例如，将属于筹建期间应计入长期待摊费用的固定资产清理后的净损失记入营业外支出；将应在“基本生产成本”科目核算的停工损失计入营业外支出。

（二）营业外支出真实性查证

审计人员应注意：按规定，物资在运输途中的短缺与损耗、自然灾害等非常原因造成的损失，应将减去残料价值和过失人、保险公司赔款后的净损失记入“营业外支出——非常损失”科目，而有的企业却将全部损失记入“营业外支出——非常损失”科目，将残料价款和过失人、保险公司的赔款另行收账、挪作他用。按规定，企业固定资产清理后的净损失，属于生产经营期间正常的处理损失，应计入营业外支出，企业对固定资产清理后净损失的处理是否符合这个规定、是否真实，应通过“固定资产清理”账户及其记账凭证、原始凭证的核对来查明。

营业外支出账务处理及时性及正确性查证，主要应通过“固定资产清理”、“待处理财产损益”、“其他应收款”、“银行存款”等账户的核对，查明企业有无对应列营业外支出的损失、支出不作处理或处理错误的情况。

案例分析 12—4

资料：审计人员接受委托对 A 公司 20×1 年会计报表进行审计，发现下列事项：

(1) A 公司 20×1 年木工车间失火，损失巨大。经查公司为修复厂房及核销火灾损失共计 105 000 元，该公司将该项支出列入“管理费用——其他管理费用”科目。

(2) 该公司技术科 20×1 年租入实验设备 4 台，按合同规定每月支付租金 50 000 元，并按设备原价 6 000 000 元逐月计提折旧，折旧率为 5%，计300 000元，两项共计900 000 元，已计入管理费用。

(3) 由于 20×1 年出纳员岗位转换，全年银行存款利息收入 25 000 元一直未进行处理。

(4) 员工宿舍全年生活用水、用电共计 87 000 元，社会摊派款 30 000 元，公司员工家属外出休养发生车船费、住宿费等共计 5 660 元，均已列入管理费用。

要求：指出上述事项中存在的问题，并提出审计意见。

分析：

(1) 木工车间失火，按会计制度规定其损失应作为营业外支出（非常损失），而该公司将损失挤占管理费用，虚增管理费用为 105 000 元，对此应提请该公司予以更正（此项支出应列入营业外支出，故不影响利润总额）。

(2) 经营性租赁租入的固定资产不应计提折旧，该公司多提折旧 300 000 元，虚增管理费用，虚减利润，属于漏交所得税的行为，对此审计人员应提请该公司予以调整。

(3) 未处理的存款利息 25 000 元，导致财务费用虚增 25 000 元，应调整、冲减财务费用。

(4) 员工宿舍水电费应由员工个人承担，社会摊派款应从税后利润中列支或向摊派单位索回，员工家属休养支出应由个人负担，这三项共虚增管理费用 122 660 元。

以上情况致使期间费用虚增 552 660 元，其中应由“营业外支出”负担 105 000 元，因此，多计期间费用使利润减少 447 660 元，应提请企业调整后，补交所得税及滞纳金。

第四节　利润及利润分配的实质性测试

一、利润的实质性测试

利润是指企业在一定会计期间的经营成果，它是企业在一定会计期间内实现的收入减去费用后的净额。企业利润包括营业利润、利润总额和净利润。

利润的实质性测试也就是对上述各项目的实质性测试，上述各项目的实质性测试已在前面各章节述及，这里不再赘述。

二、利润分配的实质性测试

利润分配是指企业按国家规定的范围和顺序对净利润所进行的分配。利润分配审查的主要内容是审查利润分配的范围、顺序及账务处理，借以确认利润分配的合法性和真实性，并揭露利润分配中的违法、违纪现象，保护投资者的利益。

（一）审查利润分配的合法性

审计人员通过审阅“利润分配”明细账，并对照“利润分配表”，查明利润分配基数的调整、利润分配的顺序是否符合财务会计法规的规定，揭示不按规定任意进行分配的问题。

按企业会计制度的规定，企业的净利润应按下列顺序分配：第一，弥补以前年度亏损；第二，提取法定盈余公积金；第三，提取公益金；第四，向投资者分配利润。企业以前年度未分配利润，可以并入本年度向投资者分配。如果是股份有限公司，提取公益金以后，还应按照下列顺序分配：支付优先股股利；提取任意盈余公积金；支付普通股股利。

对利润分配顺序进行审查时，应通过审阅“利润分配”、“盈余公积”、“应付利润”等科目的明细账及各种有关会计凭证，确认企业利润分配的合规性。在审查中，除注意核实净利润是否按上述顺序分配外，尤其要注意股份有限公司提取公益金后，是否按规定顺序对所剩利润进行分配，有无任意颠倒或不按规定顺序进行分配的情况。

（二）审查利润分配的真实性、正确性

1. 弥补以前年度亏损的审查

当企业发生经营性亏损时，为了维持生产经营活动的正常进行和保护债权人的合法权益，企业发生的年度亏损可以用下一年度利润弥补；下一年度利润不足以弥补的，可以在五年内用税前利润弥补，延续五年后未弥补的亏损，用税后的利润弥补（法定盈余公积金也可用于弥补亏损）。该项审查的要点是：

（1）通过审阅“本年利润”、“利润分配”的有关明细账，检查以前年度的亏损额以利润进行弥补的情况。如发现连续数年用税前利润弥补，还应查明有无超期弥补的行为。

（2）通过复算，验证以税后利润弥补亏损数额的正确性。

（3）检查账务处理的正确性。

2. 提取法定盈余公积金和公益金的审查

法定盈余公积金和公益金与盈余公积金和公益金的审查相同，此处不再赘述。

3. 向投资者分配利润的审查

企业在缴纳了所得税、提取了法定盈余公积金和公益金后，只要企业“利润分配——未分配利润”明细账户有余额，就可以向投资者分配利润，即使在亏损年度，只要年初有较多未分配利润可以弥补亏损，仍可以进行分配。审查的要点是：

（1）审查向投资者分配利润的合规性。向投资者分配利润，一般要由投资者会议或股东大会在审查董事会提出的议案后形成决议，然后进行分配。审计人员应审查有关向投资者分配利润的决议是否符合法定程序；分配是否在缴纳了所得税、提取了盈余公积金和公益金后进行；分配比例有无违反规定等。

（2）审查利润分配账务处理的正确性。审计人员应对照利润分配的方案和有关账户（“应付利润”、“利润分配——应付利润”）确定向投资者分配利润及有关账务处理的正确

性。另外，还应审查年终是否按规定将“利润分配”账户下属的“提取盈余公积”、“盈余公积补亏”、“应付利润”等明细账户的年末金额全部结转“未分配利润”明细账户。

案例分析 12—5

资料：A公司20×1年度会计报表列示实现利润总额25万元，审计人员对其利润形成情况进行审查时，发现以下情况：

(1) 接受其他单位投资，分给投资单位利润15 000元，列入营业外支出。

(2) 转让专利权获得收入20 000元，列入营业外收入。

(3) 因违反经济合同法支付的违约金3 000元，计入管理费用。

(4) 没收逾期未退包装物押金1 000元，仍挂在“其他应付款”账户上。

(5) 本年12月份发生的租入固定资产改良支出80 000元，计入管理费用。

(6) 售给本市某厂产品获得销售价款50 000元，同时，收到增值税税款8 500元均计入“其他应付款”账户，该批产品销售成本40 000元。

(7) 该企业营业税税率为5%，所得税税率为25%，增值税税率为17%。

要求：

(1) 根据上述资料，分析说明各项经济业务是否正确，如有错误，指出纠正办法。

(2) 计算核实利润总额。

分析：

(1) 分配给投资单位的利润15 000元，不应记入营业外支出，应记入“利润分配——应付利润”账户并在税后向投资者分配，此项业务少计利润总额15 000元；

(2) 专利权转让收入不应计入营业外收入，而应计入其他业务收入并需补计营业税：20 000×5%=1 000（元）；

(3) 支付的违约金不能计入管理费用，而应计入营业外支出；

(4) 逾期包装物押金收入，不能在“其他应付款”账户挂账，而应记入“其他业务收入”和“应交税费——应交增值税（销项税额）”的贷方；

(5) 租入固定资产改良支出不能计入管理费用，而应计入“长期待摊费用”账户；

(6) 销售产品取得货款，不应计入其他应付款，而应记入“主营业务收入”账户，并需补计增值税8 500元税款。

核实后的利润总额为：

250 000+15 000+1 000+80 000+(50 000−40 000)−(20 000×5%)
=355 000(元)

本章小结

本章在阐述损益审计的目标和依据的基础上，详细阐述了收入、成本与费用、利润分配实质性测试的依据、内容和方法。

复习题

1. 生产成本实质性测试的要点有哪些?
2. 主营业务成本实质性测试的重点是什么?
3. 利润实质性测试的内容有哪些?
4. 利润分配实质性测试的意义是什么?
5. 如何对主营业务收入的截止日期进行实质性测试?

第十三章　会计咨询和会计服务业务

【本章要点】

◇ 会计咨询的特点及范围

◇ 资产评估的特点、目的、假设、原则和方法

◇ 代理记账的内容及工作规则

◇ 税务代理业务范围

【本章引言】

民间审计组织的业务范围包括鉴证业务和相关服务业务两大领域。随着我国市场经济体制的建立和完善，经济管理要求的不断提高，客观上要求民间审计组织从专业角度为企业和社会各方面的需求者提供会计、财务、税务、管理等方面的咨询服务。

第一节　会计咨询概述

一、会计咨询的意义

会计咨询，是指注册会计师以其专业知识和技能，向特定的委托人提供会计、财务以及经营管理等方面的咨询服务。开展会计咨询业务，对于提高委托单位的管理，特别是会计管理水平，具有重要意义。

第一，可以提高委托单位的管理水平。注册会计师在提供会计咨询服务时，能够充分利用自己的专业知识和能力分析委托单位在企业经营管理、会计管理、财务管理等方面存在的问题，然后有针对性地提出改进的建议、措施，从而使客户能够不断地加强管理，提高管理水平。

第二，可以提高会计信息的质量。通过开展会计咨询业务，帮助和促使委托单位遵守会计准则和会计制度，规范会计行为，提高会计核算工作的效率和质量，提供真实、准确、完整的会计信息。同时各地的会计咨询机构可以担负起会计数据收集、加工、整理的责任，逐渐形成会计信息网络，从而为国民经济管理部门提供综合性的会计信息服务。

二、会计咨询的特点

会计咨询、服务业务作为一项社会服务事业，与一般的社会服务行业不同，它是以注册会计师丰富的知识、经验和专业化技能为基础的。提供与委托单位实际管理问题有关的专业知识和技术服务工作，是参谋性的服务。会计咨询服务并不是审计人员的法定业务，其自身的特点，主要表现为下述几个方面。

（一）独立性

会计咨询、服务业务是一项独立的服务工作，不仅表现在审计人员和机构的独立地位上，而且要求审计人员开展咨询工作时，保持态度上、方法上和实施咨询程序上的独立性，不带任何成见和偏见，这是会计咨询、服务取得成效的重要条件。

（二）客观性

客观性是指会计咨询、服务工作中审计人员要保持公正的立场，如实地反映问题，客观地分析问题、解决问题。客观性是保证审计人员的咨询工作科学、有效的重要条件。

（三）创造性

创造性是指会计咨询、服务工作应面向实际，深入调查，把握主要问题，以高度的科学求实精神和创造精神，探求提高企业经济效益的有效方案。创造性表现在：针对企业的实际情况，设计合理、有效的会计制度和财务管理制度；建立可行的会计业务处理程序；实行有效的财务会计人员培训方式等。因此，审计人员在咨询工作中，应当发挥专业特长，提出创造性的建议。创造性是会计咨询、服务具有生命力的源泉。

（四）科学性

科学性是指在开展会计咨询、服务业务中，审计人员应重视调查研究，运用科学的方法来进行预测、分析和评价，尤其应重视定量分析，以便提出有充分科学依据、切实可行的方案。

科学性是会计咨询、服务的一个重要特点。主要表现在：提出的建议、方案有科学的计算依据和事实根据，适合企业现有的财力、人力和管理水平；实施该方案是为了求得企业整体利益最大化。

（五）协作性

会计咨询、服务过程是审计人员与委托单位管理人员密切配合、协同工作的过程。针对客户存在的问题，审计人员要花费一定的时间进行调查研究以作出判断，然后与客户进行交流，共同协商以找到解决问题的有效方法。

三、会计咨询业务的范围

会计咨询、服务业务的工作范围很广泛，工作内容丰富，不仅仅局限于审计业务本身，还包括资产评估、代理记账和税务代理与咨询、上市公司盈利预测，此外，还包括会计对财务信息执行商定程序、制度设计、投资咨询、财务诊断、培训财会人员、其他会计咨询业务、企业改制与股票发行及上市、管理审计等内容。

（1）设计财务会计制度，担任会计顾问，提供会计、财务、税务和经济管理咨询。设计财务会计制度就是根据企业、单位委托，由审计人员根据国家有关规定，结合企业、单位实际情况，拟定其适用的财务会计制度和财务管理方法。会计顾问业务，就是接受企业、单位委托，由具备一定资格的审计人员向其提供会计和经济管理咨询服务，包括担任常年会计顾问和项目会计顾问。此外，可接受委托提供代理记账及其他各类会计、财务、税务和经济管理咨询服务。

（2）代理纳税申报。即审计人员可以接受委托，代委托人办理向税务机关申报纳税。

（3）代办申请注册登记，协助拟订合同、章程和其他经济文件。审计人员接受此项委托服务，在企业、单位从筹备立项到完成工商登记的过程中，除按规定程序代办注册登记手续以外，还可承担技术问题之外的各类经济咨询，如投资环境分析、可行性研究中的财务评价等。

（4）培训财务会计人员。由于审计人员具备较高的专业水平和丰富的实践经验，可以承担会计人员的业务培训工作。

（5）其他会计咨询、服务业务。在社会服务领域有待开拓的会计咨询业务还很多，例如：接受委托办理委托单位会计人员的业务考核；在人才市场上为用人单位提供会计人才的评估；接受普通高校委托指导会计专业学生的实习和论文等。

此外，经国家资产管理部门的认可，并颁发资产评估资格证书的民间审计组织和其他评估机构可以受托办理资产评估业务。因此，资产评估也是审计人员提供的一项主要的会计咨询、服务业务。

四、会计咨询的程序和要求

（一）会计咨询的程序

由于会计咨询的对象与内容不同，其咨询工作程序也各有所异，但就一般工作程序来讲，主要包括下述步骤。

1. 接受会计咨询委托

注册会计师承担会计咨询业务，应由其所在会计师事务所统一承办。一般是先了解委托人的基本情况，明确其咨询业务的目的与范围，决定接受委托任务时，应签订会计咨询协议，以保证会计咨询工作顺利开展。

2. 调查分析，收集资料

注册会计师接受会计咨询委托后，应根据会计咨询计划，深入调查分析，收集会计咨询所需要的各种资料，并对已掌握的资料进行整理与分析，抓住主要问题，找出解决办法。

3. 提出方案，编写报告

注册会计师在调查分析的基础上，提出解决问题的各种方案，咨询小组的成员应对每一个备选方案进行科学论证，筛选出最佳方案，并征求委托人的意见。根据委托双方协商选定方案后，由咨询小组编写咨询报告。咨询报告的内容应包括：委托人的基本情况，咨询的目的、范围、依据、方法，主要问题及原因，咨询结果或提出方案的可行性及预期效果等。如有附件，应说明其内容。咨询报告由咨询机构和咨询人员签字后，送交委托人。

4. 指导实施，检查效果

咨询机构和咨询人员应指导委托人具体实施咨询方案，帮助委托人改善经营管理，提高经济效益。一般是指派咨询人员定期或不定期走访委托人，帮助培训人员，指导具体实施，检查实施效果。发现问题时，应及时提出补充措施与建议，直至咨询方案落实为止。

（二）会计咨询的要求

注册会计师从事会计咨询业务，应遵守以下各项基本要求：

（1）严格遵守国家的有关法律、法规和政策；

（2）恪守独立、客观、公正、廉洁的原则，为社会各界提供符合规定要求的服务；

（3）一切判断应基于客观事实；

（4）不仅要解决企业的实际问题，更要着眼于提高企业的管理水平；

（5）对委托人恪守各项约定，严格保守秘密，不得将任何资料泄露给第三者；

（6）不做因维护委托者的利益而损害第三者利益的事，也不以委托者以外的利益为目的做事；

（7）不接受力所不及的委托咨询业务；

（8）不吹嘘自己业绩、不得诋毁或诽谤其他咨询团体；

（9）不接受额外的酬金，严格按事先商定标准收费；

（10）以实施咨询方案后经济效益的大小来衡量咨询工作的成效。

第二节 资产评估

一、资产评估及其特点

（一）资产评估的概念和要素

资产评估是专业机构和人员按照国家法律和资产评估准则，根据特定目的，遵循评估原则，依照相关程序，选择适当价值类型，运用科学方法，对资产价值进行评估和估算的行为。资产评估要经历若干步骤和程序，因此它涉及以下基本的评估要素：

（1）评估主体，即从事资产评估的机构和人员，他们是资产评估工作的主导者。

（2）评估客体，即被评估的资产，它是资产评估的具体对象，也称为评估对象。

（3）评估依据，也就是资产评估所遵循的法律、法规、经济行为规范性文件，重大合同协议以及取费标准和其他参考依据。

（4）评估目的，即资产业务引发的经济行为对资产评估结果的要求，或资产评估结果的具体用途。它直接决定和制约资产评估价值类型和方法的选择。

（5）评估原则，即资产评估的行为规范，是调节资产评估当事人各方关系、处理评估业务的行为准则。

（6）评估程序，即资产评估工作从开始准备到最后结束的工作顺序。

(7) 评估价值类型，即对评估价值的质的规定，它对资产评估参数的选择具有约束性。

(8) 评估方法，即资产评估所运用的特定技术，是分析和判断资产评估价值的手段和途径。

(9) 评估的基准日，即评估时所依据的时点。

以上要素构成了资产评估活动的有机整体。

(二) 资产评估的特点

一般来说，资产评估具有下述特点。

1. 市场性

资产评估是适应市场经济要求的专业中介服务活动，其基本目标就是根据资产业务的不同性质，通过模拟市场条件对资产价值作出的经得起市场检验的评定估算和报告。

2. 公正性

公正性是指资产评估行为服务于资产业务的需要，而不是服务于资产业务任何一方当事人的需要。公正性表现在以下两个方面：

(1) 资产评估按公允、法定的准则和规程进行，公允的行为规范和业务规范是公正性的技术基础；

(2) 评估人员是与资产业务没有利害关系的第三者，这是公正性的组织基础。

3. 专业性

资产评估是一种专业人员的活动，从事资产评估业务的机构应由一定数量和不同类型的专家与专业人士组成。

4. 咨询性

咨询性是指资产评估结论是为资产业务提供专业化估价意见，该意见本身并无强制执行的效力，评估师只对结论本身是否合乎职业规范要求负责，而不对资产业务定价决策负责。事实上，资产评估为资产交易提供的估价往往由当事人作为要价和出价的参考，最终的成交价取决于当事人的决策动机、谈判地位和谈判技巧等因素。

二、资产评估价值类型

资产评估中的价值类型是指资产评估结果的价值属性及其表现形式。不同的价值类型从不同的角度反映资产评估价值的属性和特征。不同属性的价值类型所代表的资产评估价值不仅在性质上是不同的，在数量上也存在较大差异。资产评估的价值类型的形成，不仅与引起资产评估的特定经济行为及资产评估特定目的有关，而且与被评估对象的功能、状态，以及评估时的市场条件等因素有着密切的关系。根据资产评估特定的目的、被评估资产的功能状态以及评估时的各种条件，合理地选择和确定资产评估的价值类型是每一位资产评估人员必须做好的工作。

由于所处的角度不同以及对资产评估价值类型理解方面的差异，人们对资产评估价值类型主要有以下几种分类：

(1) 以资产评估的估价标准形式表述的价值类型，具体包括重置成本、收益现值、现行市价（或变现价值）和清算价格四种。

（2）从资产评估假设的角度来表述资产评估价值的类型，具体包括继续使用价值、公开市场价值和清算价值三种。

（3）从资产业务的性质来划分资产评估的价值类型，具体包括抵押价值、保险价值、课税价值、投资价值、清算价值、转让价值、保全价值、交易价值、兼并价值、拍卖价值、租赁价值、补偿价值等。

（4）以资产评估时所依据的市场条件，以及被评估资产的使用状态来划分资产评估结果的价值类型，具体包括市场价值和市场价值以外的价值。

三、资产评估假设和原则

（一）资产评估假设

资产评估的理论体系和方法体系的确立是建立在一系列假设基础之上的，其中交易假设、公开市场假设、持续使用假设和清算假设是资产评估中的基本前提假设。

1. 交易假设

交易假设是资产评估得以进行的一个最基本的前提假设。交易假设是假定所有待评资产已经处在交易过程中，评估师根据待评估资产的交易条件等模拟市场进行估价。交易假设一方面为资产评估“创造”了条件；另一方面明确限定了资产评估的外部环境，即资产是被置于市场交易之中的，资产评估不能脱离市场条件而孤立地进行。

2. 公开市场假设

公开市场假设是对资产拟进入的市场条件，以及资产在这样的市场条件下接受何种影响的一种假定说明或限定。就资产评估而言，公开市场是指充分发达与完善的市场，是一个有自愿的买者和卖者的竞争性市场，在这个市场上，买者和卖者的地位是平等的，彼此都有获取足够市场信息的机会和时间，买卖双方的交易行为都是在自愿的、理智的、非强制的条件下进行的。

公开市场假设是资产评估中的一个重要假设，其他假设都是以公开市场假设为基本参照。

3. 持续使用假设

持续使用假设也是对资产拟进入的市场条件，以及在这样的市场条件下的资产状态的一种假定性描述或说明。该假设首先设定被评估资产正处于使用状态，包括正在使用中的资产和备用的资产；其次，根据有关数据和信息，推断这些处于使用状态的资产还将持续使用下去。

持续使用假设也是资产评估中的一个非常重要的假设，尤其是在我国，经济体制处于转轨时期，市场发育尚未完善，资产评估活动大多被推定处于持续使用的假设前提之下。

4. 清算假设

清算假设是对资产拟进入的市场条件的一种假定说明或限定。具体而言，是对资产在非公开市场条件下被迫出售或快速变现条件的假定说明。

清算假设首先是基于被评估资产面临清算或具有潜在的被清算的事实或可能性，在根据相应数据资料假定被评估资产处于被迫出售或快速变现的状态。由于清算假设是假设被评估资产处于被迫出售或快速变现条件之下，被评估资产的评估值通常要低于在公开市场假设前提下或持续使用假设前提下同样资产的评估值。因此，在清算假设前提下，资产评估结果的适用范围是非常有限的。当然，清算假设本身的使用也是较为特殊的。

（二）资产评估原则

1. 资产评估工作原则

（1）真实性原则。真实性原则要求资产评估工作实事求是，尊重科学。一方面，资产评估机构在评估工作中必须以实际材料为基础，以确凿的事实为依据，以科学的态度为指针，实事求是地得出评估结果；另一方面，评估人员及其评估机构有权要求被评估单位提供真实的资料，以保证评估工作始终在占有真实资料的基础上进行。

（2）科学性原则。科学性原则要求资产评估机构和评估人员必须遵循科学的评估要求和程序，以科学的态度制定评估方案，并采用科学的评估方法进行资产评估。在整个评估工作中必须把主观评价与客观测算、静态分析与动态分析、定性分析与定量分析有机地结合起来，使评估工作做到科学合理、真实可信。

（3）公平性原则。公平性原则要求资产评估机构和评估人员必须坚持公平、公正的立场，不偏向任何一方，以中立的第三者身份客观地进行评估，必须坚决反对和制止评估机构和人员与委托方共谋以损害其他方利益的行为。

（4）可行性原则。可行性原则要求资产评估机构和评估人员根据评估对象的特点和性质以及当时所具备的条件，制定切实可行的评估方案并采用合适的评估方法进行评估。

2. 资产评估技术原则

技术原则是指评估执业过程中的一些技术规范和业务准则。它们为评估人员在执业过程中的专业判断提供技术依据和保证。这些技术原则主要包括：

（1）预期收益原则。预期收益原则是以技术原则的形式概括出资产及资产价值的最基本的决定因素。资产之所以有价值，是因为它能为其拥有者或控制者带来未来经济利益，资产价值的高低主要取决于它能为其所有者或控制者带来多少预期收益。预期收益原则是评估人员判断资产价值的一个最基本的依据。

（2）供求原则。供求原则是经济学中关于供求关系影响商品价格原理的概括。假定在其他条件不变的前提下，商品的价值随着需求的增长而上升，随着供给的增加而下降。尽管商品价格随供求变化并不呈固定比例变化，但变化的方向都具有规律性。供求规律对商品价格形成的作用力同样适用于资产价值的评估，评估人员在判断资产价值时，也应充分考虑和依据供求原则。

（3）贡献原则。从一定意义上讲，贡献原则是预期收益原则的具体化。它也要求资产价值的高低要由该资产的贡献来决定。贡献原则主要适用于构成某整体资产的各组成要素资产的贡献，或者是当整体资产缺少该项要素资产将蒙受的损失。

（4）替代原则。作为一种市场规律，在同一市场上，具有相同使用价值和质量的商品，应有大致相同的交换价值。如果具有相同使用价值和质量的商品，具有不同的交换价值或价格，买者会选择价格较低者。当然，作为卖者，如果可以将商品卖到更高的价格水平上，他会在较高的价位上出售商品。在资产评估中确实存在着评估数据、评估方法等的合理替代问题，正确运用替代原则是公正进行资产评估的重要保证。

（5）估价日期原则。市场是变化的，资产的价值会随着市场条件的变化而不断改变，为了使资产评估得以操作，同时，又能保证资产评估结果可以被市场检验，在资产评估时，必须假定市场条件固定在某一时点，这一时点就是评估基准日，或称估价日期，它为资产评估提供一个时间基准。因此，评估值就是评估基准日的资产价值。

四、资产评估的方法和程序

（一）资产评估的方法

资产评估方法是实现评定估算价值的技术手段。资产评估方法与其他学科和技术方法既有联系，又有区别。联系在于资产评估方法是在工程技术、统计、会计等学科中的技术方法的基础上，结合自身特点形成的一整套方法体系。区别就在于资产评估将其他学科的技术方法按照资产评估运作的内在要求，用资产评估思路加以重组，从而构成了资产评估方法体系。该体系由多种具体资产评估方法构成，这些方法按分析原理和技术路线不同可以归纳为三种基本类型，即市场法、收益法和成本法。

市场法是指利用市场上同样或类似资产的近期交易价格，经过直接比较或类比分析，以估测资产价值的各种评估技术方法的总称。

收益法是指通过估测被评估资产未来预期收益的现值来判断资产价值的各种评估方法的总称。

成本法是指首先估测被评估资产的重置成本，然后估测被评估资产业已存在的各种贬值因素，并将其从重置成本中予以扣除，从而得到被评估资产价值的各种评估方法的总称。

（二）资产评估程序

资产评估程序是指资产评估机构和人员执行资产评估业务、形成资产评估结论所履行的系统性工作步骤。狭义的资产评估程序开始于资产评估机构和人员接受委托，终止于向委托人和相关当事人提交资产评估报告书。广义的资产评估程序则开始于承接资产评估业务前的明确资产评估基本事项，终止于资产评估报告书提交后的资产评估文件归档管理。

不同的资产评估业务，由于评估对象、评估目的、资产评估资料收集情况等相关条件的差异，可能需要执行不同的资产评估具体程序或工作步骤，但资产评估基本程序是相同或相通的，可以适用于各种类型的资产评估业务。资产评估程序通常包括以下主要环节：明确资产评估业务基本事项；签订资产评估业务约定书；编制资产评估计划；资产勘查；收集资产评估资料；评定估算；编制和提交资产评估报告书；资产评估工作档案归档。

第三节　代理记账

一、代理记账及其意义

代理记账，是指经批准设立的会计咨询、服务机构代理小型经济组织进行记账、算账、报账、代办纳税申报等业务。代理记账是适应我国市场经济的发展和小型经济组织客观需要而产生的一种社会性会计服务活动，对建立和维护会计工作秩序，加强市场管理和税收管理具有重要意义。

第一，有利于加强小型经济组织和个体工商户的会计核算工作，建立和维护会计工作秩序。随着我国市场经济的发展，一些小型的企业、事业单位、个体工商户和其他经济组织大量涌现，这些经济组织虽然都感到会计信息的重要，却无力承担聘用专职会计人员的费用，因而造成会计核算秩序混乱，会计数据不真实。市场经济的发展迫切需要会计服务机构承担代理记账业务，这不仅解决了小型经济组织和个体工商户的后顾之忧，也为建立和维护正常的会计秩序，提高会计核算和会计信息质量提供了组织保证。

第二，有利于加强税收管理，保证我国税收收入稳定增长。通过代理记账，可以健全会计核算工作，规范会计处理方法，正确计算和缴纳各种税金，有效地避免偷税、漏税行为的发生，确保国家税收任务的完成。

二、代理记账机构的设立和工作规则

（一）代理记账机构的设立

目前，从事代理记账业务的机构有两类：一类是专门代理记账的机构，如代理记账站、记账专业户、代理记账公司等；另一类是兼办代理记账的会计咨询机构，如会计师事务所、财务会计咨询公司等。按照《代理记账管理办法》的规定，从事代理记账业务的机构，应当符合下列条件：

（1）至少有三名持有会计证的专业人员，同时可以聘用一定数量相同条件的兼职从业人员；

（2）主管代理记账业务的负责人必须具有会计师以上专业技术资格；

（3）有健全的代理记账业务规范和财务会计管理制度；

（4）有固定的办公场所，机构依法经过工商行政管理部门或者其他管理部门核准。

从事代理记账业务的机构，除会计师事务所外，必须按隶属关系向县级以上（含县级）人民政府财政部门申请代理记账资格，经审查符合规定的条件，领取由财政部统一印制的代理记账许可证书后，方能从事代理记账业务。颁发代理记账许可证书的财政机关负责对其发证的代理记账机构进行年检。

（二）代理记账工作规则

从事代理记账业务的人员，应当遵守以下规则：

（1）遵守会计法律、法规和国家统一会计制度，依法履行职责；

（2）对在执行业务中知悉的商业秘密，负有保密义务；

（3）对委托人员示意其作出不当的会计处理，提供不实的会计资料以及其他不符合法律、法规规定的要求，应当拒绝；

（4）对委托人提出的有关会计处理原则问题负有解释的责任。

三、代理记账的程序和内容

第一，签订书面委托合同，明确双方的义务和责任。委托人委托代理记账机构进行代理记账，应当在相互协商的基础上，签订书面委托合同。委托合同除应具有法律规定的基本条款外，应当明确以下内容：委托人、受托人对会计资料的合法、真实、准确、完整应承担的责任；会计凭证的传递程序和签收手续；编制和提供会计报表的要求；会计档案的保管要求；委托人、受托人终止委托合同应当办理的会计交接事宜。

委托人应当履行以下义务：

（1）对本单位发生的经济业务，必须填制或者取得符合国家统一规定的原始凭证；

（2）应当配备专人负责日常货币收支和保管；

（3）及时向代理记账机构提供合法、真实、准确、完整的原始凭证和相关资料；

（4）对于代理记账机构退回的，要求按照国家统一规定进行更正、补充的原始凭证，应当及时予以更正、补充。

第二，办理会计核算业务。代理记账机构应当根据委托合同的约定，定期派人到委托人所在地办理会计核算业务，或者根据委托人送交的原始凭证在代理记账机构所在地办理会计核算业务。代理记账机构根据委托人提供的原始凭证和其他资料，按照国家统一会计制度的规定进行会计核算，包括审核原始凭证、填制记账凭证、登记会计账簿、编制会计报表等。

第三，编制和报送会计报表。代理记账机构为委托人编制的会计报表，经代理记账机构负责人和委托人审阅并签名或盖章后，按照国家统一会计制度的规定报送政府有关部门和其他会计报表使用者。

第四，定期向税务机关提供税务资料。

第五，承办委托人委托的其他会计业务。

代理记账机构在执行业务中违反《会计法》和国家统一会计制度规定的，由财政机关依据法律、行政法规的规定处理。代理记账机构违反代理记账规定和国家有关规定造成委托人会计核算混乱、损害国家和委托人利益的，或者委托人故意向代理记账机构隐瞒真实情况，以及委托人会同代理记账机构共同提供不真实会计资料的，各自承担相应的法律责任。

第四节　税务代理与税务咨询

一、税务代理

（一）税务代理业务及其意义

税务代理是指税务代理人在规定的税务代理范围内，受纳税人、扣缴义务人的委托，代为办理税务事宜的各种行为的总称。《中华人民共和国税收征收管理理法》（以下简称《征管法》）规定：纳税人、扣缴义务人可以委托税务代理人办理税务事宜。1994 年国家税务总局发布了《税务代理试行办法》，使税务代理业务得以规范并成为民间审计机构的服务业务之一。

建立税务代理制度具有重要的意义，主要表现在以下几个方面：

第一，建立税务代理制度是实施《征管法》的重要保证。《征管法》中明确规定了税务代理的权利和义务，并以法律形式确定下来，因此，税务代理机构应在法律规定的范围内开展税务代理事项，维护委托人的合法权益，客观、公正、合理地为纳税人提供服务。设立税务代理机构可以更好地引导纳税人依法纳税，督促纳税人遵守税务部门的各项纳税制度，堵塞税收漏洞。

第二，建立税务代理制度是税收征管发展的需要。随着社会主义市场经济体制的建立，纳税工作得以长足发展，但也显出征管力量的严重不足，极易导致工作上的马虎和失误，通过税务代理机构办理一些税务事项，一方面可以廉洁自律，防微杜渐；另一方面可以提高征管质量，集中精力查处偷税、抗税案件。

第三，建立税务代理制度对于维护国家税收法规，强化税收执法的社会监督，方便纳税人履行纳税义务，保护纳税人合法利益具有深远意义。

（二）税务代理的业务范围

根据《征管法》的规定，纳税人、扣缴义务人可以委托税务代理人办理税务事宜。也就是说，只要是法律、行政法规规定的纳税人、扣缴义务人均可委托税务代理人办理税务事宜。

按《征管法》规定，涉及纳税人、扣缴义务人的税务事宜主要有：税务登记，包括开业登记、变更登记、注销登记；建账建制办理账务；印、领、购发票等手续；纳税申报或扣缴报告；缴纳税款，包括补税、延期缴税，以及申请退税；进行纳税自查；税务行政复议或行政诉讼；制作涉税文书；其他税务事宜。根据我国法律规定，税务代理人不能代理和行使应由税务机构行使的行政职权。

（三）税务代理人的资格条件及认定

1. 税务代理人的资格条件

税务代理是一项政策性强、专业技术要求高的工作，必须由具备财税、会计、法律知识的专门人员担任。从事税务代理须经全国统一考试合格取得资格证书。为确保考试质量，参加统考人员的条件限定在具有经济类中等以上学历或具有经济类中级以上专业技术职称，并从事经济工作满一定年限。

2. 税务代理人的认定

参加全国统一考试合格者，要成为税务代理人，还应当向税务机构提出书面申请，经税务机关审核同意后，给予注册登记，发给税务代理许可证。为此，应当在税务机关设置税务代理人资格审查、认定机构，负责审定、登记和发放许可证。

（四）税务代理人的权利、义务和责任

税务代理作为民事代理的一种，其代理人享有《中华人民共和国民法通则》所规定的各项权利，并相应履行其义务，承担其责任。

税务代理人的权利主要有：

（1）有独立行使代理行为的权利，任何机关、团体、单位和个人不得非法干预；

（2）有权根据代理业务需要，查阅被代理的人有关资料和文件，查看业务现场和设

施，并可向有关单位和个人进行调查与核实；

（3）有权向税务机关订购和查询税收政策、法律、法规和有关资料；

（4）对委托人违反国家法律行为的委托，有权拒绝，并向有关部门报告等。

代理人的义务主要是按照税收法律、行政法规的规定以及委托代理协议的要求，代纳税人、扣缴义务人办理税务事宜。

税务代理人的义务有：

（1）税务代理人在办理代理业务时必须向有关的税务工作人员出示税务师执业证书，按照主管税务机关的要求，如实提供有关资料，不得隐瞒、谎报，并在税务文书上署名盖章。

（2）税务代理人对被代理人偷税及骗取减税、免税和退税的行为，应予以制止，并及时报告税务机关。

（3）税务代理人在从事代理业务期间和停止代理业务以后，都不得泄露因代理业务而得知的秘密。

（4）税务代理人应当建立税务代理档案，如实记载各项代理业务的始末和保存计税资料及涉税文书。税务代理档案至少保存 5 年。

税务代理人的责任有：

（1）税务代理人未按照委托代理协议书的规定进行代理或违反税收法律、行政法规的规定进行代理的，由县以上国家税务局处以 2 000 元以下的罚款。

（2）税务代理人在一个会计年度内违反税务代理相关规定从事代理行为两次以上的，由省、自治区、直辖市国家税务局注销税务师登记，收回税务师执业证书，停止其从事税务代理业务两年。

（3）税务代理人知道被委托代理的事项违法或知道自身的代理行为违法仍进行代理活动的，由省、自治区、直辖市国家税务局吊销其税务师执业证书，禁止其从事税务代理业务。

（4）税务代理人触犯刑法、构成犯罪的，由司法机关依法惩处。

（5）税务代理机构违反税务代理相关规定的，由县以上国家税务局根据情节轻重，给予警告、处以 2 000 元以下罚款、停业整顿、责令解散等处分。

（6）税务机关对税务代理人和税务代理机构进行惩戒处分时，应当制作文书，通知当事人，并予以公布。

（五）税务代理的程序

1. 签订委托书

注册会计师承办税务代理业务，由其所在的会计师事务所统一受理，并与被代理人签订委托代理协议书。委托代理协议应当载明代理人和被代理人名称、代理事项、代理权限、代理期限及其他应明确的内容，并由注册会计师及其所在的会计师事务所和被代理人签名盖章。

2. 办理税务代理业务

税务代理人可以接受纳税人、扣缴义务人的委托，从事《征管法》所规定范围内的业务代理。纳税人、扣缴义务人可以根据需要委托税务代理人进行全面代理、单项代理或临时代理、常年代理。

税务代理人应按委托协议书约定的代理内容和代理权限、期限进行税务代理。超出协议书约定范围的业务需代理时，必须事先修订协议书。税务代理人在税务代理过程中，应当书面记录各项代理业务的始末，整理好有关的计税资料。

3. 税务代理关系的终止

税务代理期限届满时，委托协议书失效，税务代理关系自然终止。在一些特定的情况下，被代理人或代理人在委托期限内可单方终止代理业务，单方终止委托代理关系的，终止方应及时通知另一方，并向当地税务机关报告，同时公布终止决定。

二、税务咨询

税务咨询属于管理咨询的一种形式，它是指具有税收等方面专门知识或技能的自然人或法人（也称咨询人），向纳税人、扣缴义务人、税务机关或人员及其他组织和人员就其提出的税收请示事项，提供智能服务的行为。税务咨询业是会计审计咨询业、法律咨询业之后发展起来的又一市场中介服务业。

在国内税务咨询业务中，纳税人、扣缴义务人可根据自己的需要，就如何办理税务登记、应缴纳哪些税种、如何进行纳税申报、如何计算税款、怎样进行税收抵免、如何办理延期纳税、怎样纳税才不违反税法、如何申请减免税、如何申请退税、如何申请税务行政复议、如何与税务机关打“官司”等方面进行咨询。征税一方可以根据自己的需要就如何设计税制、怎样进行税收管理、采取哪些反避税措施、怎样才能增加税收收入、怎样促进经济发展保护税源、怎样达到税收公平等方面进行咨询。

随着我国对外开放政策的进一步实施，涉外经济日益发展，涉外税收事宜也越来越多。这就为我国的涉外税务咨询提供了广阔的市场。涉外税务咨询的内容基本上与国内税务咨询内容相同，不同的是增加一些与国际税收相联系的内容：如何避免国际间双重征税，如何进行国际避税，如何进行反避税等。

税务咨询的实施方式主要有：

（1）接受委托；

（2）进行税务咨询，即运用自身的知识和智力，为委托人进行税收筹划和解释税收方面的疑难问题；

（3）提出可供委托人选择的决策方案。

本章小结

本章依照现行有关法律、法规着重阐述了会计咨询的意义、特点，会计咨询业务范围，以及会计咨询的程序和要求；并在此基础上，阐述了资产评估的基本理论和方法，包括资产评估的特点、价值类型、评估假设、评估原则和评估程序与方法等；阐述了代理记账业务、税务代理和税务咨询的内容、程序和要求。

复习题

1. 简述会计咨询、服务业务的内容。
2. 资产评估的基本要素包括哪些？
3. 资产评估有哪些假设？如何理解？
4. 如何理解资产评估的价值类型？
5. 资产评估有哪些基本方法？
6. 简述代理记账的内容。
7. 简述税务代理的业务范围。

参考文献

[1] 文硕. 世界审计史. 北京：中国审计出版社，1990.

[2] 财政部注册会计师考试委员会办公室. 审计. 北京：经济科学出版社，2005.

[3] 安亚人. 审计学. 长春：吉林人民出版社，2000.

[4] 耿建新，宋常. 审计学. 北京：中国人民大学出版社，2007.

[5] 刘静. 审计学. 长春：吉林人民出版社，2000.

[6] 宋英慧，安亚人. 审计基本理论研究. 北京：中国物价出版社，2003.

[7] 周慎，李学诗，张剑. 审计方法概论. 北京：中国审计出版社，1992.

[8] 中华人民共和国财政部. 企业会计准则中国注册会计师执业准则. 北京：中国时代经济出版社，2006.

[9] 全国审计人员考试辅导教材编写组. 审计学. 北京：中国财政经济出版社，2003.

[10] 张尚民，吴安平，王明珠等. 资产信息失真查证实务. 北京：中国时代经济出版社，2002.

[11] 李若山，刘大贤. 审计学. 北京：经济科学出版社，2000.

[12] 刘明辉. 独立审计学. 大连：东北财经大学出版社，2002.

[13] 刘春慧. 企业审计实务. 北京：中国物价出版社，2003.

[14] 唐建新. 资产评估. 武汉：武汉大学出版社，2002.

[15] 秦荣生，卢春泉. 审计学. 北京：中国人民大学出版社，1999.

[16] 杨惠诚，孙坤，于显国. 审计学. 大连：东北财经大学出版社，1996.

[17] 李勇. 经济鉴证类社会中介服务行业发展理论研究. 北京：中国财政经济出版社，2001.

[18] 中国注册会计师协会. 中国注册会计师执业指南. 北京：中国财政经济出版社，2006.

[19] 李之喜，高雅青，陈新环. 内部审计准则实务操作. 北京：中国时代经济出版社，2003.

后　记

本书是21世纪高等继续教育精品教材之一。参加本书编写的主要是东北师范大学和山西财经大学多年从事审计、会计课程教学的教师。

本书共十三章。第一、四、八章由东北师范大学商学院安亚人编写；第二、三、五、六章由东北师范大学商学院宋英慧编写；第七、九章由东北师范大学商学院张文忠编写；第十章由山西财经大学张英明编写；第十一、十二章由山西财经大学刘春慧编写；第十三章由山西财经大学张英明、刘春慧编写。

2007年4月，东北师范大学商学院安亚人、宋英慧根据2006年颁布的《企业会计准则》、《中国注册会计师执业准则》对全书进行了第一次修订。

2012年5月，东北师范大学人文学院国际商务学院会计系安亚人、东北师范大学商学院宋英慧、吉林财经大学会计学院王继红结合《企业会计准则》、《中国注册会计师执业准则》内容，对全书进行了第二次修订。

编　者

2012年5月

图书在版编目（CIP）数据

审计学/安亚人主编．—3版．—北京：中国人民大学出版社，2012.8
21世纪高等继续教育精品教材．会计系列
ISBN 978-7-300-16139-6

Ⅰ.①审… Ⅱ.①安… Ⅲ.①审计学-高等教育-继续教育-教材 Ⅳ.①F239.0

中国版本图书馆CIP数据核字（2012）第157307号

21世纪高等继续教育精品教材·会计系列
审计学（第三版）
主　编　安亚人
副主编　宋英慧　王继红

出版发行	中国人民大学出版社		
社　　址	北京中关村大街31号	**邮政编码**	100080
电　　话	010－62511242（总编室）		010－62511770（质管部）
	010－82501766（邮购部）		010－62514148（门市部）
	010－62515195（发行公司）		010－62515275（盗版举报）
网　　址	http：//www.crup.com.cn		
	http：//www.ttrnet.com（人大教研网）		
经　　销	新华书店		
印　　刷	北京玺诚印务有限公司	**版　　次**	2004年9月第1版
规　　格	185mm×260mm　16开本		2012年8月第3版
印　　张	14.25	**印　　次**	2019年5月第8次印刷
字　　数	340 000	**定　　价**	35.00元

教师信息反馈表

为了更好地为您服务，提高教学质量，中国人民大学出版社愿意为您提供全面的教学支持，期望与您建立更广泛的合作关系。请您填好下表后以电子邮件或信件的形式反馈给我们。

您使用过或正在使用的我社教材名称		版次	
您希望获得哪些相关教学资料			
您对本书的建议（可附页）			
您的姓名			
您所在的学校、院系			
您所讲授课程的名称			
学生人数			
您的联系地址			
邮政编码		联系电话	
电子邮件（必填）			
您是否为人大社教研网会员	□ 是，会员卡号：____________ □ 不是，现在申请		
您在相关专业是否有主编或参编教材意向	□ 是　　□ 否 □ 不一定		
您所希望参编或主编的教材的基本情况（包括内容、框架结构、特色等，可附页）			

我们的联系方式：北京市海淀区中关村大街 31 号
中国人民大学出版社教育分社
邮政编码：100080
电话：010-62515905
网址：http://www.crup.com.cn/jiaoyu/
E-mail：jyfs_2007@126.com